지기 [地氣] 심리학

돈 후안과 리처드 파인만,
노자의 가르침에 의한
경로 알아차림

Arnold Mindell 저

이규환 (Lee Gyu-Hwan)
양명숙 (Yang Myong-Suk)
공역

학지사

역자 서문

민델 박사의『지기(地氣) 심리학(Earth-Based Psychology)』(2007)은 땅을 기반으로 한 지기(地氣)에 초점을 두고 저술된 전문서적으로, 땅에 대한 동양철학적 개념과 과학의 선두라는 서양의 양자물리학 개념의 융합이라는 관점에서 매우 흥미롭게 번역 작업에 임하였다.

이 책은 그동안 작업했던『양자심리학(Quantum Mind)』(2000),『관계치료: 과정지향적 접근(The Dreambody in Relationship)』(2002),『양자심리치료(The Quantum Mind and Healing)』(2004), 그리고『프로세스 마인드(ProcessMind)』(2010)에 이어 번역되었다.

이『지기(地氣) 심리학(Earth-Based Psychology)』(2007)에 대하여 저자는 서문에서 다음과 같이 집필 동기를 밝히고 있다.

…… 설명할 수 없는 어떤 힘이 우리의 삶을 지배하거나 인도하는가? 무엇이 우리를 어느 날은 어느 한 방향으로 움직이게 하다가 다른 날은 다른 방향으로 움직이게 하는가? 그 대답은 우연인가? 아니면 심리학, 물리학 또는 초자연주의에 의한 것인가? 또는 유전학, 당신의 꿈, 인간 세계 또는 우주에서 일어나는 외적인 사건들인가?

이러한 질문들에 대답하기 위해, 나는 물리학과 심리학을 활용하였으며, (주역에서 사용한 것과 같은) 땅을 기반으로 한 원주민 신앙과 초자연주의에 대한 나의 개인적 경험을 접목하였다…….

저자인 민델 박사가 밝히는 바와 같이 이 책 또한 심리학과 물리학을 비롯하여, 동서양의 지식을 통합하는 전문서적으로 역자들이 번역 작업을 함에 있어서도 방대하고 깊은 지식을 필요로 하였다. 이에 역자들로서 미처 살펴보지 못한 오역 부분에 대하여 수차례의 작업을 통하여 수정하였으나, 아직도 미비한 점이 있을 것이라 여긴다. 또한 그동안 민델 박사의 책들을 번역하는 과정에, 책마다 용어와 인명이 다르게 번역한 경우가 종종 있었다. 이는 번역자와 편집자들이 좀 더 원서의 내용에 충실히 번역하기 위한 노력이었으나 도리어 독자들에게는 혼란을 야기할 수 있을 것 같다. 용어에 대하여 여러 분야의 전문가들 그리고 대학원생들과의 토론을 통하여 하나씩 정립해 나가고 있는 과정으로 독자들의 이해와 더불어 오역 부분에 대한 적극적인 피드백도 이 지면을 통하여 요청하는 바이다.

마지막으로 이 책의 번역을 위하여 기초 작업 등에 동참해 준 한남대학교 일반대학원 상담학과 학생들에게 감사를 표한다. 누구보다 초고 번역본을 정리해 준 조은주 선생님에게 감사드린다. 그리고 주역 등에 관련된 민델 박사의 오류를 바로잡는 것에 전문적인 조언을 주신 동의대학교 한의과대학의 조명래 교수님과 이해하기 어려운 문장을 해석하는 데 기꺼이 시간을 할애하여 함께 조사하고 의견을 나누어 주신 오영신 박사님께도 지면을 빌려 감사를 드린다.

이 책이 우리의 삶의 경로를 찾아가는 데 좋은 길잡이가 되기를 바라면서~

2017년 3월
한남대학교 오정골에서
역자 이규환, 양명숙

저자 서문

이 책의 동기가 된 질문은 다음과 같다. 설명할 수 없는 어떤 힘들이 우리의 삶을 지배하거나 인도하는가? 무엇이 우리를 어느 날은 어느 한 방향으로 움직이게 하다가 다른 날은 다른 방향으로 움직이게 하는가? 그 대답은 우연인가? 아니면 심리학, 물리학 또는 초자연주의에 의한 것인가? 또는 유전학, 당신의 꿈, 인간 세계 또는 우주에서 일어나는 외적인 사건들인가?

이러한 질문들에 대답하기 위해, 나는 물리학과 심리학을 활용하였으며, 땅을 기반으로 한 원주민 신앙과 초자연주의에 대한 나의 개인적 경험을 접목하였다.

『지기(地氣) 심리학』은 비교적 새롭고 기본적인 개념인 경로 알아차림(Path awareness)을 정의하고, 탐구하고, 적용한다. 나는 우리의 본능적인 방향-찾기(direction-finding)를 설명하고, 경험하고, 이해하기 위해서, 다양한 학문 분야의 관습적인 경계들을 초월해야만 했다. 물리학은 주로 물질적 실험 증거에 초점을 두었고 이제야 주관적 경험을 탐구하기 시작했다. 초자연주의는 주로 의식의 변형 상태와 공동체에 관심을 가지고 있다. 심리학의 임상은 주로 인간 삶의 감정적이며 기능적인 문제들을 다룬다.

따라서 나는 땅을 기반으로 한 지기(地氣) 지향성(指向性) 의식의 초(超)학문분야(transdisciplinary)의 본질 때문에, 양자이론, 초자연주의 또는 도교

(道敎)로도 올바르게 정의할 수 없었다. 나의 목표는 경로 알아차림, 즉 어느 주어진 순간에 방향을 바꾸기 위한 위치를 감지하는 우리의 선천적 능력을 정의하기 위해서, 앞에서 언급한 과학과 예술들 사이의 간격을 연결하고자 하는 것이다. 이에 우리는 리처드 파인만(Richard Feynman)의 기본 소립자 물리학에서, 노자(老子)의 도교에서, 그리고 카를로스 카스타네다(Carlos Castaneda)의 (자신의 실제 혹은 상상의) 스승 돈 후안 매투스(don Juan Matus)에 의해 표현된 초자연주의 형태에서 경로 알아차림에 대한 유사성을 찾아볼 것이다. 이를 위하여 무엇보다도 먼저 우리 조상들의 고대 관습에서 내가 경로 알아차림이라고 부르는 것의 선례를 찾아보고자 한다.

이 책을 통해 나는 당신을 경로를 통하여 나와 함께 여행하도록 초대하고자 한다. 우리는 이성적인 마음뿐만 아니라 의식의 변형상태, 기본 소립자 물리학에서 가능한 경로들 그리고 돈 후안의 초자연주의의 핵심적인 요소를 이용하여 사고(思考)와 감정 속으로 들어갈 것이다. 나의 목표는 지향성의 의식 또는 경로 알아차림을 발전시키고, 그것이 땅을 기반으로 한 지기(地氣) 심리학의 기초임을 증명해 보이고자 한다. 또한 그것을 개인적 문제, 관계, 조직, 세계 문제의 해결에 적용할 것이다.

경로 알아차림은 우리의 개인적 심리학을 우리 주위 땅의 실제 및 가상적 본질에 통합시키는 방법들로 방향을 감지한다. 원주민들은 네 방향의 신(神)들과 모래 그림(sand painting)에서의 기하구조 개념으로 경로 알아차림에 대해 이야기해 왔다. 아인슈타인(Einstein)은 신의 마음과 시공간의 기하학에 대해 말했다. 나는 심리학도 곧 지구의 방향성 지혜에 대해 더 많은 것을 말할 수 있기를 희망한다. 우리의 심리학은 실체가 없는 꿈과 감정뿐만 아니라, 공간의 본질과 우리 신체가 이러한 마법의 행성인 지구에 연관하는 방법에 대해 밀접하게 연결되어 있다. 어쩌면, 심리학은 우주론(cosmology)의 한 측면이다. 『지기(地氣) 심리학』은 우리의 가장 심오한 감정들이 어떻게 지기(地氣) 방향성들과 연결된 수학적 패턴으로서 표현될 수 있는가를 보여 줄 것이다.

경로 알아차림은 자연 유산이며, 모든 인류의 타고난 권리다. 경로 알아차림은 땅을 기반으로 한 정신적 패러다임의 가장 새로운 형태다. 모든 우리의 조상인 형제자매들과 우리의 실제이면서 신비한 고대 역사는 살아 있는 행성인 자의적(恣意的, sentient) 대지(大地)인 땅의 방향에 따라 움직이는 것에 대해 말하고 있다. 현대 문화는 전등(電燈)과 지도 때문에 대부분 서서히 꿈과 초자연치료사의 세계로 빠져 들어가는 꿈같은 대지인 땅의 능력을 무시한다. 우리는 평행 우주를 통해 어둠의 힘으로 움직이는 주인공과 과학 소설의 영웅에 대한 동화를 읽는 대신에, 매일매일의 일상적인 프로그램을 따르는 사람들에 의해 막연하게 상상되는 동맹자를 따른다. 하지만 나는 이 모든 것을 땅으로 접목시켜 땅의 우주의 질서에 대한 방향성 경험을 따르는 새로운 방법을 개발하기를 바란다.

나의 경로

나는 케임브리지 MIT에서의 훈련과 취리히에서의 융 연구 후에, 칼로스 카스타네다의 초자연치료사 돈 후안의 가르침에 대해 명상하기 시작하였다(나의 첫 번째 저서 『초자연치료사의 신체(The Shaman's Body)』 참조). 나는 여러 해 동안 처음에는 융학파의 전문가로서 심리상담사로, 다음에는 과정지향 심리상담사로 일하였다. 나는 우리의 꿈이 어떻게 우리 자신의 신체 증상에 반영되는지, 그리고 꿈을 이해하기 위해 눈에 보이는 신체 신호를 어떻게 따라야 하는지를 연구하였다. 나는 과정(Process)과 흐름(flow)이 어떻게 모든 심리와 많은 정신적 전통의 중심이 되는지를 보여 주고 싶었다. 이후 물리학에 관한 나의 관심이 되돌아왔고 이는 『양자심리학(Quantum Mind)』에서 다시 나타났다.

나는 『지기(地氣) 심리학(Earth-Based Psychology)』에서 초기 나의 스승들이 새로운 회전(spinning)과 걷기 명상을 개발하기 위해 노력한 것을 기념하기 위해 좀 더 나아가기를 원한다. 이러한 명상은 물리학에 대한 몇 가지 비밀과 인생의 날마다의 문제를 탐험한 것이다. 나의 방법은 내면의 작업, 관계에 대한 작업과 공동체를 만드는 과정에 대한 새로운 땅의 기반 형태를 드러낼 것이다. 특히 나는 돈 후안의 가르침이 어떻게 양자물리학에 대한 파인만(Feynman)의 '최소작용(least action)' 공식과 관련되어 있는가를 보여 줄 것이다. 북 멕시코 출신인 야키(Yaqui) 인디언인 돈 후안이 최소작용에 대한 원칙을 구현하였다. 그 원칙은 심리학과 물리학에서는 지름(Span)이고 도가에서는 '무위(無爲 not-doing)'로 나타난다.

　내가 리처드 파인만에게 되돌아가게 된 방법은 불가사이하다. 어느 날, 나의 작업에서 매일 부딪히는 죽음과 세계 문제에 대해 생각하고 있을 때, 무엇인가가 나의 머리를 돌리게 했고 나의 시선은 서재 선반에 있던 작은 회색의 책으로 옮겨갔다. 그 책은 내가 1960년대 MIT에서 공부한 이후 기억하지 못했던 작은 책이었다. 책 제목은 『리처드 파인만, 양자전기역학(Richard Feynman, QED(quantum electrodynamics)』이었다. 나는 스스로에게 물었다. 노벨상 수상자인 물리학자 리처드 파인만의 생각이 사람과 초자연치료사에 관한 나의 세계에서 어떻게 나를 도와줄 수 있을까? 도대체 기본 소립자들이 내가 한밤중에 생각하고 있는 국제적 사건 및 경험들과 무슨 연관이 있을까? 나는 참을 수가 없었다. 나는 곧 기본 소립자들의 경로에 대한 파인만의 놀라운 이야기를 읽는 데 깊이 몰두하게 되었다.

　몇 시간 후에 나는 그의 생각이 입자들뿐만 아니라, 호주 원주민의 토착적인 '노랫가락(songlines)', 그리고 모든 우리 조상들의 방향성 지혜와 방위를 나타내는 표현이라는 것을 깨달았다. 하지만 내가 기본 소립자들에게 일어나는 것이 또한 사람들에게도 일어난다는 결론에 도달하기까지 전 세계에서 온 사람들과 함께 작업하고 연구하는 데 5년이라는 시간이 더 걸렸다.

　따라서 심리상담사에게는 다음과 같이 바란다. 이 책 『지기(地氣) 심리학(Earth-based Psychology)』의 1부가 물리학임에도 불구하고 꼭 읽어 주기 바란다. 나는 방향성 알아차림이 여러분에게 명백하게 이해되도록 최선을 다했다. 2, 3, 4부에서는, 경로 알아차림에 대한 논의가 당신이 꿈, 신체, 관계

와 조직의 프로세스 이면의 기하 구조 혹은 청사진을 더 잘 이해하도록 도와
줄 것이다.

그리고 자연과학자들에게는 당신들이 나와 함께 내부물리학(endophysics),
즉 우리들의 자연 법칙에 근거한 기본 개념과 이론 이면의 경험적 영역에 관
해 고찰하는 데 관심을 가져 주기를 바란다. 나에게 있어서 수학은 물리학을
설명할 뿐만 아니라, 그것은 측정할 수 있는 우주와 이웃과 자신들에 관해
알지 못하는 것들에 대한 상징이다.

이 책의 구성

나는 1부 '심리학, 도교(道敎) 그리고 물리학에서의 경로 알아차림'에서, 양
자전기역학을 최대한 직관적으로 이성적인 것으로 만들고, 그것을 도교 및
원주민의 땅에 대한 지혜를 현대 심리학과 연관시켜, 개인과 공동체를 위한
새로운 실행 방법을 개발하려고 시도한다. 물리학을 비롯하여, 내면 작업과
월드워크에 관련된 더 많은 것에 관심이 있다면 부록을 참조하기 바란다.

2부 '신체 증상에 대한 우주의 관점'에서는 신체 문제를 치유하기 위해 새
로운, 땅을 기반으로 한 걷기명상을 어떻게 이용할 것인지를 보여 준다.

3부 '관계의 근원'에서는 재미있고, 기하학적이고 신비한 관계들에 대해
완전히 새로운 방법으로 접근한다.

그리고 마지막 장인 4부 '원로와 세계 경로들'에서는 토착 원주민적 신성
(神性)에 근거한 공동체 문제를 프로세스하기 위하여 '불가에 앉아서(sitting
in the fire)'의 방법을 찾게 될 것이다.

감사의 글

• **전 세계의 과정지향 심리학 전공의 학생과 동료에게**

여러분은 내가 아직 실험 단계에 있는 이 책의 저술을 진행하는 데 용기를 주었다.

• **리처드 파인만(Richard Feynman)에게**

물질적 세계는 '역사의 합'이라는 것을 명확하게 해 주었다(리처드, 당신의 아이디어가 우리 인류 본성의 기하학을 묘사하는 데 매우 도움이 되었다는 사실을 아십니까?) 그리고 파인만의 스승인 프린스턴 대학교의 존 휠러(John Wheeler)와 휠러의 공저자인 MIT의 에드윈 타일러(Edwin Taylor)에게, 타일러와의 개인적 의견 교환과 '최소작용'에 대한 파인만의 근본적 감각을 추구하는 그의 방법은 여러 가지로 내게 영감을 주었다.

• **케임브리지 대학교의 물리학자 브라이언 조지프슨(Brian Josephson)에게**

나에게 2004년 6월 30일 독일 린다우(Lindau)에서 그의 노벨상 수상 동료에게 증정한 자신의 논문 「병리학적 불신(The Pathological Disbelief)」을 알려 주었다.

• **미국 로스알라모스 국립연구소(The Los Alamos National Laboratory) 신소재부**

의 과학자들에게

양자심리학(Quantum Mind)에 관한 우리의 첫 세미나에 참석하였고, 이 분야에 매우 협조적이었다.

• C. G. 융(Jung)과 융학파들에게

나에게 인생은 목적론적이며 의미가 풍부하다는 것을 이해할 수 있도록 도와주었다. 그리고 취리히 융연구소(Jung Institute in Zurich)에 있는 나의 융학파 스승 마리-루이즈 본 프란츠(Marie-Louise von Franz), 프란츠 리클린(Franz Riklin), 바버라 한나(Barbara Hannah)에게

이들의 초기 성원이 없었다면 나는 결코 꿈의 중요성을 깨닫지 못했을 것이다.

(친애하는 융에게, 나는 만다라에 관한 당신의 관심이 꿈의 기하학에 관한 나의 관심 이면에 있는 전조 중 하나일 것이라고 믿습니다.)

• 카를로스 카스타네다(Carlos Castaneda) 또는 돈 후안(don Juan)에게

당신은 내게 땅이 자의적이며 심장, 팔 그리고 우리를 붙잡고 인도하는 마음을 가지고 있다는 것을 상기시켰다.

나는 과학과 정신이 거의 구별 불가능한 영역의 탐구에서 물리학자 프레드 앨런 울프(Fred Alan Wolf)의 연구로부터 도움을 받았다. 우주비행사 스토리 머스그레이브(Story Musgrave)가 내게 "중력이란 무엇인가?" 하고 질문한 것에 감사드린다.

나의 모든 연구는 이론 및 응용물리학 분야에서의 예전 연구를 기반으로 한 것이다. 특별히 뉴욕 주 빙엄턴(Binghamton)의 뉴욕 주립대학 융합대학 학장 월터 로웬(Walter Lowen) 교수, MIT의 나의 스승들, 취리히의 ETH에게 감사드린다.

마거릿 라이언(Margaret Ryan)의 조각하기는 이 책의 편집에 매우 소중하였다. 이 책의 그림 일부의 사용, 그리고 이 연구의 시작을 위한 세미나를 기록하는 것에 대해 수전 코첸(Susan Kocen)에게 감사드린다. 그리고 오리건

대학교 물리학과의 샤론 리즈(Sharon Leeds)에게 내 연구 일부를 검토해 준 것에 대해 감사드린다. 특별히 포틀랜드 라오체(Lao Tse, 노자) 출판사의 리 스파크 존스(Lee Spark Jones)에게 깊은 감사를 드린다.

우리가 공동체 의식과 땅에서 나오는 광채에 관해 작업을 한 아프리카, 호주 그리고 미주 토착 원주민 그룹에게 감사드린다. 그들은 우리 모두가 땅의 자손들이라는 것을 깨닫게 해 주었으며, 나는 그들로부터 많은 것을 배웠다. 또한 나는 세계주의적 문화에 이해 땅-꿈꾸기의 무의식적 억압인 가장 교활하며 자기 파괴적인 내부 영향 중 하나인 인종 차별 주의에 여러 수준들이 있다는 것을 안다.

모든 것에서 나의 파트너인 에이미 민델(Amy Mindell)은 이 저서의 도 사상에서의 표현을 통한 기본 입자들의 최초 시작에서부터 모든 부분에서 나를 도와주었다. 에이미는 자의적 내부 경험을 우주적 개념으로 표현하도록 도왔다. 그녀의 노래 부름, 그림 그리기, 춤추기 그리고 인형 만들기는 당신이 이 책에서 볼 수 있는 것들의 대부분에 영감을 주었다. 그녀는 과학자이며 또한 대단한 초자연치료사다.

이 책에서 사용된 모든 자료에 대해 회사 또는 개인의 저작권을 표시하려고 노력하였으나 누락되었다면 고의가 아님을 이해바라며 연락을 준다면 이 책의 다음 출판에서 꼭 수정하겠다.

나와 함께 삶의 실제 세계와 초시간적
세계의 경로들을 걷는 에이미(Amy)에게

차 례

제3부 관계의 근원

제1부

심리학, 도교 그리고 물리학에서의 경로 알아차림

나는 과학이 모든 다른 것들을 포함하는 하나의 큰 철학적 질문에 대답하려는 우리 노력의 통합적인 부분이라고 생각한다…….
우리는 누구인가? 이것보다도 더 중요한 것은, 나는 이것이 임무 중의 하나일 뿐만 아니라, 또한 중요한 가치가 있는 유일한 과학의 임무라고 생각한다는 것이다.
– 에르빈 슈뢰딩거[1]

Chapter **01**
노자(老子), 파인만 그리고 **돈 후안**

모든 것에 대한 열쇠는 무엇보다 지구가 자의적(恣意的)인 존재라는 것이다……. 우리, 즉 살아 있는 존재들은 지각할 수 있는 자들이며…… 우리는 인간이라는 생명체(cocoon) 안으로부터의 기(氣)의 발산이 외부의 기(氣)의 발산과 배열이 일치되기 때문에 지각할 수 있다. 따라서 배열은 비밀의 통로이며, 땅의 밀어줌은 그 열쇠다.

- 돈 후안[1]

『지기(地氣) 심리학』은 우리가 가고 있는 방향과, 우리의 순간적인 개인 또는 공동체 방향의 본질을 결정하는 경로 알아차림 방법을 제안한다. 경로 알아차림에서 나의 최초의 위대한 스승은 자신을 마녀 의사(witch doctor)라고 불렀다. 케냐 부족 공동체의 중심에서, 나나(내가 그녀를 부르던 이름)와 그녀의 남편은 우리가 겪어 본 중 가장 특이한 개인 그리고 공동체 치유 경험을 통해 나와 나의 아내에게 도움을 주었다. 나나는 본 것을 땅에다 모래 그림으로 그리고 난 후, 우리의 초자연치료사는 트랜스(trance) 상태에 들었으며, 춤을 추다가 땅에 쓰러졌다. 땅으로부터 듣고 난 후, 나나는 깨어나서 그녀가 '치유 정령(healing spirit)'이라고 부르는 것으로부터 들은 것을 말하기 시작했다. 나는 이러한 결과 이후 수년 동안, 심리학, 초자연주의 그리고 물리학에서 지금 내가 하고 있는 경로를 따르라는 영감을 받았고 중심을 잡은 것처럼 느꼈다.

　　이보다 단지 몇 년 전에 융의 조카이며 취리히 소재 융 연구소(Jung Institute) 소장이었던 나의 분석가 프란츠 리클린(Franz Riklin) 박사는 나를 위해 서구 도시의 거리에서 초자연치료사의 가능성으로 사는 방법과 서양의 심리상담사로 사는 방법을 설계해 주었다. 길(Way)을 찾아내는 리클린의 놀랍고도 직감적인 능력은 그저 '어쩌다가 난데없이' 자신에게 생겼다고 말했다.

　　지금까지 나의 모든 인생은 이 훌륭한 두 분의 예견과 경로 알아차림이 내적 문제, 신체 증상, 관계 그리고 공동체 문제들과 작업하는 새로운 방법의 형태로 사람들에게 이용 가능하도록 만드는 데 헌신해 왔다. 『지기(地氣) 심리학』은 내가 과정-지향 심리학이라고 부르는 이러한 발전의 표현(顯示)이다. 이 책에서는 나의 과학적 배경이 미래로 가는 길(Way)의 예언과 안내를 찾는 초자연주의가 도교에 통합되었다. 나의 목표는 땅을 기반으로 하고, 토착적이며, 방향성 지혜를 개인 및 세계 문제를 수행하는 데 도입함으로써 일상적인 인간 삶의 어려움을 줄이는 방법들을 찾고자 하는 것이다.

　　멕시코 야키(Yaqui)족 초자연치료사인 돈 후안 마투스(don Juan Matus)에 따르면, 꿈꾸는 정령들로 가득 차 있는 속세 세계에서 생존하기 위해서, 초자연치료사인 전사(戰士)는 죄를 짓지 않고 살아야 하며 의식의 변형 상태와 나구알(Nagual-심리학자들이 드림월드 또는 무의식이라고 하는 세계)을 통해 움직여야만 한다. 돈 후안에 따르면 모든 길은 단지 길일 뿐이기 때문에 사람들은 자신만의 '마음의 길(path of heart)'을 찾아 걸어야만 한다. 그것은 나이가 많아 매우 지혜로운 사람이 아는 길이라고 그는 말했다. 그러한 길을 찾고 현실을 마법으로 바꾸는 것이 당신의 임무다.[2] 이 책 『지기(地氣) 심리학』의 목적은 독자로 하여금 초자연주의뿐만 아니라 수학과 물리학의 은유를 통하여 그러한 길을 찾도록 돕는 것이다.

리처드 파인만과 최소작용

초자연주의는 토착 원주민 공동체뿐만 아니라 많은 대도시의 개인들에게
도 퍼져 있다. 우리 대부분은 우리 안에 약간의 초자연치료사인 돈 후안의 특
성을 가지고 있지만, 리처드 파인만은 더 많이 가지고 있었다. 미국에서 태어
난 양자물리학자로서 파인만은 거의 볼 수 없는 빛과 물질의 기본 입자들이
어떻게 움직이는지에 대한 설명과 도형으로 노벨상을 수상하였다.[3] 오늘날
'파인만 도형(The Feynman diagrams)'이라고 불리는 그의 직관적인 도형은 양
자물리학자들이 어떻게 입자들이 모든 가능한 통로를 찾아내며, 그리고 가
장 가능한 통로, '최소작용(least action)'으로 인도하는 통로를 찾는 것을 계산
하고 개념화하는 데 도움을 주었다. 나는 최소작용에 관한 물리학자들의 통
로가 어떻게 초자연치료사의 '마음의 통로'와 비슷한지 보여 줄 것이다.

다른 물리학자들의 연구와 함께, 파인만의 아이디어는 빛과 물질에 관한
이론인 양자전기역학(QED: Quantum Electrodynamics)의 표준이론을 만들었
다. 오늘날 아직도 쓰이고 있는 이 표준이론은, 지금까지 물리학에서 만들어
진 것 중에 가장 정확한 이론이다. 얼마나 정확한가 하면, 파인만의 비유에
의하면 미국에 있는 로스앤젤레스와 뉴욕 사이의 거리를 측정할 때 머리털
세 가닥 정도 두께의 오차일 정도다.

파인만은 물리학의 수학적인 부분을 전자가 시간과 공간에서 움직이는
것으로 묘사한 일련의 도형들로 표현하였다. 양자이론은 만일 당신이 전자
의 모든 다양한 가능성―가능한 모든 이야기, 역사 그리고 역장(力場, force
field)들을 통한 경로들―을 모두 더한다면, 당신은 전자의 가장 가능성이 높
은 행동을 계산할 수 있다는 것을 보여 주었다. 전자의 그러한 행동은 무엇
인가를 완성하기 위한 가장 적은 시간이나 가장 짧은 거리인 최소작용의 경
로를 따른다. 최소작용 경로를 따르려고 하는 입자의 외관상의 경향은 은유
적으로 초자연치료사의 '마음의 경로'를 반영한다.

그러한 양자이론과 초자연주의는 단순한 추상적인 경험에 관한 것만은 아니다. 이 책의 뒷부분에서 나는 당신의 '마음의 경로', 당신의 최소작용 경로를 찾기 위해 당신 자신의 신체 본능을 사용하려는 걷기 명상을 소개할 것이다. 우리가 함께 탐구할 이러한 걷기 명상은 당신에게 돈 후안이 '마음의 경로'라고 부르는 것뿐만 아니라 양자이론에 대한 신체적 이해를 줄 것이다. 우리는 결과적인 통찰을 내적 문제, 관계 갈등 혹은 세계 상황에 관한 작업에 사용할 것이다.

내가 나의 현재 이론과 제안된 실습에서 볼 수 있는 주된 한계는 그것들이 우리 모두가 예전에 분명히 가지고 있었던 토착 원주민적인 알아차림 능력에 근거하고 있다는 것이다. 하지만 오늘날 이러한 종류의 땅을 기반으로 한 알아차림은 대부분의 사람들의 의식과는 거리가 멀다. 이러한 알아차림은 밤에 꿈을 꿀 때나 깨어 있는 시간 중에 몽상을 할 때 명료하게 되는 우리의 능력과 비슷하다. 양자이론이 우리가 일상적인 실제를 이해하는 방법과 여러 가지로 반(反)직관적인 것처럼, 초자연주의와 심리학도 또한 우리의 일상적인 마음에서의 정상적인 사고(思考) 이면에서 움직인다. 땅을 기반으로 한 신체 알아차림은 세계를 자의적(恣意的) 존재로, 실제이며 꿈같은 존재로 인식한다.

파인만의 황당한 물리학

내가 MIT에서 공부할 때 파인만을 좋아했던 많은 것 중의 하나는 그가 수업시간에 북의 한 종류인 봉고를 사용했던 것이다. 그의 인상적인 봉고 연주와 가벼운 농담은 그를 흥미 있고 인기 있는 스승이 되게 했다. 그는 물리학뿐만 아니라 그림 그리는 것을 좋아하였고, 그는 노벨상만큼이나 자신의 황당한 성명으로 기억되었다. "나는 왜 자연이 이렇게 특이하게 행동하는지 설명할 수가 없다. 그래서 나는 여러분들이 자연을 황당함 그 자체로 받아들일 수 있기를 바란다. 나는 이것이 재미있다는 것을 알기 때문에, 당신들에게 이러한 황당함에 대해 이야기하면서 즐기려고 한다."[4]

파인만은 옳았다. 양자이론은 그것이 실제보다 꿈같았기 때문에, 그리고 그러한 꿈같음이 정확한 결과를 주기 때문에 더욱 황당하다. 그렇지만 아마도 양자물리학은 놀랄 만큼 엉뚱하지 않다. 대부분의 수리(數理) 물리학처럼, 양자이론은 부분적으로 우리의 꿈의 반영—수학은 우리가 자신에 대해 잘 모르는 것—즉, 우리 의식의 근원의 상징이다. 물리학을 좀 더 자세히 이해하려면, 사람들이 물리학을 발견했다는 것을 기억하라. 물리학은 사물들이 원인이나 힘이 없이도 떨어져 있으면서 상호작용을 하는 신비로운 양자 세계에 관한 것이다. 그 세계는 초자연치료사들이 움직이고, 우리 각각이 인생의 매 순간 만나는 세계이며, 우리가 매일 밤 꿈에서 들어가는 영역이다.

여러 가지 면에서 사람들은 기본 입자와 비슷하다. 우리는 언제나 가장 쉬운 경로 그리고 가장 적합하다고 느껴지는 경로—가장 마음에 와 닿는 경로와 가장 쉬운 경로—를 찾기 위해 다양한 경로들을 탐색하려고 노력한다.

경로 알아차림은 최소작용을 만든다

1970년대 이래, 프로세스 워크(Process Work) 또는 과정지향 심리학(process-oriented psychology)은 다음을 명백하게 하였다. 우리가 문제라고 부르는 것들 안에는 우리가 아직 찾아내지 못한 경로들이 있다. 신호의 순간적인 알아차림과 감정, 이미지, 움직임들이 이 길을 안내한다.

마음의 신비한 경로들과 최선의 활동의 신비한 경로들을 찾으려면, 당신은 당신의 알아차림을 발전시켜야만 하고, 내부와 외부에서 발생하는 것들에 대한 훌륭한 관찰자가 되어야만 한다. 사람들이 말하는 것을 정확하게 알아차리고 그들의 진화하는 프로세스가 다양한 경로를 탐색하고 최소작용을 찾아라. 그들이 무엇을 찾았는지와 아직 찾지 못한 것들은 무엇인지를 명료화하여라. 알려져 있는 프로세스와 알려져 있지 않는 프로세스를 따르는 방법은 많다. 예를 들어, 우리는 우리의 의식적인 관심을 인식하면서 우리의 꿈꾸기 프로세스를 따를 수 있다.[5] 커플의 꿈꾸기는 그들이 서로에게 보내지만 의식하지 못하는 신호, 예를 들어 상대방에게 '예'라고 대답하지만 고개를 젓는 것은 '아니요'를 의미한다는 신호를 알아차리게 되는 것을 포함한다.[6] 개인뿐만 아니라 그룹도 그들의 뒷담화를 듣고 지하세계에서 부글거리고 있는 꿈꾸기 프로세스에 관해 더 발견하기 위해 일종의 심리극에서 그것을 공연할 필요가 있다.[7] 융 심리학을 발전시키고 확장시키기 위해서, 나는 밤중의 꿈꾸기에 대한 초점은 중요하지만 꿈꾸기가 낮 동안의 우리의 감정, 몸짓, 신체 언어, 말 그리고 신호에서 하루 종일 나타나기 때문에 항상 그런 것은 아니다. 이러한 '깨어 있는 꿈꾸기(awake dreaming)' 경험을 인식한다는 것은 최선의 경로를 탐색하는 우리 자신의 에너지를 탐색하는 것이다. 시간 과정 중에 우리는 융이 우리 자신의 개인적 신비의 방향이라고 불렀던 우리 개인적 본질에 가장 가까운 경로를 선택하기 전에 모든 방향을 탐구하며 이러한 방향으로 간다.

물리학이 우리가 입자를 따르는 것을 도와준다면, 심리학은 사람의 본질과 패턴을 따르는 것을 도와준다. 예를 들어, 당신이 땅을 바라보는 것이 가장 편안한 것처럼 보이는 수줍음을 많이 타는 사람과 이야기를 하고 있다면, 당신의 최소작용은 아마도 같이 땅을 바라보는 것이다. 얼굴을 마주 보고 하는 대화를 시도하기보다는, 잠시 땅-내적 경험에 집중하도록 해 보아라. 수줍음을 많이 타는 사람은 마음을 놓게 되고, 웃음을 지으며, 결국에는 당신에게 중요한 경험에 대해 이야기할 것이다. 도(道), 길(Way), 경로는 미묘하고 순간적으로 떠오르는 사전-신호, 사전-이미지, 움직임이 일어나기 전 움직임의 느낌에서 찾을 수 있다.

이러한 미묘하고 양자 같은 신호는 심리학적 나노(nano) 범위에 있다. 이러한 사건들을 인식하기 위해서는, 미미한 느낌이나 신체 경향성을 깨닫고 있어야 한다. 단순하게 당신의 신체가 어디로 움직이고 싶어 하는지 묻고,

신체가 실제로 움직이기 전이라도 어디로 움직이려고 향하는지 인식하여라. 당신이 그러한 경향성을 느끼게 되면 신중하게 그 부분을 움직여 보아라. 그러한 경험은 심리학적으로 의미가 있을 뿐만 아니라 신체적으로도 매우 중요한 경험이다. 경향성은 꿈이 통찰과 행동보다 먼저 오는 것처럼 실제 움직임보다 앞선다.

왜 우리는 신체 지혜를 좀 더 많이 사용하지 않는가? 아마도 현대 서구 교육 체계가 우리가 우리의 일상적인 마음으로 생각하는 것만 중요하다고 여기기 때문일 수도 있다. 아마도 그것이 신체 삶, 꿈, 양자물리학 그리고 초자연주의가 우리에게 불가사이하게 보이는 이유일 것이다. 그럼에도 불구하고, 만약 당신이 문제가 있다면, 미묘한 신호들은 당신에게 선택되기를 기다리는 경로를 가리킬 것이다. 꿈꾸기 영역에 대한 당신의 알아차림을 발전시켜라. 문제에 집중하여라. 그러나 또한 프로세스의 알아차림에 대해서도 집중하여라. 경로 알아차림을 배워라. 다음에서 나는 당신이 삶에서 이미 알고 있는 것을 당신에게 보여 주기 위해 당신 신체의 땅을 기반으로 한 방향 감각에 근거한 새로운 방법을 사용할 것이다. 우리는 토착적 지혜, 꿈, 중력이 어떻게 문제, 중상 그리고 당신이 일상적인 삶과 일에서 느끼는 실망감을 해결해 줄 수 있는지를 배울 것이다.

길을 찾아가는 죽음

우리는 모두 최소작용과 가장 진실한 마음의 경로를 찾기 위해 죽는다.

나의 내담자 중 한 명은 자신이 죽을 것이라는 소식을 들은 후 혼수상태에 빠졌다.[8] 그러한 식물상태의 미묘한 신호들과 작업한 후 그는 갑자기 깨어나서 꿈에 대해 이야기했다. 그가 죽음을 마주했을 때, 그는 눈 내리는 풍경에서 길을 잃은 자신을 보았던 꿈을 꾸었다. 그는 눈 속에서 자신이 더 이상 갈 수 없고 지쳐 쓰러질 것을 두려워했다. 그 순간, 그는 그 꿈에서 주변을 돌아보았고 놀랍게도 경로를 발견했다. 다른 누군가가 그보다 먼저 그곳에 있었었고 눈 위의 발자국을 남겨 그에게 길을 보여 주고 있었다. 그는 깨어나서 "길이 있다!"라고 말했다.

그러한 발자국을 보는 것은 경로 알아차림의 한 예다. 그 자신의 꿈꾸기— 그 자신의 신체 경향성—는 그에게 불확실한 미래로의 가장 쉬운 경로를 보여 주었다. 우리는 그의 꿈으로부터 다음과 같은 가르침을 받았다. 당신의 경향성, 비록 당신이 그러한 경향성의 근원을 알지 못하더라도 행동에 선행하는 그러한 충동을 따라가라. 그리고 가능성을 따라가라. 마치 경로가 미래로 가는 것처럼 한 걸음씩 경로를 따라가라.

일상적인 자아가 문제를 만날 때마다, 꿈꾸기 프로세스는 그 문제의 해결을 향한 최선의 경로를 탐색해낸다. 어쨌든 나의 내담자는 초자연치료사처럼 행동했다. 불가능에 직면하였을 때 그는 길을 찾기 위해 의식의 변형 상태로 들어간 것이다.

아마도 우리 모두는 올바른 길을 찾기 위하여 죽는 것이다. 임사(臨死) 경험은 많은 경우 새로운 경로를 비추어 준다. 융의 자서전적인『기억, 꿈, 반영(Memories, Dreams, Reflections)』에서, 그는 심장마비와 그 결과에 의한 자신의 꿈같은 비전의 임사 경험을 묘사하였다. 꿈에서 죽음에 가까운 장면을 보는 것을 경험하였다. [9] 심장이 멎었을 때, 그는 자신이 갑자기 외계(外界) 공간에 있으며, 계속해서 더 멀리 가고 있다는 것을 발견했다. "나는 무엇이 내 앞에 있었는지, 왜 내가 존재하게 되었는지, 그리고 나의 삶이 어디로 흐르고 있는지 알았다." 내가 살았던 나의 삶은 내게 종종 시작과 끝이 없는 이야기와 같이 여겨졌다……."(고딕체는 나의 생각이다.)

삶은 어디로 흘러가는가

지기심리학의 목적은 우리 앞에 있어 왔던 것, 우리가 존재하게 된 이유, 우리의 삶이 흐르는 곳을 찾고 경험하는 것을 도와주고자 하는 것이다. 이 흐름은 기하학적이다—경로(path)는 화살이며 벡터(vector)다. 융이 말하기를 이것은 '시작과 끝이 없는 이야기'다.

아마도 우주의 모든 사람들과 모든 입자들은 자신들의 이야기를 알고, 그리고 그것의 길, 잃어버린 방향을 알기 위하여 죽어갈 것이다.

생각해 봐야 할 것들

- 문제들에 대해 당신의 매일매일의 마음만을 집중하지 말아라. 땅을 기반을 둔 **'경로 알아차림'**을 개발하여라.
- 문제와 삶에서 당신의 다음 단계에 대한 대답은 다음 순간에서 찾아질 것이다. 최소작용에 대한 물리학자의 경로는 초자연치료사의 마음의 경로와 비슷할 수도 있다.
- 거의 모든 사람들은 삶과 죽음 이면에 있는 자신들의 경로를 찾고자 죽어갈 것이다.

Chapter 02
첫 번째 원리:
알아차림은 비국소성이다

나는 이유가 궁금했다. 나는 이유가 궁금했다.
나는 내가 궁금해하는 이유가 궁금했다.
나는 내가 궁금해하는 이유를 궁금해하는 이유가 궁금했다.
나는 내가 궁금해하는 이유가 궁금했다!
– 리처드 파인만(Richard Feynman), 학창시절[1]

　내 안의 학생도 역시 궁금해한다. 왜 우리는 궁금해하는가? 왜 아이들은 호기심이 많은가? 무엇이 우리를 우주에 대해 궁금하게 만드는가? 우리는 우리의 외모에 익숙한데도 왜 우리는 계속 거울을 보는가? 의식은 무엇인가? 그것은 생물학적인 것인가, 정신적인 것인가, 심리학적인가, 아니면 모두 다인가? 왜 우리는 우리가 누구인지, 그리고 우리가 어디로 향하여 가는지 알고 싶어 하는가? 이러한 경향성이 찾는 것이 무엇이며, 경로를 깨달으려고 하는 것은 무엇인가? 왜 우리는 항상 가장 쉽고 최선의 경로인 방향을 찾고 있는 것인가? 이 장에서, 나는 우리가 우리 자신의 알아차림이라고 부르는 것이 존재보다 선행한다는 것과 그것이 실제로 땅을 기반으로 한, 심지어는 전 우주에 속하고 있다는 가능성을 소개하겠다.

알아차림에 대한 정의

알아차림은 우리의 심리학과 과학의 기초다. 그러나 알아차림이란 무엇인가? 다른 말로, 도(道)의 알아차림은 무엇인가? 혹은 간단히, 알아차림이란 무엇인가? 알아차림을 정의하는 대신에—이미 내 앞은 많은 사람이 시도해 왔지만—나는 간단하게 알아차림이란 우리가 아는 모든 것의 기초라고 제안할 것이다. 알아차림은 심리학과 과학 모두의 기본이다. 우리의 알아차림 감각은 인지(認知), 관찰, 이해, 기억, 깨달음, 궁금함 그리고 의식 그 자체와 연관되어 있다. 파인만이 "내가 궁금해하는 이유가 궁금하다."고 깊이 생각할 때, 그는 자신을 찾고 있었던 것이다. 즉, 궁금함 또는 알아차림은 우리가 누구인가 하는 것이다. 알아차림은 어떠한 형태의 창조, 표현 또는 의식보다도 선행한다. 알아차림의 선험적 존재와 인지하고 궁금해하는 결과의 경향성은 심리학의 기본 원리다. 사실, 알아차림의 선험적 존재는 과학의 첫 번째 원리일 뿐만 아니라 또한 신화에서도 나타난다.

지난 세기 과학의 발전 이후에도, 양자이론, 상대성이론 그리고 심층심리학 후에도, 여전히 어느 누구도 알아차림과 의식의 본질에 대해서 일치하지 않았다. 아인슈타인(Einstein), 하이젠베르크(Heisenberg), 프로이트(Freud), 융(Jung) 어느 누구도 기본 원리들에 대해, 의식의 본질, 소립자 세계, 우주의 상대성 공간에 대해서 일치하지 않았다. 그 이유는 우리 자신 외부의 관점 없이는 우리 자신을 이해한다는 것이 어렵고 아마도 불가능하기 때문일 것이다. 참으로, 알아차림의 바로 그 개념이 무엇인가는 다른 무엇인가를 알아차리고 있는 둘 또는 그 이상의 서로 연관되어 있으나, 그럼에도 불구하고 서로 다른 체제, 서로 다른 관점의 가능성을 가정한다. 만약 알아차림이 기본이라면, 이것은 소위 두 명의 서로 다른 관찰자 혹은 두 개의 다른 체제를 만들거나 창조하는 일종의 단일성(oneness), 일종의 장(場) 또는 매체(medium)다. 사고(思考)의 이러한 방법으로, 알아차림은 스스로를 자기-반영(Self-reflection)과 궁금함의 서로 다른 형태들로 발현한다. 알아차림은 자기-반영, 호기심, 의식에 선행하는 선천적인 경향성이다. 더구나 자의적(恣意的) 알아차림이란 말이나 이미지의 개념으로 정의될 수 있기 전의 사물들의 알아차림이다.

알아차림과 비국소성

삼천 년 전, 고대 중국의 도교 신자들은 불가해한 것들을 다소 쉽게 이야기했었다. 그들은 알아차림, 의식, 자기-반영에 대해서 이야기하기보다는 설명할 수 있는 도(道) 또는 길과, 설명할 수 없는 또 다른 도(道)를 이야기했다. 『도덕경(道德經)』에 따르면, 현인(賢人)은 단순하게 길, 도를 알고 있으며, 현인은 단순하게 언어 이전의, 말로 표현할 수 없는 일종의 경로 알아차림을 가지고 있었다고 한다.

하지만 당신도 또한 이와 똑같은 알아차림을 가지고 있다. 그 알아차림을 이 실험을 통하여 탐색해 보기 바란다. 당신의 신체가 당신에게 다음의 질문에 빠른 대답을 할 수 있도록 해 보아라. 바로 지금 당신의 신체가 가기 원하는 방향은 어디인가? 만약 당신이 즉각적인 방향을 알지 못했다면, 당신의 신체가 가고자 하는 방향을 알려 줄 때까지 몇 번의 방향을 시도해 보아라. 그리고 그 방향이 당신에게 어떤 의미인지 알게 될 때까지 그 방향으로 움직여 보아라. 예를 들어, 당신은 북쪽, 남쪽, 서쪽 혹은 동쪽의 방향을 느꼈을 수 있다. 혹은 당신은 방의 한쪽 구석이 조용하기 때문에 그곳과 연결되어 있다고 느낄 수도 있다. 어떠한 경로에서 당신은 당신 자신이지만, 그러나 동시에 땅의 그 방향 또는 지점인 것이다.

어떠한 원초적 수준에서 우리 모두는 방향들이 우리에게 어떤 의미가 있는지를 우리가 설명할 수 있기 전에 방향들에 대해서 알아차리고 있다. 우리는 우리가 그 이유를 정확히 알기도 전에 특정한 방향으로 움직이려고 자극을 받은 것처럼 느낀다. 우리는 어떤 특정한 지점에서는 좋은 기분을 느끼지만 다른 지점에서는 나쁜 기분을 느낀다. 알지 못한 채로, 우리는 움직이기도 전에 움직이려는 경향성을 자의적(恣意的)으로 알아차리게 된다. 어쩌면 우리가 택한 경로, 우리가 설명할 수 있는 경로는 전체 경로가 아니다. 진정한 실제 경로는 우리가 거의 말할 수 없는 알아차림인 땅의 자의식적 알아차림이 선행한다. 실제에서 우리는 우리 신체 안에 위치하고 있다. 그러나 동시에 우리는 또한 비국소적이기는 하지만 우주와 땅의 다른 장소들에도 위치하고 있는 것이다.

한편으로는, 우리는 방향이며 우리는 우리 자신 주위의 지역이다. 우리의 가장 자의적인 알아차림에는 명확하게 무엇인가 널리 퍼진, 무엇인가 비국소적인 것이 있다. 다른 말로, 우리가 우리의 알아차림이라고 부르는 것이 우리 자신 신체에만 전부 들어 있는 것은 아니다. 이러한 알아차림의 비국소성은 연구자들이 두뇌에서 의식을 찾지 못하는 이유일 수도 있다. 우리 경험의 관점으로 보면, 알아차림은 비국소적이며, 그것은 어느 곳에나 있다. 우리의 알아차림은 우리 자신만의 것이 아니다. 이러한 알아차림의 비국소성이 첫 번째 원리다.

비국소적 알아차림은 우리 조상 시대에 더 잘 발전되었을 수 있다. 지도나 등불 없이 밤에 길을 찾아야 할 때, 그들은 자신들의 신체뿐만 아니라 그 외에도 존재하는 것을 느꼈던 알아차림에 의존했다. 초자연치료사 돈 후안은 우리가 살고 있는 대지인 '자의적 땅'의 관점으로 알아차림에 대해서 말했다. 그는, 나이가 많은 관찰자들은 "땅은 우리와 마찬가지로 똑같은 힘에 종속되어 있는 거대한 자의적 존재다."라고 말했다.[2] 그러한 땅은 알아차림을 가지고 있으며, 그러한 땅은 우리가 일부분인 살아 있는 존재다. 돈 후안은 우리의 삶과 능력은 "우리 자신과 그것의 방향을 일치시키며" 연결되어 있다고 말했다. 땅의 자의적 알아차림과 함께 움직임으로서, 우리는 우리 자신을 알아차림이 우리를 위해 의도한 방향, 즉 그 순간의 도(道)와 일치시킨다. 우리의 자의적 알아차림은 우리가 살고 있는 전체 땅과, 우주와 동시에 속해 있다.

알아차림의 비국소성은 많은 토착 원주민들이 자신들을 주변의 땅과 그리고, 깃털 하나, 움직이는 구름, 낮은 산과 같은 개인적인 이름들과 동일시하는 이유다. 특히, 호주 토착 원주민 구우구 이미티르(Guugu Yimithirr) 부족민들은 신체 부분들을 땅의 방향에 속하는 것으로 생각한다.[3] 그 부족민들에게 (나중에 그들에 대해서 설명할 것이다.) 내가 오른손이라고 부르는 것은 땅에 있는 내 신체의 위치에 따라서 나의 북쪽 손, 동쪽 손, 남쪽 손 혹은 서쪽 순이다. 즉, 만일 그 부족민 신체의 오른쪽이 북쪽을 향하고 있으면 그러면 그들은 오른손을 북쪽 손이라고 부른다. 그리고 그들이 신체를 반 바퀴 돌리면 같은 손이 남쪽 손이 되는 것이다.

[그림 2-1]의 윗부분을 보면, 우리는 우리를 향하고 있는 모습을 볼 수 있다. 만약 그녀가 구우구 이미티르 부족민이라면, 그녀는 자신의 손을 단순히 왼손이 아니라, 자신의 북쪽 손이라고 생각할 것이다.

그림 아랫부분에서 우리는 같은 그림을 다시 볼 수 있는데, 이번에는 그녀

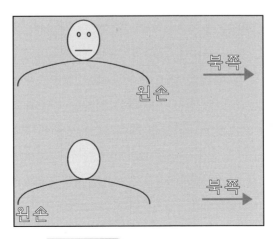

그림 2-1　알아차림과 비국소성

내가 왼손이라고 부르는 것의 본체는 땅에 대한 나의 방향에 따라 '실제로는' 북쪽 손 또는 남쪽 손이다.

가 등을 우리에게 보이고 있다. 이제 그녀의 왼손은 그녀의 남쪽 손이 된다.

만약, 구우구 이미티르 부족민처럼 우리가 우리 신체 부분을 우리 자신과 동일시하는 대신 땅의 방향과 동일시한다면 우리는 우리의 신체를 땅의 부분으로 동일시하려고 할 것이다. 따라서 우리의 자기-알아차림(self-awareness)은 비국소적이 될 것이다. 우리는 우리 자신을 땅의 일부로 여길 것이며, 우리는 우리가 있는 곳에, 우리의 의식에 참여하는 모든 것들을 믿을 것이다.

오늘날의 일상적 실재 CR에서, 우리는 어느 주어진 순간에 우리 신체의 공간에 위치하고 있다. 그러나 우리의 깊은 경험 속에서, 우리의 자의식적 알아차림의 세계와 우리의 꿈꾸는 마음의 세계에서, 우리는 땅의 한 측면이다. 그리고 우리는 이러한 알아차림의 비국소적 측면으로 더 나아갈 수 있다. 우리가 바로 땅이라는 감각에서 우리는 우리 자신을 보는 우주다. 우리는 우리 주변에 누가 있고 무엇이 있는지 무관하게 의식하고 알아차릴 수 없다. 우리의 경험은 세계와 우주 그 자체와 긴밀하게 연결되어 있다.

존 휠러의 블랙홀

그러한 알아차림은 우리의 매일의 마음에는 신비스럽게 들릴 수도 있다. 그래도 그러한 알아차림들이 물리학의 진정한 과학에 반영되었다는 것을 그러한 매일의 마음에 확신하도록 하여라. 오늘날 현대 물리학의 창시자 중 하나인 존 휠러(John Wheeler)는 프린스턴 대학교 리처드 파인만(Richard Feynman)의 박사 학위 지도교수 및 친구였으며 블랙 홀(black hole) 개념의 창시자였다.[4] 휠러는 지난 수백 년 동안 가장 시(詩)적이었으며 가장 통찰력 있는 물리학자 중 한 명이었다. 비록 그가 초(超)심리학적 주제들을 피했더라도 그는 '자기-반영 우주(self-reflecting universe)'에 대해서 말하였다. 아인슈타인의 80번째 생일을 기념하면서, 휠러는 과감하면서도 명백하게 아인슈타

그림 2-2   존 휠러의 스스로를 보고 있는 우주

인에게 "우주는 자기-반영하는 존재다."라고 우주의 개요를 제시하였다.

그 개요([그림 2-2])는 자신의 꼬리를 마주하고 있는 거대하고 고래와 같은 커다란 존재에 관한 것이며, 그 꼬리는 우주의 초기 상태를 나타낸다.

우리가 밤하늘을 올려다보게 만드는 것은 바로 알아차림이다. 그러면 우리가 우주를 쳐다볼 때 알아차림의 비국소성은 부분들로 나누어진다. 그것은 마치 우주가 우리를 통해서 자신의 꼬리를 바라보는 것과 같다.

우리가 하늘을 올려다 볼 때, 우리는 시간에서 거꾸로 우리의 꼬리를 보고 있는 것인데, 별빛이 우리에게 올 때까지 (인간의 기준으로) 오랜 시간이 걸리기 때문이다. 우리가 밤하늘을 볼 때, 그때는 우리가 시간에서 거꾸로 보는 것이며, 우리는 우주의 역사를 보는 것이다.

돈 후안이 땅이 자의적이라고 말한 것처럼, 휠러의 그림은 우주는 알아차림, 자기-반영 그리고 자의적 존재의 형태라는 것을 의미한다. 어떤 수준에서 볼 때, 우리의 알아차림과 땅의 알아차림은 분리할 수 없다.

첫 번째 원리: 자의적 알아차림은 비국소적이며 존재에 앞선다

왜 우주는 바라보는 것에 호기심을 가지고 있는 것일까? 알아차림은 왜 존재하며 그것은 무엇일까? 우리는 전체 우주를 실험할 수 없기 때문에, 우리는 그러한 질문에 확실하게 대답할 수 없을 것이다. 이러한 상황에서 미지(未知)에 대한 나의 접근은 실용적이다. 나는 개인, 커플, 큰 조직, 입자와 행성에 관해 가장 잘 설명할 수 있는 이론을 사용한다. 그리고 물리학, 심리학 및 영적 전통에 관해서 가장 잘 설명하는 이론은 우주가 자의적 존재라는 것이다. 첫 번째 이론은 이러한 자의성은 비국소적이며 의식의 뿌리에 놓여 있고, 모든 발현(發顯)에 선행한다.

우리는 자의적 알아차림을 부분적으로 미묘한 신체 느낌으로 경험하기 때문에, 어떠한 용어도 그것을 정확하게 설명하지 못할 것이다. 내가 자의적 알아차림이라고 부르는 것은 일종의 지식(intelligence)과 앎(Knowingness), 양자 마음(Quantum mind)이다.[5]

자의적 알아차림, 알아차림 그리고 의식

자의적 알아차림은 우리에게 언제 어디로 움직여야 할지 알려 주는, 부분적으로 측정 가능한 비국소적 꿈같은 능력이다. 이 장의 앞부분의 실험에서, 당신은 당신의 방향에 대한 자의적 알아차림을 경험했을 수 있다. 자의적 알아차림은 특정한 지점을 향해 움직이는 꿈같은 감각과 같은 방향적 경향성을 나타낸다.

자의적 알아차림은 우리가 측정하는 어떠한 알아차림과 우리가 일상적 삶에서 사용할 수 있는 의식의 비이원론(非二元論, non-dualistic)적인 전조다.

자의적 알아차림은 매우 미묘해서 자의적 알아차림이 우리가 말로 표현할 수 있는 무엇인가로 펼쳐지고 움직일 때 내가 그것을 알아차림이라고 불러도 말로 표현하기가 어렵다. 그러다가 우리는 우리가 움직이고 있다는 것을 알아차리게 된다. 알아차림의 알아차림인 움직임의 알아차림은 우리가 그 방향, 목적 혹은 움직임의 의미에 반영할 때 의식이 된다. 그리고 우리는 그 방향을 우리의 삶을 방향에 맞게 변화시키는 데 사용할 수 있다.

알아차림은 다양한 차원을 갖는다. 그 가장 깊은 곳에서, 그 본질에서, 자의적 알아차림은 미묘한 느낌이다. 그것은 우리가 감정, 움직임 혹은 꿈의 세계에서 겨우 표현할 수 있는 경험들의 알아차림으로 인지하는 것으로 펼쳐진다. 매일매일의 실재에서, 의식은 알아차림이 스스로에게 반영할 때 발생한다. 그러면 우리는 "나는 이것을 혹은 저것을 하고 있다."라고 쉽게 말한다. 다른 말로, 나는 매일의 삶에서 알아차림의 알아차림에 대한 의식의 준비를 선택하고 있는 것이다. 나는 자의적 알아차림을 우리 안의 알아차림과 의식의 뿌리라고 생각한다.

자의적 알아차림은 비이원적 세계의 본질적 경험이다. 자의적 알아차림은 물질적이고 정신적이며, 중력적이고 심리적이다. 독일어에서 인지하고, 찾고, 길을 만든다는 뜻의 단어 'spuren'과 같이 자의적 알아차림을 찾는다는 것은 도(道), 길의 개념과 비슷하다. (뒤의 장에서 자의적 알아차림 또는 경로 알아차림을 매우 깊이 탐구할 것이다.)

당신은 자의적 알아차림의 명료성을 발전시킬 수 있으며, 그리고 느낌으로, 그들이 발생하기 전에 사물을 알게 될 것이다. 그러고 나면 당신이 도를 안다고 말할 수 있다. 자의적 알아차림은 초자연치료사의 최고의 재능이다. 그것을 사용하기 위해서 당신은 가장 미묘한 경험들을 포착할 수 있는 명료함이 필요하다.

인식과 우주의 기원

만약 휠러가 이 토론에 있었더라면 그는 자신의 그림을 새로이 개선하기 원했을 것으로 나는 생각한다. 돈 후안이 자의적 땅에 대해 말한 것처럼, 나는 휠러가 자의적 우주에 대해 잘 말할 수 있을 것으로 믿는다. [그림 2-3]과 [그림 2-4]는 만약 휠러의 그림이 스스로에게 반영한다면 일어나는 것을 묘사하였다. 그것은 궁극적인 기본 원리이며 고대 중국의 우주의 창조력에 대한 사상(思想)인 태극이 된다.

휠러의 그림과 태극 사이의 이러한 일치는 자의식적 알아차림이 우주를 창조하거나 유지한다는 것을 제시하는 것일 수도 있다.[6] 다음 장에서, 나는 어떻게 알아차림이 명백하게 거의 비어 있는 진공―즉, 제로 상태―에서, 가능하다면 우주와 물질의 창조에서 보일 수 있는지 탐구할 것이다.

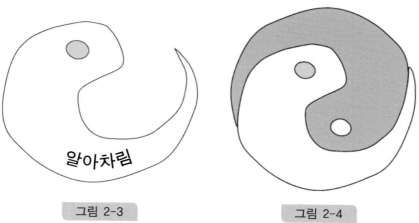

그림 2-3	그림 2-4
자의적 알아차림은 알아차림을 발생하며 의식과 관찰에 선행한다.	**궁극적인 기본 원리** 또는 태극이 우주를 창조한다.

나바호 부족의 우주

자의식적 알아차림의 어떤 형태(신이나 다른 존재에 반영된)가 우주를 창조했다는 생각은 많은 창조 신화의 핵심을 형성한다. 물리학에서의 방정식처럼, 토착 원주민들의 창조 신화는 우주의 패턴에 대해 말한다. 토착 신화는 내부 경험과 외부 경험 모두를, 그리고 꿈꾸기와 더 객관적인 관찰 모두를 함께 모으는 수학적 이론과 비슷하다.

대부분의 신화는 알아차림의 어떤 형태가 눈에 보이는 우주를 선행한다고 가정한다. 예를 들어서, 창조 신화는 종종 자의적 알아차림의 어떤 원시의 형태를 가정한다. 이러한 알아차림은 존재, 사람, 동물 혹은 묻혀서 잠자고 있거나 또는 우주를 창조하기 위해 나타난 신으로 상징화된다. 종종 신들은 잠에서 깨어나며 때때로 인간은 혼돈(chaos)에서 벗어난다. 일부 신화에서 알아차림은 대양(大洋)에서 나타나며, 다른 신화에서는 땅이나 공기에서 나타난다. 오늘날 우리가 알고 있는 세상이 나타날 때까지 다양한 중간 단계들이 발생한다. 예를 들어, 유대-기독교 신화에서는, 하느님이 빛을 창조한다. 만약 빛이 알아차림을 상징화하면, 이런 신화에서 알아차림은 자의적 알아차림―여기서는 유대-기독교 신으로 나타나는―에 의해 선행된다.

세계의 기원에 대한 나바호(Navajo) 부족 신화에서는, 인간―혹은 첫 번째 인류(First Peoples)―은 첫 번째 세계(first world) 아래에서 출현했다. (네 번째 세계가 우리가 오늘 살고 있는 세계다.) [그림 2-5]에 나타냈듯이, 첫 번째 인류는 원들의 중심으로부터 나타났으며, 첫 번째 세계를 통해 직선의 무지개 경로를 따라, 그리고 다른 세 개의 세계들을 통해서 움직여서, 마침내 대지인 땅의 표면에 도착한 것이다.[7] 출현 장소의 양 옆에 있는 인물 모습에서 서로의 거울상(像) 이미지인 두 개의 존재('전달자의 비행[messenger flies]'이라고 부르는)가 있음을 주목하여라.[8]

이러한 나바호 부족 신화에서, 자의적 알아차림은 땅의 지기(地氣)인 특정

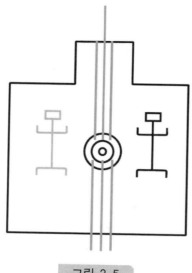

그림 2-5

나바호 부족의 첫 번째 세계[동심원(同心圓)], 이것으로부터 인간이 출현했다.

지점으로부터 등장하는 인간의 형태를 택한다. 알아차림은 반영하는 존재들
로 둘러싸인 경로의 형태를로부터 택한다. 우리는 어떻게 자의적 알아차림
이 발생하는지, 어떻게 그것이 경로를 따라 움직이는지, 어떻게 그것이 의식
과 일상적인 세계에 스스로를 반영하는지를 다시 볼 것이다.

책 뒷부분에서 나는 이 나바호 부족 그림과 그 이면의 신념체계를 더 깊게
논의할 것이다. 지금 나의 초점은 땅 아래의 인간으로 상징된 자의적 알아차
림은 땅으로부터 나오는 것으로 상상되었으며 아직도 그렇게 상상되고 있
다. 자기-반영을 더하면, 자의적 알아차림은 세계를 창조하고 세계로 펼쳐
진다.

이 장을 시작할 때 당신이 했던 개인-방향 실험을 기억하는가? 당신이 어
느 방향에서 당신의 가장 깊은 자아가 이끌어져 나왔는지 깨닫기 전에, 그
끌어당김은 말하자면 단지 땅에 묻힌 비(非)언어적 신체 경험이었다. 당신은
아마 그것을 자의적으로 알아차려 왔을 것이다. 그러나 그것이 당신의 알아
차림에 방향으로 나타날 때, 그리고 당신의 알아차림이 스스로에게 반영할

때, 그것은 실제가 되며 의식이 된다. 그러면 당신은 그 의식을 당신의 삶에 맞게 조정하는 데 사용할 수 있을 것이다. 매 순간은 단지 이러한 종류의 기회이며, 어쩌면 세계를 재창조하는 기회다.

유대교-기독교-이슬람교 신화의 창조

토착 원주민 신화와 같이 성경도 또한 그 자신을 인간에게 자신을 반영시킴을 통해 세계를 창조한 하느님의 형태로 나타나는 일종의 자의적 알아차림을 보여 준다. 로마 시스틴 성당의 천장에 그려진 미켈란젤로의 아담의 창조 프레스코 벽화는 하늘에서 나타나 접촉을 통해 인간에게 생명을 주는 하느님을 보여 준다([그림 2-6]).

무엇보다도 미켈란젤로의 그림은 어떻게 우주의 알아차림으로부터 나오는 자의적 신체 알아차림—신의 미묘한 접촉—이 인간 존재를 반영하고 창조하는지를 상징한다.

이번 장에서 논의한 다른 예술적 작품들처럼 이것도 역시 일상적 실재 CR

그림 2-6   아담의 창조

시스틴 성당의 미켈란젤로 프레스코 벽화 일부

이 비국소적 혹은 우주적이면서 자의적 알아차림에 의해 선행된다고 상상하거나 이론화한다. 토착 원주민 신념과 현대 종교 둘 다 우리와 다른 모든 것들이 땅의 지기(地氣)로부터—우주의 자의적 알아차림으로부터—나타났을 것이라고 제안한다.

생각해 봐야 할 것들

- 자의적 알아차림이 신화와 심리학, 영적 전통과 물리학에서의 창조와 발현에 선행한다는 것이 가능하다.
- 돈 후안은 땅은 자의적 존재라고 말했다. 물리학자 존 휠러는 또한 우주를 거대하고, 자기 반영적인 존재로 보았다. 그리고 고대 중국의 도(道)교는 모든 경로의 신비한 근원을 태극의 자가 반영 패턴으로서 설명하였다.
- 자의적 알아차림은 비국소적이다. 그것의 기원은 매우 미묘해서 당신은 그것들을 거의 알아차릴 수 없다. 그러나 이러한 알아차림은 매우 강력하여 모든 것을 창조한다. 아마도, 심지어 우리의 일상적 경험들조차도 실제로는 스스로의 부분에 반영하는 우주다.

Chapter **03**

경로 알아차림

의식적인 마음은 우주의 기본적 수준과 미묘하게 연결되어 있는가?
– 의학박사 스튜어트 해머로프(Stuart Hameroff, MD)[1]

　비국소적인 지각적 알아차림이 모든 창조와 발현보다 앞선다는 것은 초
자연주의, 심리학 그리고 다른 모든 과학의 핵심이다. 또한 과정지향 심리학
(process-oriented psychology)의 여러 가지 방법을 탄생시킨 것도 바로 이 원
리다. 내가 자의적(恣意的) 알아차림(Sentient awareness)이라고 부르는 것을,
융은 일어나는 모든 것의 독특한 창조적 요소인 무의식(無意識, unconscious)
이라고 부른다. 알아차림 훈련과 알아차림 작업은 신호, 꿈같은 주관적 과정
그리고 형상화하기 어려운 이 모든 미묘한 경험들을 따름으로써 누구나의
매일매일의 실재에 적용할 수 있다. 현재 많은 과학들이 의존하는 객관성의
가정을 택하여라. 예를 들면, 관찰자의 주(主) 역할에 관한 이론, 즉 관찰자
의 행동이 실제로 어떻게 관찰 대상을 변화시키는지에 관한 이론은 물리학
에서 증명할 수 없다. 알아차림 개념은 또한 양자 역학의 자기-반영적인 수
학적 패턴에서 찾아볼 수 있다.
　창조의 비국소적인 요소로서 알아차림 원리는 일반적으로 현재 알려져 있

거나 측정 가능한 모든 것을 뛰어넘는 진실이라고 받아들여진다. 인간 발전과 기능에 있어 알아차림의 기본적 역할은 초자연주의, 심리학 그리고 물리학에서 자명하다. 우주의 법칙과 패턴에 대해 궁금해할 때, 우리는 아인슈타인처럼 생각한다. 즉, 우리는 신의 마음과 같은 것이 배후에 있다고 믿는다. 우리는 자의적 알아차림이 자명하거나 자기-증명하다고 가정하고 있다. 아직도 원리들은 그것들이 유용할 동안만 진실로 인정된다. 원리를 지지해 주는 사건이 일어날 때, 그때서야 그 원리는 만족스러운 것으로 간주된다. 따라서 그러한 기준으로, 만일 사건이 자의적 알아차림이 존재하지 않는다는 것을 증명한다면, 그러면 자의적 알아차림 원리는 다시 정의되거나 바뀌어야만 한다.

우선은 자의적 알아차림의 선행적 존재가 알아차림, 자기-반영 그리고 실제를 생성하는 기본 원리라고 하자. 이번 장에서 나는 이러한 기본적인 알아차림 원리가 어떻게 초자연주의, 심리학 그리고 물리학에서 발견되는 핵심 모형의 기초가 되는지와 경로 알아차림이 얼마나 훌륭한 스승인지를 논의할 것이다.

신비한 경험으로서의 알아차림

알아차림은 공유될 수 있고 그리고 서로가 인정될 수 있는 측정 가능한 경험을 제공할 수도 있으나, 그러나 그것의 자의적 근원은 신비로 남아 있다. 1902년 미국의 선도적 심리학자 윌리엄 제임스(William James)는 『종교적 경험의 다양성(The Varieties of Religious Experience)』이라는 책에서 모든 미지의 경험은 다음과 같다고 단정했다.

- **말로 표현할 수 없음(Ineffable)**: 말로 표현할 수 없는 경험, 묘사하기 어려움
- **순수 이성적(Noetic)**: 일종의 지성(知性)으로 가득 찬 신비

- **수동적(Passive)**: 그것이 우리에게 일어날 것 같음
- **순간적(Transient)**: 그것이 우리의 경험에서 깜빡 나타나며, 지속시키기 어려움

이러한 특성들은 우리가 알아차림의 주요 형태를 이해하기 시작할 수 있는 훌륭한 출발점을 형성한다. 자의적 알아차림은 말로 표현할 수 없고, 기술하기 매우 어렵다는 점에서 신비하다. 자의적 알아차림은 일종의 지성(知性)을 창조한다는 점에서 순수 이성적이다. 그것은 일상적 마음이 작아지거나, '비우거나' 또는 열려 있어야만 하고 그리고 그것에 대해 수용적이어야 한다는 점에서 수동적이다. 그리고 자의적 알아차림은 순간적이며, 지속하기가 어렵다. 사실, 자의적 알아차림이 알아차림과 의식으로서 나타난 후, 의식은 자체의 자의적 기원을 '잊거나' 무시하는 것처럼 보인다.

나는 신비적 경험에 대한 제임스의 특성들에 비국소성을 첨가할 것이다. 내가 내담자들에게서 개인적으로 겪었고 보았던 신비적 경험들의 대부분은 모든 사물들과의 일종의 상호연관성을 포함했기 때문이다. 돈 후안의 '자의적 땅(sentient earth)'은 우리의 자의적 알아차림의 비국소적인 특성이다. 나는 자의적 알아차림을 경로 알아차림과 연관시키는데, 경로 알아차림에서 경로는 방향의 외부적, 말 그대로의 의미―시간과 거리 등 우리의 일상적 실재 CR을 정의하는 그런 것―의 척도일 뿐만 아니라 내부 방향과 목표의 느낌이다.

당신 신체의 경로 알아차림은 신비스럽고 꿈같을 뿐만 아니라 또한 매우 실제적이다.

경로 알아차림과 도(道)

나에게 경로 알아차림의 신비적, 비국소적 특성들은 고대 도교가 도(道)로 의미하고자 한 것과 같은 것처럼 보인다. 『도덕경』과 『역경』에 따르면, 도(道)는 하늘과 땅의 어머니이며, 신(神)의 근원이다. 그것은 모든 것들이 위치하고 발생하는 궁극적 실재(ultimate reality)를 표현한다는 것을 의미한다. 동시에 도(道)는 우주 이면의 권력, 원천 또는 에너지이며, 그 우주에 살고 있는 각각의 생명 이면의 지혜 또는 질서다. 말로 표현할 수 없는 도(道)는 말로서 묘사될 수 없고, 따라서 길, 경로, 옳은 길 또는 의미 등으로 다양하게 설명된다. 도(道)는 알아차림의 순수 이성적인 경로이며, 순간적이고 항상 변하고, 그것을 이해하기 위해서는 열려 있어야만 한다는 점에서 수동적이다.

우리는 5개의 기본 요소―고요함(靜), 머리, 걸음, 경로, 눈―를 포함하고 있는 도(道)의 중국 그림 문자의 구조를 공부함으로써 지각적 알아차림에 관해 더 배울 수 있다([그림 3-1]).

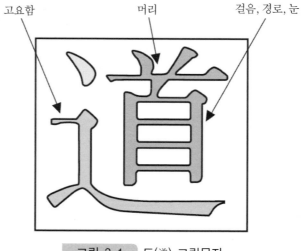

고요함　　　　　머리　　　　　걸음, 경로, 눈

그림 3-1 　도(道) 그림문자

도(道)와 같은 고대 언어의 번역은 번역자의 시대, 배경 그리고 문화에 의
존한다. 그래도, 도의 기본 요소 일부—고요함(靜), 머리 그리고 눈—로부터 판
단해 보면 도(道)라는 그림문자는 자의적 알아차림과 연결된 것처럼 보인다.
경로와 걸음의 연결은 자의적 알아차림의 번역을 더 유사하게 만든다.[2] 그 결
과, 나는 도(道)를 실제와 말로 표현될 수 없는 방법 모두의 경로 알아차림으로 해
석한다.[3] 나에게, 도(道)는 땅의 물리적이며 꿈같은 본질에 속해 있다.

도교의 알아차림 연습

당신 자신의 경험으로 도(道)의 의미와 자의적 알아차림을 가장 잘 설명할
수 있다. 이러한 2분짜리 실험으로 당신 자신의 도(道)나 지각적 알아차림을
탐구하여라(이것은 독자가 2장에서 수행한 실험의 확장이다.).

1. 편안하고 약간 움직일 수 있는 위치를 찾아라. 당신의 신체와 당신의
   일상적 마음 모두에서 당신의 신체 경험에 집중하고 고요하게 앉아라.
   당신의 신체를 알아차려라.
2. 고요하게 앉아서 움직이지 않는 동안, 스스로에게 물어라. "기회가 주
   어진다면 나의 신체는 어디로 갈 것인가 또는 가려고 하는가?" 아직 움
   직이지 말고, 단지 물음만 던져라. 당신 자신의 경향성을 느끼고, 그러
   나 그곳으로 아직 가지는 말아라.
3. 이제 당신의 신체가 가장 강한 경향성의 방향으로 천천히 움직이도록
   하고, 그리고 무슨 일이 일어나는지 알아차리기 위해 당신의 알아차림
   을 사용하여라. 단지 당신의 신체가 만들어 내는 느린 미세한 움직임을
   따라가라. 당신의 방향을 따르는 동안 당신이 경험하는 것을 인지하기
   위해 1~2분 정도 기다려라. 비록 당신이 불합리하다고 느끼더라도 당
   신 안에서 발생하는 것이 무엇이든 알아차려라. 당신의 신체가 스스로

를 설명할 때까지—당신이 그 방향의 가능한 의미를 느낄 때까지—그 방향으로 계속 움직여라.

당신의 신체는 어떻게 향해야 하는 곳을 알았는가? 당신은 당신 신체의 알아차림을 어떻게 당신 자신에게 설명할 것인가? 당신 자신의 생각으로 당신에게 경로 알아차림은 무엇인가?

방향 알아차림은 당신의 가장 훌륭한 스승이다

정지(靜止)된 고요함에서 당신의 신체는 자체의 고유한 마음을 가졌을 수 있거나 또는 도(道), 즉 길 또는 당신이 향하려고 하는 곳을 볼 수 있다. 결국 도(道)는 일종의 방향적 알아차림이다. 길(way)과 방향(direction)이라는 단어는 실제(real)-세계의 방향들, 꿈같은 경험들 그리고 말로 표현할 수 없거나 신비한 경험들의 혼합물이다.

당신의 자의적 알아차림 경향성들은 일종의 선행-신호, 당신이 실제로 어느 곳인가로 움직이기 전에 당신에게 나타난 한 세트의 잠재적 방향들이다. 알아차림은 당신에게 당신의 꿈꾸기 과정(dreaming process) 느낌을 주며 경로 알아차림은 잠재적으로 스승이다. 당신은 무엇인가 일이 일어나기 전에 일어나는 것들을 느낄 수 있다. 당신 자신의 알아차림 과정은 사실 당신의 모든 스승들 중 최고일 것이다. 당신 자신의 내부 알아차림 과정만큼 탁월한 것은 없을 것이다.

나는 당신의 자의적 알아차림이 스승이라고 말한다. 왜냐하면 당신이 당신의 경로 알아차림을 따른다면, 그것은 당신을 최소 행동으로 옳은 방향으로 가도록, 즉 당신에게 최소 노력과 저항의 방향으로 안내하기 때문이다. 당신이 해야 할 것, 가야 할 곳에 관해 혼란을 느낄 때마다, 당신의 훌륭한 스승—당신 자신의 내부 알아차림—이 당신을 움직이도록 허용하여라. 그것은 항상 그곳에, 바로 당신 근처에, 낮과 밤 언제라도 있다. 단지 당신 스스로에게 나의 신체가 땅에 의해 어느 방향으로 안내되고 있는가? 물어라.

우리 주위 가까이와 멀리서 일어나고 있는 것을 느끼는 능력은 우리에게 초자연적 의사소통 능력을 준다. 당신은 당신이 당신의 가장 깊은 자아와 방향에 연결할 때, 다른 사람들과 가장 잘 연결한다. 다른 사람들을 자신들의 고유한 내부 스승들을 일깨우는 것이 모든 사람들을 학생(learner)과 스승(guru)으로 만든다(이 책 다른 부분에서 나는 어떻게 이 스승 또는 원리가 어떻게 그룹과 조직을 도와주는지 보여 줄 것이다.).[4]

물리학, 영점(零點) 알아차림 그리고 창조

고요한 정지(靜止)는 도(道) 그림문자의 중심 부분이다([그림 3-1]). 알아차림의 경로 체계 안에서, 고요한 정지(靜止)는 더 미묘한 경험들과 지각적 알아차림이 나타날 수 있도록 일시적으로 분주함, 당신의 일상적 마음의 소음을 감소시킴을 나타낸다. 이러한 느낌에서 고요한 정지(靜止)는 공(空)이라기보다 경로 알아차림이 발생할 수 있는 열린 공간이다. 이러한 고요한 정지(靜止)의 열린 공간 측면은 양자물리학자의 진공에 대한 개념과 유사하다.

진공의 양자물리학은 우리에게 완벽한 공(空)은 절대로 있을 수 없다고 확신시킨다.[5] 우리의 정상적이며 일상적인 사고의 방법으로 완벽한 진공은 완전한 공허함을 의미한다. 하지만 양자이론에서 영점(零點) 질량이나 영점 에너지는 가능하지 않다. 지난 세기 발견한 독일의 유명 물리학자 이름을 딴 하이젠베르크의 불확정성 원리는 완벽한 진공은 존재할 수 없다고 한다. 완벽한 진공이 되기 위해서는, 당신은 어느 한순간 상자 안에 있는 모든 먼지 조각이 어디에 있는지를 알아야만 할 것이다. 하지만 자연의 본질적 불확정성 때문에 이런 정보는 불가능하다. 완벽한 확정성은 양자 세계에서 더 이상 가능하지 않다. 어느 주어진 순간에 모든 것은 어디에 위치하고 그것들이 무엇을 하는지에 관해 기본적 불확정성이 있기 때문에, 세상에서 가장 성능이 좋은 진공청소기도 완벽한 무(無)를 창조할 수 없다. 입자들은 외관상으로 '무(無)'에서 출현할 수 있다.[6]

다시 말하면, 명백한 진공에는 항상 작은 무엇인가가 있다. 영점 에너지 또는 영점 질량은 표현이며, 가능성은 아니다. 그러면 무엇이 상자의 비어 있는 공간에 남아 있는가? 물리학자들은 상자에 남아 있는 것을 입자의 개념으로 생각하고, 입자의 행동을 파동의 개념으로 설명한다.[7] 하지만 우리는 어떻게 이런 파동 또는 입자가 존재한다고 확신할 수 있는가? 답은 양자물리학이 일상적 실제에서 확률과 측정 가능한 결과를 생산하기 위해 자기-반영을 한다는 것이다. 어느 누구도 파동이 왜 물리학의 수학에서 자기-반영을 하는지 모르지만, 그렇게 되고 있다.

비록(우리가 왜 알아차림이 의식을 발생하기 위해 자기-반영을 하는지 설명을 못하는 것처럼) 물리학자들이 왜 또는 어떻게 양자 파동이 자기-반영하는지 설명할 수 없었지만, 일부 물리학자들은 무(無)에서 튀어나오는 입자들의 이러한 갑작스런 창조가 우주가 어떻게 명백한 무(無)에서 시작했는지의 예일 수도 있다고 추정해 왔다. 우주론과 블랙홀 연구로 유명한 케임브리지 대학교의 스티븐 호킹(Stephen Hawking)은 그런 자기-반영 양자 파동은 스스로를 혼란시키고 우주 대폭발인 빅뱅을 점화함으로써 "우주를 존재로 쓰러뜨릴 수 있을" 수도 있다고 말했다.[8]

호킹의 말은 인류에 관해 내가 진실이라고 아는 것을 정확하게 표현한다. 당신이 길을 모른다면, 그냥 기다려라. 쉬어라. 꿈꾸어라. 잠을 자라. 공(空)이 나타날 때까지 명상하여라. 바로 그때, 자의적 알아차림이 계속해서 실제를 재창조하고 우리에게 새로운 경로들을 제공할 것이다. 사물들이 튀어나오며 알아차림과 의식의 또 다른 새로운 시작이 발생한다.

캐시미르의 힘

그렇다면 진공은 불확정성 원리에 의해 지배되고, 자기-반영에 의해 지배된다. 더구나 진공은 측정 가능한 압력 무(無, nothing)의 힘을 만들 수 있다. 다음이 그 이유다. 양자물리학자들은 '진공'의 영점 에너지의 고요한 정지(停止)에서 파동, 반영 그리고 변동에 관해 이야기한다([그림 3-2]를 보라). 양자이론이 발견되고 논의되기 전, 사람들은 진공 상자에서 두 개의 작은 거울을 서로 가까이 두면, 그 상자의 거울들 주위에 아무것도 움직일 것이 없기 때문에 아무 일도 두 거울에 일어나지 않을 것이라고 생각했다.

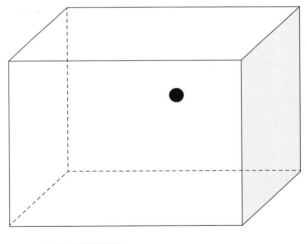

그림 3-2   제로-상태 진공의 물리학

상자 안에는 항상 예측하기 어려운 아주 작은 양의 에너지와 그 결과의 압력이 존재할 것이다.

하지만 지난 세기 중반 네덜란드의 이론적 물리학자 헨드릭 캐시미르 (Hendrik Casimir)는 진공 상자에 들어 있는 두 개의 작은 이론적 거울이 서로 끌어당길 것이라고 예측하였다. 그리고 단지 10여 년 전에서야, 이 양자이론은 실험을 통해 사실로 증명되었다. 상자 안의 입자 또는 양자 파동은 본질적으로 두 개의 반사 표면들을 모두 밀어낸다. 만약 이 거울들이 작은 파동을 안에 유지하고, 큰 파동을 밖으로 내보낼 정도로 충분히 가까이 있다면 아주 작은 압력-캐시미르 힘(Casimir force)-이 거울들을 모두 밀어내게 된다 ([그림 3-3]을 보아라).

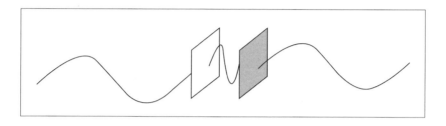

그림 3-3 캐시미르의 힘: 거의 무(無)의 힘

캐시미르는 진공에 놓인 두 거울이 그 사이에 맞지 않는 파동들을 제외시킬 것이라고 정확하게 예측하였다. 이러한 파동들은 거울을 모두 압박하는 측정 가능한 힘을 발생한다. 일부 물리학자들은 이것을 무(無)의 힘이라고 부른다.

그리고 만약 상자 안의 이러한 두 이론적 거울이 서로 정확하게 적정한 거리에 있다면, 일종의 '공동 공명(空洞 共鳴, cavity resonance)'이 발생하는데, 이는 '진공압력(vacuum pressure)'을 만든다. 다시 말하면 물리학자들이 '영점 에너지 장(場)'이라고 부르는 것에서조차, 낮은 온도에서의 진공 상태에서 조차, 가능한 캐시미르 힘이 존재한다.[9]

경로 알아차림의 힘

이제 거울과 빈 상자들을 상상하지 말고, 당신의 비어 있는 마음에 당신의 깊은 자아를 공명하는 것을 상상하여라. 그럼에도 불구하고 진공 압력을 만드는 캐시미르의 무(無)의 힘은, 우리가 어떻게 언제 우리의 가장 깊은 자아와 공명하는지, 우리를 운반하는 압력이나 힘이 생성되는지에 대한 비유가 된다. 우리의 일상적 마음이 이완되고 그 상태에서 우리가 가장 미세한 자극에 반영할 때, 우리는 알아차림이 단지 스승일 뿐만 아니라 우리를 움직이도록 하는 신체의 힘(somatic force)이라는 것을 알아차리게 될 수도 있다. 당신은 그 현상을 알고 있다. 때때로 밤에 잠을 자는 동안, 어떠한 꿈이 말 그대로 당신을 침대의 특정 방향으로 밀어낼 것이다. 우리가 무엇인가를 느끼거나 알게 되면, 그 무엇은 종종 우리를 움직이거나 부추기거나 귀찮게 하고, 그래서 그쪽으로 움직이게 한다는 것을 모두 알고 있다. 수 세기 동안, 사람들은 자신들의 자발적인 창조성을 열기 위해 명상해 왔다. 한편으로는, 캐시미르의 무(無)의 힘은 단순히 우리가 명상에서 느끼는 창조적 힘의 또 다른 형태인 것이다.

상자 안의 반사 거울들이 사람의 자기-반영적인 알아차림을 제시하는 것처럼, 그 상자의 캐시미르 힘은 우리 우주에 항상 존재하는 변동과 작은 압력에 대한 비유가 될 수 있다. 나는 이런 작은 압력을 침묵의 힘(force of silence) 또는 알아차림의 힘(force of awareness)이라고 부른다.

우주의 시작은 작은 움직임이었다

우주는 스스로가 존재하도록 자극했다는 스티븐 호킹의 개념으로 잠시 돌아가자. 호킹이 고대 중국의 신화를 연구했다는 증거는 없지만, 자기-반영 양자 파동이 우주를 자극하여 존재하게 하고 스스로를 혼란시켜 빅뱅을 점화했다는 그의 예측은 기원전 2세기의 중국인들이 자신들의 세계를 보는 관점과 매우 유사하다. 하버드 대학교의 푸엣(Michael J. Puett)은 저서『신이 되기 위함: 고대 중국의 우주론, 희생 그리고 자기 신격화(To Become a God: Cosmology, Sacrifice, and Self-Divinization in Early China)』에서 우주의 근원에 관한 다양한 의견을 보고했다.[10] 그는 저서에서 고대 경로는 태초에 '형태가 없이 단지 형상만' 있었을 것이라고 제안했다. 그리고 2개의 정령이 나타나서 '하늘을 정렬하고, 그들은 지구를 바르게 놓았으며' 그리고 기(氣)에너지가 생물과 사람들을 탄생시켰다고 제안하였다.[11]

다시 말하면, 단일성 에너지(oneness energy, '형태가 없이 단지 존재하는 형상')는 모든 것을 정렬시키고 배향시키는 2개의 힘이 되며, 그리고 그 과정 중에 사람과 우리를 귀찮게 하는 버그(bug)들은 첫 존재가 되었다. 또는 사람에게 버그가 다가오는 것을 조금 다르게 말할 수도 있다. 그 버그는 우리를 귀찮게 하는 작은 변동, 우리를 자극하고 우리가 반영하도록 만드는 작은 압력과 같은 것이다. 고대 중국의 신화에 따르면, 태초에 매우 가까이 있던 것은 우리를 귀찮게 하여 우리의 관심을 끌었던 아주 작은 무엇, '버그(bug)'였다.

우리 모두는 가려움, 간지럼, 마음속에서 계속 반복되는 노래, 걱정과 같은 무엇인가 의해 귀찮아지는 경험을 안다. 우리는 심지어 우주가 스스로를 자극하여 존재하도록 한다는 호킹의 개념을 우주가 스스로를 귀찮게 하여 깨어 있게 한다고 고쳐서 말하기도 한다. 나는 호킹이 이 구절을 썼을 때 이러한 생각을 하고 있었다고 주장하지는 않지만, 그러나 나는 아주 작은 무엇인가가 항상 우리의 관심을 끌려고 한다는 것을 강조하고 싶다. 우리를 알아차림의 경험으로부터 의식으로 움직이려고 우리를 부추기는 양자 파동, 우리 신체에서의 혼란, 우리를 귀찮게 하는 사람이나 버그 등이 항상 있었다. 영어로 우리는 무엇인가가 의식적이고 유용하게 될 때까지 그 무엇인가에 의해 귀찮아하고 성가셔하고 있다고 말한다. 비슷한 개념이 일본어에도 존재하는데, 일본어에서도 정신적으로 고통을 주는 성가신 사람을 버그같이 귀찮은 존재라고 불리며, 더 나아가 그것이 의식을 부여한다. 참으로, 버그같이 귀찮은 존재는 자의적 알아차림의 한 형태이며, 반영이 일어나도록 압력을 가함으로써 의식을 창조하는 알아차림 압력의 예다.

빈 마음, 버그(bug)-마음 꿈작업

우주가 스스로 자극을 주거나 귀찮게 해서 존재하도록 했는지를 누가 아는가? 그러나 우리는 더 확신을 가지고 말할 수 있는데, 우리는 종종 우리의 일상적 의식에 도달하려고 노력하는 무엇인가에 의해 귀찮음을 당한다. 당신은 이 '버그 이론(bug theory)'의 내면작업을 따름으로써 테스트해 볼 수 있다. 당신이 그것을 할 때, 당신의 신체를 귀찮게 하는 것이 무엇인지 알아차리려. 거의 지각할 수 없는 귀찮음은 꿈의 지혜를 가지고 있다는 것을 증명한다. 당신은 준비가 되었는가? 시작하자…….

1. 마음을 비워라. 잠시 당신의 일상적 마음이 이완될 때까지 가능한 한 고요하게 앉아라. 당신이 빈 마음 또는 '초심자의 마음'이라고 불리는 것을 가질 때까지 기다려라. 이제 당신의 명료한 관심을 사용해서 공(空, emptiness)을 탐구하여라. 당신이 느끼는 것을 알아차리고, 당신의 신체를 건드리거나 귀찮게 하는 작은 것을 알아차려라. 만약 그런 것들이 여러 가지라면, 당신의 내부 생명이 어떠한 버그에 집중해야 할지 결정하도록 하여라.

2. 이제 그 버그(bug)를 찾아서 이름을 붙이자. 그 느낌이 어떠한가? 이 버그 또는 느낌이 무엇을 원하는가? 버그가 당신을 어느 방향으로 인도하고 있는가? 그것에 승복하고 그 버그를 따르라. 그리고 그것이 당신에게 방향과 메시지를 알려 줄 때까지 당신을 움직이게 하여라. 그 버그가 거기에서 무엇을 하고 있으며, 그것이 실제로 원하는 것이 무엇인가? 버그가 당신에게 자신에 대해 명백한 설명을 할 때까지 버그를 계속 따르고 물어라.

3. 그 버그가 어떻게 당신에게 방향을 고치려고 하거나 당신의 세계를 창조 또는 재창조하려고 하는가? 최근의 꿈을 회상해 보고 버그가 창조하

려고 하는 새로운 방향과 세계가 그 꿈에 어떻게 하든지 있는지 알아차
려라.

나의 학생 한 명이 이 연습을 했을 때, 그녀는 자신의 위(胃)에 압박감을 느
꼈다. 그곳에 버그가 있었고, **"나를 내보내 줘. 난 놀고 싶어."** 라고 소리치고
있었다. 그것은 그녀가 최근의 꿈에서 한 아이에게 노는 법을 배웠던 것을
기억나게 해서 그녀를 놀라게 했다.

코페르니쿠스 이후의 우주

자의적 알아차림은 당신이 그것을 알아차리게 될 때까지 당신을 귀찮게
하는 아주 작은 힘으로 나타나는 도(道)의 스승이다. 제로-상태들은 창조적
이다. 그것들은 매일의 생명을 새롭게 한다. 하지만 분명히 실제 사물들의
세계, 시간과 공간의 세계는 우리의 관심을 차지한다. 그러한 일상적 실재
CR에서, 우리가 측정할 수 있는 것은 사물들의 중심이 된다.

그럼에도 불구하고 코페르니쿠스 이후의 물리학자들은 우주가 우리의 일
상적 실재 CR 주위를 돌고 있지 않다는 것을 알고 있다. 아무리 지구가 우주
의 중심이라고 하더라도 안정적이고 움직이지 않는 지구란 없다. 하지만 지
금까지 우리 대부분은 우리의 일상적 의식이 시간과 공간을 집중적으로 초
점을 맞춘 코페르니쿠스 이전의 우주에서 살아왔다.

참으로 코페르니쿠스 이후의 우주는 알아차림의 첫 원리뿐만 아니라 일
상적인 물리적 실제에도 똑같은 중요성을 부여함으로써 좀 더 심오한 민주
적일 것이다. 미묘하고 '영점(零點)' 자의적 알아차림의 코페르니쿠스 이후
세계에서, 경로 알아차림은 우리의 정상적인 초점만큼 중요할 것이다. 버그
를 기억해라! 이러한 미묘한 알아차림은 우리 일상적 실제가 아니라 오히려
우리 양자 마음의 한 측면이다. 우주는 우리의 의식적 마음과 그것의 관찰

주위를 선회하는 것이 아니라 시간과 공간의 실재(그리고 환상)의 주위와 알아차림, 경로, 버그의 신비한 측면 주위를 선회한다. 내가 내 마음이라고 부르는 것은 당신 마음과 마찬가지로 실제로는 우주의 자의적 본성과 연결되어 있다.

생각해 봐야 할 것들

- 원리들은 안내자이며, 그것들이 유용한 한 그것들을 수용하여라.
- 경로 알아차림은 자명하다. 이것은 말로 표현할 수 없는 도(道)로 나타난다.
- 자의적 알아차림은 형언할 수 없고 이지적이며, 순간적이고 효율적인 스승이다.
- 당신 신체의 경로 알아차림은 '실제'일 뿐만 아니라 신비하고 꿈같다.
- 알아차림 압력은 우리를 의식으로 들어가게 귀찮게 하는, 영점 진공 이론에서 캐시미르의 힘으로 나타난다.
- 우주는 알아차림, 경로, 버그의 신비로운 측면들을 포함하는 새로운 패러다임 주위를 선회하고 있을 수도 있다.

Chapter **04**
평행세계

돈 후안은 우리 주위에 존재하고 있는 이러한 평행세계, 우리가 사회적 질서가
지시하는 것을 따르는 데 너무 집착하기 때문에, 우리가 들어오지 못하게 하는
에너지 힘이 있다고 말했다. 꿈꾸기는 이 평행세계를 인지하기 위한 주요 기술 중 하나다.[1]
- 플로린다 도너(Florinda Donner)

우리의 의식적 마음 또는 매일의 마음은 단지 우리 본질의 작은 일부일 뿐
이다. 이번 장에서는 우리 일상적 마음이 어떻게 많은 평행세계들 중 하나인
지를 논의한다. 이 개념은 이 책 후반에서 우리가 경로 알아차림의 구조를
탐구하고 경험하며 그것을 관계와 조직에 응용할 때 우리를 도와줄 것이다.

우리는 지금 어디에 있는가

자의적(恣意的) 알아차림은 모든 경험의 근거 또는 본질적 수준이다. 그것
은 말로 표현할 수 없는 도(道)로 나타나며, 그리고 말로 표현할 수 있는 경로
들과 방향들에 대한 경향성으로 나타난다. 자의적 알아차림은 물리학의 수
학에서 스스로를 존재하도록 '부추기는' 양자 파동 또는 입자로서 나타난다.
신화와 수학 모두는 이런 파동들이 스스로를 '버그(Bug)와 같이 귀찮게' 하여

물리학자들이 캐시미르의 힘이라고 하는 알아차림 압력을 창조한다. 여러 면에서, 수학이 신화적 구조와 행동에 대한 은유인 것처럼 물리학은 심리학에 대한 적절한 은유다.[2]

그렇다면 진공 장은 스스로를 부추겨서 기본 입자를 창조하고 그리고 아마도 나머지 우주 모두를 창조하는 영점 에너지에서 작동하는 '거의 비어 있는 마음'의 비유다. 수학, 신화, 심리학 그리고 초자연주의는 물리학뿐만 아니라 '내부물리학(endophysics)', 내부 세계의 패턴과 '외부물리학(exophysics)'의 측정 가능한 '실제' 세계의 경험과도 유사하다.

심리학과 물리학은 자의적 알아차림의 개념에 의해, 그리고 꿈과 양자물리학 이면의 양자 마음(quantum mind)의 방향적 지혜에 의해 서로 많이 근접하게 되었다. 사실, 심리학과 물리학을 융합하기 위해서, 나는 두 학문이 더 포용적인 사회적 그리고 물리적 단일-세계(one-world)의 학문, 적어도 오늘날의 심리학, 물리학 그리고 초자연주의를 포함하는 통합된 학문의 측면으로 평가되어야 한다고 제안한다.

궁금함

자의적 알아차림은 우리에게 모든 경험은 자의적 알아차림으로부터 생기거나 자의적 알아차림에 의해 선행된다는 인간의 기능에 대한 우리의 첫 번째 원리를 제공한다. 또한 다른 방법, 기술 그리고 원리는—예를 들어, 궁금함과 호기심의 경험 그리고 스승으로서의 과정의 아이디어와 경로 알아차림의 아이디어—직감으로부터 나타난다. 당신이 이러한 파생된 협정을 형성하는 방법은 당신이 누구인지, 당신의 문화, 당신의 마음 상태, 당신이 살고 있는 시대에 의존한다. 일부는 문화적 또는 종교적 체제를 사용하고, 다른 사람들은 생물학, 사회학 또는 물리학 체제를 사용한다. 다른 사람들은 자기-반영하는 조직으로서 우주의 관점에서 생각한다. 또한 다른 사람들은 자기-

반영하는 양자 파동의 관점에서 생각한다. 자의적 알아차림은 그 안에 스스로의 알아차림을 추구하는 호기심을 포함한다. 우리 대부분은 일상적으로 자의적 알아차림을 단순히 사물에 대한 **궁금함**으로 경험한다.

궁금함은 놀라운 치료 도구다. 당신이 누군가를 돕기 위해 다른 모든 수단들을 소진하였을 때, 당신은 "그것은 무엇인가? 이것은 어디서 나타났는가?"라고 궁금해한다면 거의 잘못되는 경우가 없을 것이다. 궁금함은 정보를 이끌어내고 자기-반영을 북돋우기 위한 놀라운 능력을 가지고 있다. 궁금함은 스스로를 알아차리게 되도록 추구하는 자의적 알아차림 과정을 따른다.

거의 모든 심리학적 방법은 자의적 알아차림과 그것의 표현을 자기-반영과 궁금함으로 사용한다. 로저스(Carl Rogers)식 심리상담사는 "내가 들은 당신의 말은 ~입니다"과 "당신은 ~처럼 느끼는군요"와 같은 문구를 사용한다. 이는 내담자의 말을 분석하거나 진단하는 대신 내담자에게 되돌려 반영하는 것이다. 게슈탈트(Gestalt) 상담은 자아의 부분들을 끌어내기 위해 알아차림 기술이나 반영 방법―예를 들어, '빈 의자' 기법―을 근본으로 한다. 프로이트는 연상(聯想)적 방법을 사용하였고, 융은 꿈 이미지들의 증폭을 탐구하였다.

물리학에서의 버그(bug)들과 양자 신호교환

당신의 의식이 명료할 때, 당신은 당신의 마음이 머무는 것이, 말하자면 당신이 의식적으로 그곳에 머물기 전에 당신을 당신의 사고(思考)나 궁금함 속으로 끌어들여 실제로는 당신과 양자 신호교환한 것이라는 것을 때때로 인지할 수 있다. 당신의 주의는 끌렸고 잡혔다. 비슷하게, 우주는 우리가 그들에 관해 우리가 꿈꾸기도 전에 작은 사물들로 끊임없이 우리를 귀찮게 함으로써 우리와 양자 신호교환을 한다. 버그(bug) 또는 양자 신호교환은 알아차림과 의식에 도달하기 위해 노력하는 우주의 조각들이다.

양자 신호교환의 개념은 내가 양자 파동을 공부할 때 생겼다. 이러한 파동들의 해석 하나는 관찰이 일어나기 전에 양자 파동이 관찰자와 관찰 대상 사이에서, 그리고 과거와 미래 사이에서 왔다 갔다 하면서 움직인다는 것이다.[3] 당신은 이것을 양자 신호교환이라고 부를 수 있다. 전 미국항공우주국 (NASA) 물리학자이며 현재 워싱턴 대학교의 존 크레이머(John Cramer) 교수는 양자 파동이 '도전 파동(offer waves)'은 시간에서 앞으로 움직이고, 반면에 '반향 파동(echo waves)'은 시간에서 거꾸로 되돌아오는 일종의 통신으로 이해될 수 있을 것이라고 처음으로 제안하였다.[4]

양자물리학의 이러한 '서로 주고받는' 해석은 우리가 우리 자신에 대해 알고 있는 것을 반영한다. 즉, 자의적 알아차림의 경험은 우리가 그들을 고려하기를 원하거나 또는 보기를 원한다는 것을 미처 깨닫기도 전에 우리의 관심을 끌려고 시도한다는 것이다. 당신이 무엇인가를 관찰할 수 있기 전에 즉, 의식이 나타나기 전에 이 파동들은 먼저 자기-반영을 해야만 한다. 우리가 서로 이야기하기 전에 자의적 알아차림이 우리를 연결한다. 지각적 연결을 관계의 기본으로서 깨닫는 것이 필수적이며, 그렇지 않다면 우리는 다른 사람들에 대하여 우리 모두가 살고 있는 알아차림 장의 한 부분인 것으로 알아차리는 것 대신에, 우리와 다르게 떨어져서 '밖에 있다'고 적어도 매일매일의 실재에서는 여길 것이다. 우리가 이러한 자의적 연결을 알아차리지 못하는 한, 우리는 다른 사람들을 단지 '밖에' 존재하며 우리를 귀찮게 하는 존재로서 경험할 것이다(뒤의 장에서 우리는 귀찮음, 논쟁 그리고 갈등에 대해 더 탐구할 것이다.).

이러한 상반되며 초(超)시간적인 상호작용 과정은 내가 그것에 대해 두 권의 저서(『양자심리학(Quantum Mind)』, 『양자심리치료(The Quantum Mind and Healing)』)를 저술한 다음에도 계속해서 나의 관심을 끌고 있다. 나는 취리히에서 프란츠 박사(Marie-Louise von Franz)와 함께한 융 학파 연구를 회상한다. 동시성에 관한 우리의 연구 동안, 그녀는 시간이 앞과 뒤 두 방향으로 가는 것으로 이해하는 고대 아즈텍(Aztec) 사고에 매료되었다.[5] 오늘날 나는 이 아즈텍 개념과 물리학자 크레이머(John Cramer)의 양자물리학에서의 서로 주고받는 상호작용에 유사성이 있음을 알아차렸다. 대영 박물관에 소장되어 있는 15세기 아즈텍 유물에 디자인된 두 개의 머리를 가진 뱀을 생각해 보자 ([그림 4-1]).[6] 오늘날 멕시코와 중앙아메리카가 위치하고 있는 중앙(meso)아메리카 문화에서, 껍질을 벗는 뱀들은 초시간적 부활과 재생의 종교적 상징으로 숭배되었다. 프란츠는 이 두 개의 머리를 가진 뱀은 미래를 향해 앞으로 움직이는 것과 처음으로 거꾸로 되돌아가는 시간의 두 측면을 상징한다고 지적한다.

　그 뱀의 그런 모양은 나에게 시간에서 과거와 미래로 의사소통하는 양자 파동의 이중 본성과 자기-반영 파동을 제시한다. 양자물리학의 크레이머 해석은 시간을 건너는 교류에 근거한다는 것을 기억하라. 양자물리학의 수학은 미래가 현재와 연결할 수 있고, 현재는 미래와 연결할 수 있다고 생각하게 만든다.

　대부분의 꿈 분석 상담사들은 시간의 그러한 가역성을 인정한다. 당신이

그림 4-1　두 머리를 가진 아즈텍 뱀
15세기 아즈텍 유물의 복제품

당신의 '미래 자신'으로서 경험할 수도 있는 것은 꿈에서 나타나고, 당신의 현재 자신에게 지금 어떻게 존재해야 하는지에 대한 어떤 미묘한 안내를 주며 당신의 '현재 자신'으로 경험하는 것과 의사소통한다. 그것은 마치 미래, 현재 과거의 평행세계들이 서로 연결하려고 노력하는 것과 같다. 그것들의 연결은 알아차림과 의식의 새로운 측면들을 창조할 수 있다.

비국소성 그리고 투사

그러면 자의적 알아차림은 양자 파동처럼 작동한다. 작고 순간적인 '선행-신호(pre-signal)'는 우리와 양자 신호교환을 하며 빠르게 나타났다가 사라진다. 때때로 그것들은 우리가 먼저 그것들에게 양자 신호교환을 한 것처럼 우리의 관심을 끄는 것처럼 보인다. 이러한 양자 신호교환은 거의 측정 불가능하고 관찰 불가능하다. 마찬가지로, 우리는 양자 파동을 볼 수 없고, 우리는 (하이젠베르크가 양자 파동이라고 부른 것처럼) 가능성을 볼 수 없으며, 우리는 단지 현상만을 볼 수 있다. 따라서 하이젠베르크가 양자 파동의 위치와 모멘텀은 동시에 정확하게 표시할 수 없다고 한 것처럼 양자 신호교환의 정확한 위치와 타이밍을 규명하는 것이 불가능하다. 무엇인가가 당신의 관심을 끌 때, 시간에서 그것의 근원은 정확하게 위치를 정할 수 없다. 우리는 그것이 과거에서 왔는지 미래에서 왔는지, 이곳에서 왔는지, 저곳에서 왔는지 확실히 모른다. 단지 우리가 그것을 알아차리게 되었을 때야, 우리는 "아, 저 양자 신호교환 또는 아이디어가 저것으로부터 또는 다른 사람으로부터 오고 있다."라고 생각하기 시작한다. 나와 내 아내가 아즈텍 유물의 뱀 서로 반대쪽 끝에 있다고 생각해 보자([그림 4-2]). 만일 내가 그 뱀의 한쪽에 있고, 에이미가 다른 쪽에 있다면, 누가 누구에게 양자 신호교환을 하는 것인가? 내가 그녀에게 보내는 것인가 아니면 그녀가 나에게 보내는 것인가? 누가 무엇을 먼저 하는가?

그림 4-2　양자 신호교환과 비국소성
누가 무엇을 먼저 하였는가?

　투사 개념은 비국소적인 것을 포함하는 일상적 실재 CR 관점으로 바뀌어야만 한다. 즉, 그것은 내가 에이미를 보거나 생각할 때 그녀는 나의 일부이며, 나는 아마도 그녀의 일부라는 것이다. 동시에, 비국소성은 나의 생각과 감정을 우주의 부분으로 만든다. 꿈꾸기에서─말하자면, 자의적 알아차림의 경험에서, 두 개의 머리를 가진 뱀의 세계에서─우리는 투사가 나와 에이미에게만 속해 있는 것으로 말할 수 없으며, 오히려 그 배경에는 알아차림의 단일성이 있다. 따라서 첫 번째 단계에서 투사는 한 사람에게서 다른 사람에게로 가는 무엇인가를 의미하며, 다른 단계의 투사는 함께 꿈꾸기, 연결의 느낌을 의미한다. 자의적 알아차림의 관점으로부터 보면, 비록 우리가 이 장을 우리의 알아차림과 일상적 의식에서 이미지, 투사 그리고 '다른 것'으로 경험함에도 불구하고 우리 사이에는 비국소적 장이 있다. 하지만 지각적 관점으로부터 보면, 어느 사람이나 어떠한 사물도 아무것도 하고 있는 것이 없다. 단지 사건들이 우리 사이에서 일어나고 있는 것이다. 알아차림이 처음으로 나타날 때, 그것은 에이미나 나로부터 나타난 것이 아니라 우주, 뱀으로부터 나타나는 것이다. 그리고 나서 자의적 알아차림은 전 우주에 펼쳐진다. 그것은 진공 장의 진동과 같으며 또한 일부 토착 원주민들이 말하는 것처럼,

'위대한 정령(Great Spirit)'의 진동과 같은 것이다.

심리학자들이 관점(viewpoints)이라고 부르는 것과 물리학자들이 관찰(observation)이라고 부르는 것은 투사와 자의적 알아차림에 근거를 두고 있다. 투사는 아인슈타인이 말했던 우주의 본질적 패턴과 '신의 마음'인 양자 마음에 속해 있다.[7] 당신이 비국소성의 꿈같은 공간에게 어떠한 이름을 주든, 자의적 알아차림 관점에서 보면 그것은 모든 것과 연관이 있다.[8]

몇 년 전 호주 토착 원주민 남성 두 명이 나에게 그들 사이의 갈등을 도와달라고 요청했다. 그들은 자신들을 나에게 소개를 하고, 자신들을 도와주는 것에 감사하며, 자신들의 갈등을 설명했다. 그리고 내게 말했다. "우리는 우리의 문제를 해결할 것입니다." 나 또한 준비를 단단히 하고는 말했다. "좋아요, 여러분 문제를 들어봅시다." 하지만 그들은 단지 서로를 마주 보다가, 눈을 감고, 자신들에게 빠져들었다. 5분 뒤에 그들은 내적 명상에서 돌아와 서로에게 "감사합니다."라고 말했고, 그것으로 끝이었다. 그들은 신뢰 시스템을 사용하였고, 그들 사이에 있는 무엇인가에 접근할 수 있었으며, 그렇게 함으로써 그들의 문제를 해결하거나, 적어도 줄일 수 있었다. 이 토착 원주민들에게, 비국소성은 단순히 이론이 아니라 삶의 방식이다.

명료함과 평행세계 실험

다음 실험에서 자의적 알아차림의 미묘하고 예민한 비국소적 특성을 탐구해 보자.

1. 첫째, 당신이 하루에도 여러 번 하는 동작인데 단순히 당신의 손을 당신의 뺨으로 올려라.
2. 당신이 이 동작을 했을 때 무엇을 알아차렸는가? 일어난 것을 설명해 보아라.

3. 지금 그 동작을 다시 해 보아라. 하지만 이번에는 천천히 하고 당신이 하고 있는 것에 대해 더 큰 주의를 기울여라. 당신이 천천히 당신의 손을 뺨으로 움직일 때, 떠오르는 2~3개의 아주 작은 느낌과 감각을 유의하여라. 가능한 한 명료하게, 당신의 자의적 알아차림을 사용하고, 그리고 비록 불합리한 것 같아도 당신의 경험을 믿어라.

4. 마지막으로, 당신이 느낀 1~2개의 감각, 느낌, 분위기 또는 불합리한 아이디어를 회상하여라. 그것에 대해 기록하여라.

평행세계

당신이 처음으로 손을 들어 뺨에 손을 댔을 때, 당신은 단순히 그 동작을 했다. 다음에는, 당신은 당신의 명료함을 사용하였다(그림 4-3). 첫 번째와 두 번째 실험 사이의 차이는 무엇인가?

첫 번째 실험에서, 당신은 보통의 마음을 사용했고 충분한 알아차림 없이 단순하게 움직였다. 두 번째 실험에서, 나는 당신에게 당신의 명료함이나 자의적 알아차림을 사용하여 좀 더 집중해서 천천히 움직이라고 요청했으며, 그리고 이 두 번째, 천천히 움직이는 실험 동안이 사람들이 전형적으로 떠오르는 2~3개의 별개의 경험들을 알아차리는 것이다. 어떤 사람은 느낌을 알아차리며, 다른 사람들은 과거의 사건을 기억한다.

당신이 경험이나 기억을 무엇이라고 부르든, 그러한 2~3개의 경험, 생각 또는 감정은 양자 신호교환과 같아서 미묘하고 보통 인식되지 않는다. 예를 들어, 한 사람이 내게 그녀가 천천히 손을 뺨으로 움직였을 때, 그녀가 첫 번째로 알아차린 것은 하나의 기억이라고 말했다. 그녀는 자신이 어렸을 때 치아를 뽑았고 그 결과 치과의사에 대한 공포를 가지게 됐다는 것을 기억하였다. 그녀는 현재 자신의 치아를 잘 관리하지 않는다고 말했으며, 만약 그녀가 그 치과의 양자 신호교환을 심각하게 받아들였다면 그녀는 자신의 뺨과

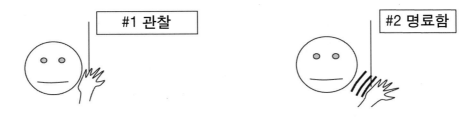

그림 4-3　관찰과 명료함

첫 번째 실험은 관찰에 관한 것이며, 두 번째 실험은 명료함에 관한 것이다.

치아를 더 잘 관리했을 것이라고 말했다. 그리고 첫 번째 그러한 '치과' 경험 후, 그녀는 실험을 계속했고, 자신의 손을 뺨으로 더 움직였고, 자신에게 일어났던 두 번째 경험에 대해 나에게 말해 주었다. 이번에는, 그녀는 자신의 뺨에 부드러운 접촉의 감각을 느꼈다.

양자 신호교환은 평행세계다

치과의사와 부드러운 접촉은 이 여성에게 2가지의 다른 별개의 경험이었다.[9] 나는 그것들을 평행세계(parallel worlds)들이라고 부른다. 당신의 실험에서, 평행세계들은 당신의 손을 명료하게 움직일 때 나타나는 다양한 경험들이다. 아픈 치아를 가지고 있는 것은 하나의 세계다. 부드러운 접촉은 또 다른 세계다.

평행세계들은 자의적 알아차림과 함께 나타나는 그러한 빠르고 순간적인 경험들인 양자 신호교환이다. 그것들은 꿈의 조각, 처음에는 서로 다른 것들과 연관이 없어 보이는 이야기들의 시작과 같다. 평행세계들은 별스러워 보일 수도 있고 당신을 놀라게 할 수도 있다. 그러나 당신 자신과 삶에 대해 당신이 알고 있는 모든 것이 다양한 측면들과 서로 다른 가능성들을 가지고 있지 않은가? 당신은 당신을 위해 좋은 결과를 가지고 있는 확실한 세계를 희망할 수도 있지만, 당신은 불쾌하거나 바라지 않은 결과가 나타나는 다른 평행세계들을 두려워할 수도 있다.

　평행세계나 우주와 같은 개념이 매우 오래되었다고 해도,[10] 그것은 미국의 주 언론매체에서 일정한 인기를 유지하고 있다. 빌 클린턴 전 미국 대통령은 그의 자서전에서 평행세계에 관해 비판을 하였는데, 한 세계에서 그는 대통령이었고, 다른 세계에서 그는 스캔들에 잡힌 단지 성(性)적인 존재였다는 것이다. 이전 세기에서, 평행세계는 슈퍼맨(그리고 만화와 영화에서의 다른 초(超)영웅 캐릭터들)의 서로 다른 두 삶에서 표현되었다. 비슷한 시기에 평행우주의 개념―과거의 사건은 여전히 존재하거나 또는 우리 역사에 또 다른 해석이 펼쳐지는―과 '복합우주(multiverses)'의 개념이 과학 소설에서와 마찬가지로 같이 과학에서도 나타났다.

　평행세계에 대한 나의 첫 접촉은 만화를 통해서가 아니라 물리학을 통해서였다. 과학자들은 입자, 원자 그리고 우주 전체의 평행세계들에 대해 말했다. 지난 세기 중반에, 휴 에버렛(Hugh Everett)은 양자이론을 재해석하기 위해 평형세계들의 개념을 사용함으로써 프린스턴 대학교에서 박사학위를 취득하였다.[11] 그는 원자와 같은 물질 조각이 많은 가능한 상태들을 가지고 있다는 아이디어로 시작하였다. 그는 이들 각각이 관찰 전 평행세계로서 존재한다고 가정하였다. 모든 평행세계들은 양자 세계에서 원자가 행동할 수 있고 행동하고 있는 모든 가능한 방법으로 동시에 존재한다. 간단히 말하면, 이런 세계는 원자가 '진동할' 수 있는 다양한 방법을 기술한다.

　에버렛(Everett)의 관점은 양자 영역에서 모든 세계가 공존한다는 것이다. 물질의 전체적 또는 보편적 상태는 이런 세계들의 합이다. 평행세계들에서 진동하고 있는 원자와 같은 물질의 기본 조각을 상상해 보아라([그림 4-4]). 하나의 세계에서, 진동은 수직이며, 다른 세계에서 수평이다. 이 두 세계의 합은 원자의 기본 패턴이나 양자 파동 함수가 된다.[12] 이 개념은 평행세계가 분리되어 있고, 대체로 독립적이라는 것과 비국소적이고 어느 곳에나 있다는 것이다. 반면에, 우리가 일상적 실제에서 보는 것은 가장 가능성이 높거

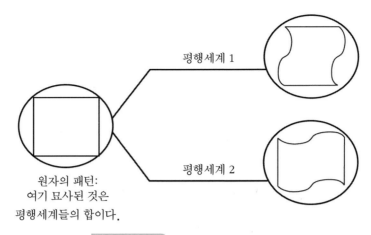

평행세계 1

평행세계 2

원자의 패턴:
여기 묘사된 것은
평행세계들의 합이다.

그림 4-4   원자의 평행세계들

나 '사각형(Square)' 패턴이다.[13]

　나는 심리상담사로서 평형세계들을 매우 잘 알고 있다. 그렇다 하더라도, 나는 왜 우리가 그것들을 가지고 있는지 그 이유를 모른다. 아마도 자연은 다양성을 선호하고, 사물들을 서로 다른 관점으로 보는 것을 선호할 수도 있다. 아마도 자연은 매우 민주적이며, 그리고 모든 것은 모두가 중요한 많은 가능성을 가지고 있다고 주장할 수도 있다. 그것이 왜 꿈이 우리에게 우리의 일상적 마음의 문제에 대해 단 하나의 단순한 해답을 주는 것이 아니라 보통 많은 해답, 꿈 조각들의 다양성을 주는 이유일 것이다. 이 조각들의 각각은 가능할 뿐만 아니라 우리가 누구인가 하는 중요한 부분이기도 하다. 각각의 꿈의 조각들은 또한 방향이다. 꿈의 해석은 이러한 많은 방향들의 합일 수도 있다.

　당신이 알아차리는 각각의 양자 신호교환은 평행세계에서 일어나고 있는 이야기의 부분이다. 양자 신호교환은 너무나 빨리 일어나서 당신은 보통 그것들이 전달하는 상태나 이야기를 알아차리지 못한다. 하지만 주의를 기울이면, 당신은 그것들을 탐구할 수 있고, 이해할 수 있다. 예를 들어, 당신은 어느 날 밤에는 괴물을 꿈꾸고, 그리고 다음에는 당신이 요리하는 꿈을 꾸며, 또 별에 관해 꿈을 꿀 수도 있다. 우선 괴물, 요리 그리고 별들의 각각의 세계는 독립적이며 연관이 없는 것처럼 보인다. 괴물, 요리 그리고 별의 '규칙(rules)'은 너무 다르게 보인다. 하지만 당신의 꿈 조각들을 펼친 후, 즉 그들을 확장을 하면 당신은 그것들의 합에 대한 뜻이나 의미를 알 수가 있다. 이 의미는 밤과 낮을 지나면서 흩어진 사고(思考)와 감정을 연결해 주는 실인 것이다.

꿈의 실(絲) 또는 의미는 모든 파편들의 합이다. 만일 당신이 이러한 의미나 경험을 반영한다면, 당신은 당신의 매일의 삶에서 의식적 변화를 만들 수 있다. 상담사들이 계속해서 다루고 있는 기본적 문제는 모든 사람들이 어떠한 세계들과 동일시하려는 경향이 있지만 다른 세계들은 나쁘거나 좋지 않다고 생각한다는 것이다. 좀 더 크고 좀 더 열린 생각으로 당신은 모든 세계들을 더할 수 있으며 수학자들이 말하는 것처럼 '중첩(superpose)'시켜서 그 결과 당신은 삶의 더 큰 의미와 방향을 깨닫게 된다.

관찰 대상, 관찰자 그리고 빅U

일상적 실제에서 우리는 관찰이나 꿈 조각들을 이야기한다. 하지만 낮과 밤 동안 우리가 알아차리는 것은 조금 더 자의적(恣意的) 인지(認知)인 평행세계에서 발생한다. 다른 모든 세계뿐만 아니라 이 세계는 당신이 그것을 보고 있을 때 당신이 존재하는 상태에 의존한다. 꿈에서 우리가 이러한 마음의 상태를 융이 '꿈 자아(dream ego)'라고 불렀던 것으로 본다.

이러한 꿈 자아는 고정된 상태는 아니지만, 그러나 우리가 매일매일의 실재에서 동일시하는 항상-변화하는 일차 과정이다. 만일 당신이 의심이 느껴진다면, 지지하고 확언하는 사람들이 당신의 주위를 끌 것이다. 당신이 거짓으로 낙관적이라면, 종종 염세주의가 나타난다. 나타나는 평행세계들은 당신의 일상적 마음에 달려 있다. 이러한 마음 자체는 평행세계이며 그리고 우리가 동일시하는 항상-변화하는 과정, 일차 과정이다.

따라서 어떤 의미에서, 평행세계들은 서로를 보고 있고 그리고 그것들은 끊임없는 변화 속에 있다. 게다가, 비국소성 때문에, 우리는 누가 관찰 대상이고 누가 관찰자인지에 대해 더 이상 완전하게 확신할 수 없다. 결국, 관찰자(observer)와 관찰 대상(observed)이라는 단어는 단지 일상적 실재 CR에 의해 창조되는 관습이다. 더 큰 꿈꾸기 마음의 관점으로 보면, 우리가 관찰자와 관찰 대상이라고 부르는 것은 평행세계들이다. 같은 방식으로, 꿈꾸는 자(dreamer)와 꿈의 대상(dreamed)의 개념도 평행세계들이며, 또한 비국소성 때문에 교환성이다. 우리는 당신이 꿈을 꾸었는지, 그 꿈이 당신을 꿈꾸었는지 정확하게 알 수 있는 방법이 없다.

다른 모든 세계들과 함께, 꿈꾸는 자와 꿈의 대상, 관찰자와 관찰 대상은 전체 당신(total you), 내가 빅U라고 언급하는 경험으로 합쳐진다. 원자의 양자 파동이나 기본 패턴이 그것의 모든 가능한 상태들을 포함하는 것과 같이, 당신의 빅U는 또한 그것 안의 모든 당신의 부분들을 가지고 있다. 빅U는 모든 당신의 꿈 조각들을 연결하는 실이다. 그것은 모든 당신의 평행세계들의 합이고, 당신 삶의 주요 방향을 포함하고 있다. 많은 평행세계들의 합으로서, 당신 삶은 당신이 누구인가의 핵심인 빅U로 합쳐진다.

문제는 일상적 실제에서 우리 모두가 동일시하는 모든 것들이 일차 과정, '꿈 자아' 말하자면 리틀u라는 것이다.

도너(Florinda Donner)는 이 모든 것을 매우 시(詩)적으로 말했다. 우리 주위에는 평행세계들이 있다. 그러나 우리는 우리가 일상적 실재 CR에 너무 집착하기 때문에 그것들의 능력을 무시한다고 했다. 이것에다 이러한 땅을 기반으로 한 세계들의 전체 합, 빅U가 초자연치료사의 중심적이며 가장 강력한 도구라는 것을 더하도록 하자. 다음의 장들에서 우리는 이 도구를 바디워크, 관계 그리고 조직에 적용할 것이다.

생각해 봐야 할 것들

- 자의적 알아차림은 궁금함, 양자 신호교환, 비국소성, 투사, 평행세계들의 근거다.
- 명료함은 평행세계들을 알아차리는 데 필요하다.
- 심리학은 물리학에서 배워야 할 것이 많이 있지만, 물리학도 비국소적 평행세계의 심리학에게서 배워야 할 것들이 많이 있다.
- 관찰자와 관찰 대상은 당신의 많은 평행세계들 중의 두 개이며, 그것들의 합은 삶의 주요 도구, 핵심 경험 그리고 빅U의 하나다.

Chapter 05

빅U, 느낌 그리고 방향

우리가 살아 존재하는 것은 지각하는 것이고…….
우리는 인간이라는 생명체(cocoon) 안으로부터의 기(氣)의 발산이
외부의 기(氣)의 발산과 배열이 일치되기 때문에 지각할 수 있다.
따라서 배열은 비밀의 통로이며, 땅의 밀어줌은 그 열쇠다.
- 돈 후안[1]

앞 장에서 우리는 양자 신호교환이나 버그(bug)가 어떻게 평형세계들인지 논의했다. 우리는 심지어 뺨에 손을 대는 것과 같은 지극히 평범한 행동들이, 어떻게 실제로는 자의적 알아차림의 관점으로 보면 평형세계의 경험인지를 탐구하였다. 경험의 자의적 본질이 우리의 알아차림에서 일어날 때, 그것은 꿈의 파편들처럼 구별할 수 있는 평행세계들—분리될 수 있는 가능성들(이 현상에 대해 양자 역학적 개념을 사용한다면 양자화된 확률)—로 나누어진다. 이제 우리는 이러한 세계에서 마치 꿈 작업자들이 그 이면에 놓여 있는 꿈의 의미를 보여 줘 왔던 것처럼, 어떻게 그들의 전체적인 합, 빅U에 의해 구성되는지를 알아볼 것이다.

중첩(重疊)

심리학 안에서 경로 알아차림을 더 실용적으로 만들고, 그것을 수리(數理) 과학이나 자연 과학으로 더 가까이 접근시키기 위해서 나는 기술적인 개념을 논의에 더하려고 한다. 그러한 개념들은 모든 물질의 양자 수학적인 구조를 표현한다. 이는 개인, 커플, 공동체 그리고 세계로서 우리 자신들을 이해하는 데 중요하다.

말 그대로, 중첩은 무엇인가를 다른 무엇인가의 위에 놓는 것이다. 지질학에서 중첩은 침전 바위 단층들의 규칙적인 배열에서 오래된 단층들은 바닥에 놓이고 새로운 단층들은 위에 놓인다는 것을 의미한다. 심리학에서 중첩은 우리 안에 다양한 단층들이 있다는 것을 의미한다. 지질학에서와 마찬가지로 우리의 고대(古代) 역사는(우리의 정체성 아래에 있는 꿈같고, 초시간적인 단층들) 아래에 있으며, 우리의 근래 역사는 위에 있을 것이라고 가정할 수 있다. 중첩은 체제의 물리적 영역 또는 양자 영역에서 다양한 상태들 또는 평행세계들이 서로 층을 쌓으면, 그것들은 체제의 전체적인 패턴이나 양자 파동을 창조한다. 또한 심리학에서, 어느 주어진 순간에서 마음의 전체적 일반적 패턴 또는 마음의 상태는 부분적으로 꿈 조각들이나 평행세계들의 합이나 중첩으로 이해될 수 있다. 예를 들어, 아침에 깨어날 때 우리의 일반적인 기분이 전날 밤의 꿈 파편들의 합인 것과 마찬가지로, 우리는 어느 주어진 순간에 모든 우리의 다양한 가능한 상태들의 합이다.

또는 중첩을 이렇게 생각해 보자. 우리의 다양한 가능한 상태들을 각각 한 장의 플라스틱이나 투명한 종이로 표현될 수 있다고 가정해 보자. 만약 다양한 색종이들을 여러 방법으로 겹쳐서 불빛에 비추어 보면 얻어지는 빛의 색은 우리의 전체적인 마음 상태와 비슷할 것이다. 이러한 전체 상태는 다양한 '평행세계들'의 합이다. 여러 가지 면에서 우리는 빛과 비슷하며, 많은 서로 다른 색들의 중첩 또는 합이다.

그림 5-1 토착 원주민 초자연치료사와 조지 W. 부시의 중첩

중첩을 조금 더 시각적으로 명백하게 해 보자. 지난밤에 당신이 아프리카 초자연치료사에 관한 꿈 파편을 가졌었고, 그날 밤 다른 부분에서 당신은 전 미국 대통령 조지 부시(George W. Bush)에 대한 꿈을 꾸었다고 가정해 보자. 거기에는 당신의 두 가지 평행세계들이 있다.

당신이 깨어났을 때, 당신은 궁금할 것이다. "어떻게 이러한 꿈 파편들, 이러한 평행세계들이 함께 나타났을까?"

만약 꿈꾸는 사람이 그림을 그리는 미술가라면, 그 사람은 그것들을 중첩된 스케치와 통합했을 수도 있다. 당신이 보는 바와 같이 [그림 5-1]에서 오른쪽의 합쳐진 모습은 두 평행세계들의 다양한 요소들을 포함하고 있다. 이것이 자연치료사와 조지 부시의 중첩인 꿈의 빅U이다. 당신은 이러한 꿈 조각들의 합, 이러한 합성, 이러한 중첩을 초자연치료사이자 투쟁 지도자인 미국 토착 원주민 추장인 것으로 상상할 수 있다. 그러한 해석은, 당신이 위대한 정령을 따르는 실제의 추장이라는 것을 인정하는 것일 수도 있다. 만약 당신이 순간의 과정을 따른다면, 우리는 먼저 대통령이 나타나는 것을, 그리고 초자연치료사 그리고 전체 과정을 조직하는 것에서, 초자연치료사의 꿈꾸기 능력을 실행하는 어떤 순간에서, 당신의 동료들을 전투로 인도하는 다른 순간에서 느껴지는 누군가인 빅U나 추장의 깊은 느낌이 나타나는 것을 볼 수 있을 것이다.

우리의 꿈꾸기 과정은 우리에게 우리의 부분들만을 보여 주는 것이 아니라, 그것들은 또한 모두 동시에 작동하는, 때로는 서로 조화롭게, 때로는 그렇지 않은 사물들의 완전한 모습을 의미하기도 한다. 그리고 꿈의 올바른 해석은 일반적으로 주어진 순간에 가장 잘 작동하는, 가장 기분이 좋고 모든 부분들, 모든 파편들을 사용하는 바로 그것이다. 빅U는 패턴이며, 해석이고, 본질의 경험이며 모든 부분들의 합이다. 그러한 빅U를 아는 것은 중요하다. 이것은 당신을 고무시키고, 당신을 운반하고, 그리고 (뒤에서 설명하겠지만) 삶을 저항이 가장 작은, 또는 행동이 가장 작은 경로로 만든다.

방향으로서의 느낌들의 중첩

꿈작업(dreamwork)을 하는 것에는 많은 방법들이 있다. 당신은 매 순간 그것들이 어떻게 나타나는가를 알아차리면서 (사이코드라마나 게슈탈트처럼) 꿈 형상을 연기할 수 있으며, (융의 적극적 상상에서와 같이) 꿈 부분들에게 이야기할 수 있고, 또 심지어는 그 모습들과 춤을 출 수도 있다.[2] (이 장 후반에 나는 그것들의 '방향들'을 사용하면서 꿈 부분들의 중첩에 근거한 꿈작업의 새롭고 비인식적인 방법을 제안할 것이다.)

꿈이나 꿈 파편이 방향과 연관되어 있다는 생각은 태곳적부터 있어 왔던 생각이었다. 토착 아메리카 원주민의 영성(靈性)은 부분적으로 땅의 할아버지들과 할머니들, 즉 네 개의 방향을 존경하고 경외하는 것에 근거하고 있다. 북반구(北半球)에서, 동쪽은 종종 빛과 지혜와 연관되어 있고, 서쪽은 통찰과, 남쪽은 사랑과 풍요와, 그리고 북쪽은 냉철한 분리와 연관되어 있다. 꿈과 느낌이 방향을 갖고 있다는 생각은 신화 그 자체처럼 오래된 것이다. 심지어 오늘날에도 우리는 느낌을 방향에 연결시킨다. 우리는 인생을 내려가는 것, 올라가는 것, 앞으로 가는 것 또는 뒤로 가는 것으로 말한다. "오늘 당신은 어디로 향하는가?" 하고 우리는 느낌을 지리학적 위치로서 이야기하며 묻는다.

2장에서 수행한 신체-방향 실습을 기억하는가? 당신의 느낌들이 어떻게 방향들과 연결되었는지 회상하고 다시 경험하여라. 그리고 스스로에게 자신의 가장 깊은 부분에 대해 물어보아라. 이 순간에 당신은 자신의 신체 어디에서 자신의 가장 깊은 부분을 감지하거나 느낀다고 생각하는가? 당신의 머리인가, 가슴인가? 또는 복부인가? 그것이 당신의 신체 어디에 위치하고 있는지, 당신 자신에게 이러한 느낌들이 어디로 향하는지, 당신이 있는 공간에서 어느 방향과 연관되어 있는지 물어보아라. 혹은 당신의 가장 깊은 느낌들이 당신이 지금 차지하고 있는 가장 가깝게 둘러싸고 있는 공간 밖의 위치-땅의 어디와 연결되어 있는가? 만일 그렇다면 어느 방향—동서남북—으로 당신의 느낌이 향하고 있는가?

만약 당신이 자의적 땅과 연결되어 있다면, 당신은 어떠한 순간에도 땅이 당신을 어느 또는 다른 방향으로 부른다는 것을 알아차릴 수 있다. 비록 당신의 일상적 마음이 이것이 불가능하다고 생각할지라도, 자의적 알아차림과 함께 당신은 경로 알아차림을 개발하고 당신 주위의 공간과 방향의 느낌 각각을 알아차릴 수 있다.

화살표 합 또는 벡터 합

다음은 신체 느낌과 땅의 방향에 근거한 새로운 종류의 걷기 명상이다. 나는 느낌들이 어떻게 방향이 될 수 있는지, 그것들이 빅U (그 순간의 기본적이며 안내하는 패턴)를 만들 때의 화살표와 같이 어떻게 중첩할 수 있는지 보여줄 것이다. 따라서 모든 당신의 감정들은 방향들이며, 그것들을 합하는 것은 우리에게 당신 전체의 모습을 보여 주게 된다.[3]

우리가 보았던 것처럼, 중첩은 특별한 종류의 덧셈이다. 일반적인 덧셈은 단순한 양을 다룬다. 두 개의 사과에 하나를 더하면 세 개의 사과가 된다. 그러나 중첩은 파동들의 세기와 특성을 보여 주는 파동들이나 화살표를 합한다. 2피트 앞으로 가서 오른쪽으로 1피트 가는 것과 같은 화살표 또는 벡터들은 그들의 방향이나 각도뿐만 아니라 그들의 길이에 의해서도 특성이 설명된다.

하나의 벡터는 주어진 길이(또는 크기)와 방향을 가지는 단순한 화살표로 표시된다(라틴어로 vectus는 운반자[carrier]를 의미한다.). 예를 들어, 당신이 무엇인가를 끌어당기는 힘은 벡터다. 그 힘은 양(量, 무게 10파운드와 같은)과 방향 또는 각도(45도와 같은)를 가진다. 벡터들은 큰 바다의 대형 선박이나 호수의 카누와 같은 물 위를 항해하는 배(船)에 작용하는 힘을 설명하는 데 유용하다. 배에 작용하는 힘에는 주로 두 가지 힘이 있는데, 예를 들어 조류의 힘과 방향, 그리고 바람의 힘과 방향이다([그림 5-2]). 배의 최종 방향은 바람과 조류의 합이다.

당신은 배의 최종 방향이 어떻게 그것에 작용하는 힘들—이 경우 조류와 바람—의 벡터 합 또는 중첩인지 볼 수 있다. ([그림 5-2]의 오른쪽에는 '*'로 표시된 점에서 시작하는 조류의 화살표와 조류 화살표 끝에서 시작해서 '**' 점에서 끝나는 바람의 화살표가 어떻게 중첩하는지를 또는 합해지는지를 보여 준다. 배의 최

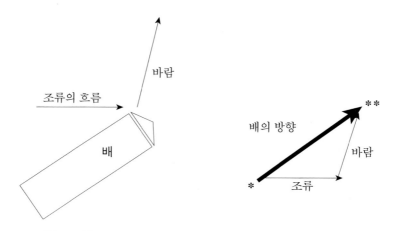

그림 5-2　배의 방향은 바람 화살표와 조류 화살표의 합이다.

종 방향과 벡터는 '*' 점에서 '**' 점으로 진행한다.) 벡터의 도표적인 본성은 과학이 이 벡터들을 흔하게 사용하는 하나의 이유인데, 벡터들은 사물을 명백하게 설명한다. 파인만(Richard Feynman)과 같은 양자물리학자들은 양자 영역 공간들에서 움직이는 기본 입자들의 실제 및 가상적인 방향을 이해하기 위해 비슷한 도표를 사용하였다(이 책의 뒤에서 더 설명할 것이다.).

잠시 나는 미묘한 신체 느낌과 땅의 지기(地氣) 방향을 사실적으로 묘사하기 위해 벡터(방향, 화살)들을 사용할 것이다. 나에게, 벡터는 실제이며 무엇보다도, 그것들은 말 그대로 동, 서, 남, 북을 가리킨다. 그와 동시에 그것들은 당신의 느낌이 향하는 곳에 대한 당신의 꿈같은 느낌에서와 같이 가상적이다.[4] 방향들은 부분적으로는 중력(重力)과 자기력(磁氣力)과 같은 물리적 힘들에 의해 구성되고, 그리고 또 부분적으로는 토착 아메리카 원주민들이 네 방향으로 상상했던 선조들과 같은 영적이며 땅을 기반으로 한 경험에 의해서 구성된다. [후자 느낌이 벡터라는 단어의 근본 의미인 운반자(carrier)라는 면에서 내가 특히 벡터를 영적인 힘, 벡터가 우리를 운반하는 것으로 인정하는 것이다.]

따라서 당신이 향하는 방향은 당신의 평행세계들의 합이다. 어떤 두 개 이상의 벡터(또는 세계, 힘, 화살표-당신이 무엇이라고 하든)들의 중첩은 하나의 벡터를 그리고 또 하나를 처음 화살표의 끝부분에서 그리기 시작함으로써 만들 수 있다. 합을 얻기 위해서 첫 번째 화살표의 시작점에서 마지막 화살표의 끝나는 점까지 직선을 그리면 된다. 이 장의 뒤에서 우리는 이러한 새로운 꿈작업 방식을 사용할 것이다.

평행세계들은 꿈같은 땅의 방향이다

비교적 최근까지 우리의 조상들은 길을 찾기 위하여 지도나 손전등 없이 오직 자신들의 직관이나 신체적 지혜에 의해서만 생존했다. 나는 2장에서 호주의 구우구 이미티르(Guugu Yimithirr) 부족민들이 어떻게 눈가리개를 하고 불빛 없는 방 안에서 회전하다가도 방향을 감지할 수 있는지를 지적했다.[5] 토착 원주민의 직관은 거기서 멈추지 않는다. 일부 호주 부족은 땅의 노랫가락(songlines-노래와 신화로서 표현되는 땅을 기반으로 한 지기[地氣]의 경험)을 느낀다.[6] 노랫가락은 지구의 물리적인 특성과 삶의 무수한 형태, 인간 사이의 관계와 행동을 지배하는 코드를 창조한 신화 속 조상들에 의해 원래 노래로 불린 것이라고 믿는 방향이나 진동으로서 경험된다. 호주 원주민들에게, 벡터나 방향은 비국소적 공동체의 개인적 형태이며 꿈시간에서 작용하고 있는 땅의 지기(地氣) 지혜였다. 노랫가락은 풍경을 통과하는 경로들이며, 그것들은 땅을 구성하고 그것에게 영적인 의미를 주는 상징적인 표식이다. 이러한 경로들은 현재의 시간과 공간에서 꿈시간과 연결되어 있다.

호주 토착 원주민들의 이러한 세계관은 풍경에 영적 의미와 꿈같은 의미를 불어넣는 공간의 질서를 정하는 방법인 신성한 지질학의 한 예다. 비록 오늘날 많은 사람들이 땅의 지기(地氣) 방향의 느낌을 아직도 가지고 있지만, 지도와 손전등의 계속적인 사용이, 한때 우리가 생존하기 위해 필요했던 우리의 원래의 방향적인 느낌 일부를 알아차림의 뒤편으로 보내 버렸다. 하지만 아직도 도시 거주자들도 방향의 중요성에 대한 충동을 보유하고 있다. 전통적으로 동쪽은 기독교와 이슬람교 모두에서 신성한 방향이 되어 왔다. 그러한 신성한 방향이 아일랜드, 잉글랜드, 스코틀랜드, 웨일즈에서는 레이 선(ley line) 혹은 용선(龍線, dragon line)이라고 불렸다. 성 미카엘 레이 선(St. Michael ley line)이라고 알려진 정렬을 따라, 수천 년 전에 많은 교회들이 만들어졌다. 영국 전체에서 가장 오래된 것 교회 중의 하나인 성 미카엘 교회는 남쪽 잉글랜드를 가로질러서 남서쪽에서 북동쪽까지 이르는 가장 오래된 직선 위에 놓여 있다([그림 5-3]).[7]

어떤 방식으로든지 우리 인간들은 아마도 다른 동물 영역 및 무생물 영역과 비슷할 텐데, 우리 모두는 경로 알아차림의 느낌을 가지고 있다. 우리는 자기장과 중력장을 느끼며, 우리는 우리가 마치 내면의 심리영성적인 나침반을 가지고 있는 것처럼 꿈시간을 느낀다. 지구의 자기장과 중력은 우주의

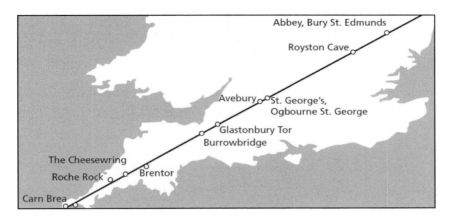

그림 5-3   성 미카엘 레이 선(남부 잉글랜드)

나머지와 연결되어 있기 때문에, 우리의 소위 방향에 대한 땅을 기반으로 한 느낌이라는 것은 전체 우주와 연결되어 있다. 우리 자신과 우리 신체의 경험은 단지 우리에게만 속하는 것이 아니라 전체 행성과 전체 우주에도 속해 있다.

도교에서 시간-공간의 내부물리학

그렇다면 땅은 우리가 서 있는 단단한 물질이며(외부물리학, exophysics), 동시에 우리의 알아차림으로 또는 알아차림 없이 우리에게 영향을 주는 신화적인 힘(내부물리학, endophysics)이다. 지구는 단단한 성질과 꿈같은 성질 모두를 가지고 있다.

『도덕경』과 『역경』―예지 수행의 하나―의 저자들에 의하면 도(道) 또는 길을 찾기 위해서는 당신은 그 순간의 시간, 즉 가치를 알아차려야만 한다. 그러한 시간은 『역경』에서 괘(掛)를 두 개 사용해서 만들어지는 육효(六爻)에 의해 표현된다([그림 5-4]). 하나의 괘를 다른 괘와 합치면, 도는 여섯 개의 선 (線)의 중첩인 육효로서 나타난다. 『역경』은 육효의 의미를 위해 육효의 구조 의 합—육효의 모든 선들의 합—을 사용한다. 사실, 육효의 게슈탈트는 각각 의 선에 의미를 부여하는 것이다.

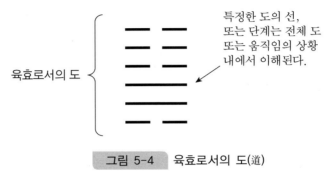

특정한 도의 선, 또는 단계는 전체 도 또는 움직임의 상황 내에서 이해된다.

육효로서의 도

그림 5-4 육효로서의 도(道)

그림에 표현된 괘는 『역경』에서 46번 육효로 위로 밀어 올리는 지풍승(Pushing upwards, 地豊升) 괘다. 이것은 땅을 나타내는 위의 괘 ☷에 바람을 나타내는 아래의 괘 ☴의 적층(積層) 또는 중 첩이다. 전체적인 의미는 성장(成長) 또는 위로 밀어 올림이다.

고대 중국인들이 원래 육효를 구성하는 그러한 괘들을 공간적인 방향과 계절의 특징에 연관시킨 것이 나를 놀라게 했다([그림 5-5]). 이런 방향적인 특징은 중국의 신화 혹은 공간의 내부물리학과 연결되어 있다.[8] 아마 5천 년 보다 더 오래된 『역경』의 육효는 아직도 우리의 방향적 심리학과 중첩적 심 리학의 본질을 아주 명료하게 보여 준다.

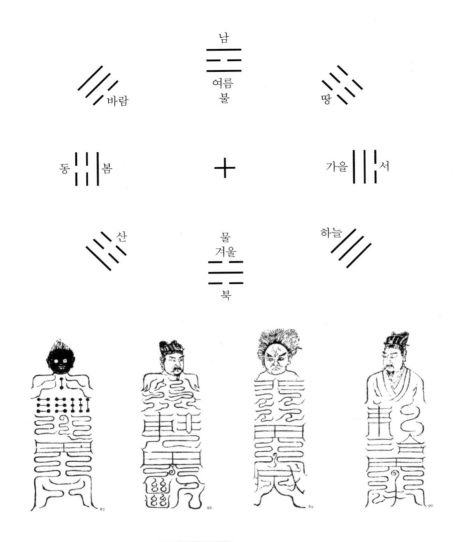

그림 5-5   팔괘 방향도

위: 역경 육효의 방향, 계절 그리고 요소들
아래: 13세기 문서에서 나온 기본적인 방향이며 그 문서에는 주문(呪文)의 효과를 상쇄하기 위
　　한 부적에 동, 서, 남, 북이 그려져 있다.

방향에 대한 꿈작업

우리의 토착 원주민 형제자매들—물론, 고대 중국인, 호주 원주민, 아메리카 원주민을 포함한 우리 모두의 조상들—은 우주의 조직력과 연관된 실제 방향과 상상의 방향의 혼합물인 경로 알아차림을 가지고 있다. 그러나 경로 알아차림과 벡터는 우리에게 새로운 형태의 꿈작업을 제시한다.[9]

이러한 새로운 꿈작업은 평행세계로의 당신의 매일의 삶의 방향과 그리고 다른 평행세계로의 당신 꿈에서의 형상을 근거로 하는 걷기 명상이다. 우리는 우리의 통상적 자아(ordinary self)와 꿈 형상이 어떻게 방향과 벡터에 의해서 특징지어지는가를 실험할 것이다. 그리고 꿈작업을 하기 위해서, 즉 당신의 매일의 삶의 개념에서 꿈을 해석하기 위해서 우리는 어떻게 당신의 매일의 자아와 어느 순간 당신 삶의 방향, 아마도 당신의 전체 방향인 당신의 빅U를 찾기 위한 꿈의 일부를 합하는지를 탐구할 것이다. 빅U, 중첩 그리고 당신 꿈의 의미를 찾기 위해서, 나는 당신의 경로 알아차림에게 느긋하게 마음을 열 것을 제안한다. 만약 이것이 당신의 매일의 마음에 새로운 것이라면, 그저 긴장을 풀고 당신의 신체가 당신을 인도하게 내버려 두어라.

작업을 간단하게 하기 위해서, 우리는 여기서 짧은 꿈, 꿈 파편 또는 꿈의 한 부분의 이미지를 작업할 것이다. 이 방법은 나중에 당신이 원하는 만큼의 많은 꿈 파편과 이미지들을 포함하도록 확장할 수 있다. 더 나아가 단순성을 위해서, 땅의 수평면에 있는 당신의 꿈 형상과 연관된 방향을 찾으려고 시도해 보아라. 수직적 방향 또는 하늘의 방향, 즉 깊이감(深度)을 찾는 것도 중요하다. 그러나 땅의 명백한 면(面)에서 방향을 찾는 것으로 시작하는 것이 보통 더 쉽다. 그러나 수직적 방향은 종종 상응하는 수평적인 방향을 가지고 있다. 예를 들어, 특정한 하늘의 성질은 또한 땅의 특정 장소나 방향에서 발견될 수 있다. 당신이 벡터에 좀 더 익숙해진 다음에는 모든 방향들을 사용하는 것이 더 쉬워질 것이다(벡터 걷기에 대해서는 부록 9를 보아라.).

시작해 보자.

1. 당신의 일상적 자아를 몇 단어들로 묘사해 보아라. 이것을 '#1'이라고 하자. 이 실습을 하던 한 고등학교 교사는 자신의 일상적 자아를 '신경질 교사'라고 묘사하였고 그것을 '#1'이라고 했다.

2. 이제 최근의 꿈 또는 꿈 조각을 기억해서 기록하여라. 만약 당신이 최근의 꿈을 기억하지 못한다면 당신에게 흥미를 주었던 오래된 꿈을 기록하여라. 그러고 나서 당신의 꿈의 한 부분을 골라서 이름을 붙여라. (만약 선택한 부분이 여러 개라면 가장 빨리 마음에 떠오르는 한 부분을 선택하여라.) 이것을 '#2'라고 하자. (나중에 당신은 꿈의 다른 부분을 첨가할 수 있다.) 앞의 고등학교 교사는 전날 밤 꿈으로부터 단 하나의 꿈 파편을 기억했는데 의사에게 갔었을 때 웃으면서 그녀는 건강하다고 했던 꿈이었다. 그녀는 '웃는 의사'를 '#2'라고 썼다.

3. 당신의 경험 '#1'과 '#2'에 들어갈 때다. 당신은 작은 종잇조각 2장과 약간의 바닥 공간이 필요하다. (만일 당신이 걸을 수 없거나 공간이 걷기에 너무 협소하다면, 단지 종이와 연필을 이용하여라.) 종이 한 장으로 바닥에 출발점을 표시하라. [그림 5-6]에서 그 지점은 '*'로 표시되어 있다.

4. 당신의 자기-묘사 '#1'을 회상하여라. 준비가 되었으면, 당신의 신체와 땅에게 어느 방향이 자신의 평범한 자아(normal self)와 연관되어 있는지를 보여 주도록 요청하여라. 당신이 있는 방의 방향(또는 당신이 기록을

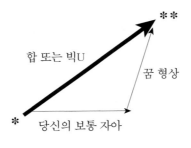

그림 5-6 꿈작업 벡터들

하고 있는 종이 위의 방향), 또는 어떤 일반적 땅의 지기(地氣) 방향이 당신의 일상적 자아의 방향으로 나타날 수 있다. 출발점(*)에 서서, 당신이 특정한 방향을 느낄 때까지 당신의 신체가 회전하도록 하여라.

5. 당신 자신을 당신의 평범한 자아의 방향에 의해 돌아가도록 하면서, 그 방향으로 몇 걸음 걸어라. 그 방향은 합리적으로 보일 수도 있고 완전히 이상하게 보일 수도 있다.[10] 어쩌면 그것은 당신의 자기-묘사 '#1'과 연관된 방의 한 부분일 수도 있다. 또는 네 개의 기본적 방향 중의 하나가 당신을 이끌 수도 있다. 그 방향-당신의 일상적 자아의 방향으로 계속 걸어라. 당신의 방향이 [그림 5-6]에서 묘사된 것과 다를 수도 있다는 것을 깨달아라. 당신의 신체가 방향을 알고 그곳에 가기 위해 몇 걸음을 걸어야 하는지 알고 있다는 것을 믿어라. (만일 당신이 쉽게 걸을 수 없다면, 적어도 당신의 상체가 특정한 방향으로 움직이는 것을 느껴라. 그리고 종이 위에 그 방향을 기록하여라.)

6. 이제, 당신이 서있는 화살표 '#1'의 끝부분에서 '#2'를 회상하여라. 당신의 꿈 형상 중의 하나의 방향을 기억하고, 느끼고, 감지하여라. 당신의 신체가 다양한 방향을 느끼게 하여라. 꿈 형상이 당신을 당신의 신체가 요구하는 만큼의 걸음으로 움직이도록 당신의 경로 알아차림을 사용하여라. 마지막으로, 벡터 '#2'의 끝 지점에서 그 지점을 바닥의 종이로 표시하여라([그림 5-6]에서 '**'). 두 번째 벡터를 따라 걷는 것이 당신에게 꿈 형상의 본질에 대한 통찰력을 주었는가?

7. 이제 당신은 당신의 매일의 자아와 당신의 꿈 형상을 중첩시킬 준비가 되었다. 당신의 출발점 '*'로 돌아가 보아라. 당신이 방금 '**'에 놓았던 종잇조각을 찾고, 그것을 향해 천천히 그리고 자의적으로 움직이기 시작하여라. 당신이 움직이는 대로 그 경로를 느껴라. 느낌과 아이디어가 당신의 관심을 끌 때까지 빅U 경로를 여러 번 걸어라. 이런 경험은 당신을 위한 이러한 방향과 경로의 중요한 특징이다. 그것들이 당신의 매일의 마음에는 비합리적으로 보이나, 하지만 그것들이 나타나도록 하여라.

그러한 느낌과 의미가 당신에게 분명해질 때까지 반복하여 계속 걸어라. 이런 느낌과 의미에 대해서 기록하여라.

8. 마지막으로, 이 빅U 경로가 당신에게 어떤 의미가 있는지 자신에게 물어봄으로써 새로운 방식으로 당신의 꿈을 해석하여라. 당신은 일상적 삶에서 그 의미나 방향을 어떻게 사용할 수 있는가? 그것은 당신의 문제를 해결하는 데 어떻게 도움이 되는가? 어떠한 방법으로 경로 '#1'과 '#2' 각각이 최종 경로의 관점에서 봤을 때 중요한 통로인가? 이것이 당신의 꿈작업이다. 당신이 얻은 어떤 통찰이든지 기록하여라.

  앞의 고등학교 교사가 자신의 벡터를 걸었을 때, 그녀는 먼저 그것의 비합리적 본질에 놀랐다. 그녀는 자신의 신체가 자신에게 방향과 걸음과 경로를 알려 주는 것을 믿을 수 있었을까? 하지만 그녀는 망설임을 뒤로하고 마침내 처음의 두 경로와 빅U를 걸었다. 그리고 나서 그녀는 이해했다. 빅U 경로를 걷는 동안 그녀에게 나타난 느낌은 자신이 교사로서의 가장 민감한 자아를 따를 필요가 있다는 것을 알려 준 것이다. 그녀는 나중에 나에게 이러한 민감성을 잊어 왔다고 말했다. 그녀는 수업에서 몸이 불편하게 느낄 때까지 스스로를 밀어붙였고, 자신의 직업에서 민감하게 대처해야 하는 대신에 자신의 좋지 않은 건강에 대해 걱정하게 되었다. 이러한 통찰이 그녀의 불안감을 해결하였다. 그녀는 자신의 일이 자신의 민감성에 근거해야 한다는 것을 잊어 왔다는 것을 깨달았다. 그녀는 자신에게 아무런 문제가 없었기 때문에 꿈속의 의사가 웃었다는 것을 회상했다. 그녀는 더 민감하게 되는 것이 자신이 더 건강하다는 것을 느끼게 만들었다고 말했다.

  사람 각각의 경험과 방향은 매우 다르다. 당신은 땅의 지혜와 당신 자신의 신체 지혜를 신뢰함으로써 자신의 신체, 자신의 방향을 따르고, 자신의 경로 알아차림을 발전시켜야만 한다. 빅U는 아마도 당신에게 매우 중요한 무엇인가로 더해 줄 것이다. 그것은 당신의 일상적 자아와 당신의 꿈 이미지조차 포함하거나 한계를 넘어설 것이다. 벡터를 합하는 것은 꿈들의 기하학을 이해하는 한 방법이다.

우리의 꿈들, 우리의 심리학 그리고 아마도 우리 인생 전체의 모든 부분들은 특정한 방향과 연결되어 있다. 우리는 이러한 빅U 방향, 그 의미, 그것의 땅을 기반으로 한 경험들로 정렬되어야 할 필요가 있다. 돈 후안은 다음과 같이 단순하게 말했다.

우리가 살아 존재하는 것은 지각하는 것이고…….
우리는 인간이라는 생명체(cocoon) 안으로부터의 기(氣)의 발산이 외부의 기(氣)의 발산과 배열이 일치되기 때문에 지각할 수 있다. 따라서 배열은 비밀의 통로이며, 땅의 밀어줌은 그 열쇠다.

생각해 봐야 할 것들

- 모든 물질적 물체는 양자 상태들과 평행세계들을 가지고 있다. 이와 마찬가지로, 우리가 하는 모든 행동은 평행세계들로 채워져 있다.
- 땅을 기반으로 한 느낌, 화살표 또는 벡터와 같은 평행세계들의 감각은 아주 오래된 것이다. 이러한 느낌은 땅을 기반으로 한 방향들로서 경험할 수 있다. 평행세계들의 중첩은 땅에 대한 당신의 심리와 관계에 영향을 준다.
- 벡터로서 땅을 기반으로 한 느낌의 알아차림을 사용하면, 당신은 자신의 꿈의 의미와 기하학을 밝힐 수 있는 새로운 종류의 걷기 명상을 만들 수 있다.

Chapter **06**

왜 꿈은 실제가 되는가

영적 전사(戰士)인 여행자는 위대한 땅, 어머니 그리고 매트릭스과 같은 자신들의
모든 것을 다 받칠 수 있는 존재, 우리가 모든 것들의 중심이 되는 그 존재,
영적 전사-여행자들로 하여금 모두가 되돌아갈 바로 그 존재를 신뢰할 수 있다.
– 돈 후안[1]

　자의적 땅과 자의적 알아차림은 아마도 우리의 가장 위대한 스승이다. 또한 우리는 의식의 대부분의 상태들에서 그것을 찾을 수 있다. 마티아스 투르텐발드(Matthias Turtenwald)라는 한 독일 남자로부터 받은 이메일 때문에 나는 이러한 개념을 다시 생각하게 되었다. 그는 저녁노을을 보기 위해 세 자녀와 함께 한 탑의 계단을 오르고 있었다. 그는 탑의 높이 때문에 놀란 한 아이를 안았는데 그만 그들은 난간 너머로 함께 넘어가서 약 8.5m 아래 땅으로 떨어졌다. 아이 아버지는 머리가 콘크리트 바닥으로 떨어져 많이 다쳤으나 아이는 그의 몸 위로 떨어져 큰 부상을 입지 않았다. 그의 가족은 아이 아버지가 회생할 것이라고 기대하지 않으며, 만일 그가 회복하더라도 혼수상태의 식물인간이 될 것이라고 들었다. 그러나 나의 저서 『혼수상태, 깨어남의 열쇠-임사(臨死)에서 드림바디로 작업하기(Coma: Key to Awakening-Working with the Dreambody near Death)』를 읽은 그의 한 친구가 다친 친구에게 그 방법을 사용했다.[2] 그 친구는 어느 정도의 알아차림이 존재한다고 가

정하고, 그에게 말을 걸고 호흡을 함께하며 아주 작은 응답이라도 기다렸다. 모든 사람이 놀랍게도 그는 가능성이 별로 없었음에도 며칠 후 천천히 회복하여 일상적 의식으로 되돌아왔다. 그는 후에 자신의 경험에 대해 썼다.[3]

생존과 의식 회복에 대한 마티아스(Matthias)의 노력과 성공에는 분명히 많은 요인들이 있었다. 나는 여기에서 알아차림은 의식의 거의 모든 상태에서 가능하다는 것을 우리에게 확인시켜 준다고 다시 말한다. 아마도 그것은 항상 존재한다. 우리 모두는 놀라운 경험을 가지고 있다. 정말로 아무것도 효과가 없을 때, 그리고 지금 당장 도움이 필요하지만 도움을 받을 수 없을 때 나는 무엇을 붙잡고 있어야 하는가?

우리 모두는 이 질문에 대한 우리 자신의 답을 가지고 있다. 내가 제안했고 앞 장에서 묘사했던 답은 내 경우에는 첫 번째 원리다. 즉, 당신 내부의 초점을 훈련시켜라, 당신의 자의적 알아차림을 느껴라, 그리고 그것을 이용하여라. 왜냐하면 그것은 의식을 생산하는 능력이 있기 때문이다. 알아차림은 우리가 살아 있는 한 모든 의식 상태 안에서 한 형태 또는 다른 형태로 존재한다. 마지막으로 바로 앞 장에서 나는 그 알아차림이 안내자로 사용될 수 있도록 당신이 자신의 빅U의 방향을 찾도록 격려했는데, 그것은 당신의 모든 부분을 포함하기 때문이다.

혼수상태의 작업은 알아차림 원리 적용의 전형적인 예다. 혼수상태에서 도움을 주는 사람은 아주 작은 움직임이나 변화―예를 들어, 눈썹의 움직임이나 손의 경미한 떨림―만을 볼 수 있다. 하지만 이러한 아주 작은 움직임에 유의하고, 도움을 주는 사람이 지켜보는 혼수상태에 있는 사람에게 반영함으로써, 혼수상태에 변화가 만들어진다.

작은 것들에 유의하는 것은 심리학의 문제다. 그것이 비록 영적인 행동이거나 신념, 감정, '메타스킬(metaskill)'이라 해도 그것은 영점(零點) 상태(zero-state) 물리학의 은유다.[4] 작아서 거의 감지하기 어려운 것들에 집중하는 것은 진정한 기본적 삶의 기술이다. 나노의 미세하고, 작고, 거의 보이지 않는 것들에게서 그리고 색, 행동(아무리 작아도), 그것들의 냄새와 소리에서

작용하는 알아차림을 발전시켜라.

지금 우리가 있는 곳

　다음번에 여러분이 자신의 삶에 관해 질문을 가질 때, 그것을 묻고 그리고 자신에게 질문한 바로 후에 당신이 무엇을 알아차리는지 기억하여라. 만일 당신이 알아차린다면 가장 작은 것들이 당신의 스승이 될 수도 있다. 자의적 알아차림의 기본 원리는 위대한 스승이며, 중첩될 때 우리에게 빅U의 느낌을 주는 평행세계들로 펼쳐진다. 이런 방법으로 우리의 감정은 세계와, 그 것의 다양한 방향과, 그리고 우리의 토착 원주민의 근원과도 연결된다. 나는 다양한 양자 신호교환과 평행세계 경험들을 어떻게 함께 합칠 수 있는지 탐구했었다. 그 둘을 합성한 몽타주는 꿈작업의 새로운 비(非)인식적 형태인 중첩의 의미로 느껴진 느낌이 된다.

　꿈작업 방법의 세부사항을 복습해 보자. 꿈을 꾼 사람이 "예, 바로 꿈 그것입니다!"라고 말한다면 그 방법은 옳다. 그 "예!"가 우리의 목표다. 방향적이거나 벡터가 되거나, 꿈작업은 당신이 올바른 위치에 있다고 느끼도록 도와주는 잠재력을 가지고 있다. 빅U는 평행세계들, 당신 꿈들의 다양한 방향들, 당신의 모든 가능성을 포함하는 더 큰 배경의 방향들의 합이다. 빅U는 단지 당신의 일차 과정(primary process)을 발전시킬 뿐만 아니라, 당신의 일상적 문제들(비록 그것들도 중요하지만!)을 해결하는 것도 돕는다. 빅U는 총괄적이다. 빅U는 "당신이 보통 선택하는 이 방향은 필요하지만 또한 당신이 잘 모르는 다른 방향들도 역시 필요하며, 그것들 역시 당신의 부분이기 때문이다."라고 말한다. 총괄성의 이러한 느낌은 우리 모두에게뿐만 아니라 우주의 모든 입자들에게 깊은 배경을 지배하는 일종의 영적 경험이다.

　빅U를 구성하는 다양한 하위 벡터 또는 평행세계는 서로 매우 다르다. 이러한 하위 벡터는 당신의 내부 다양성을 나타낸다. 평행세계들은 상대적으로 서로 독립적이기 때문에, 다양한 하위 벡터를 그 자체로 또 다른 평행세계인 당신의 일상적 자아로 통합하는 것은 도전이 될 수 있다.

당신 내부에서의 차이, 당신의 내부 부분과 방향들 사이의 갈등, 이것들은 본질의 주장 때문이다. 그리고 그것들은 더해져서 결국 당신의 빅U가 된다.

그것을 수(數)의 개념에서 생각해 보자([그림 6-1]). 당신의 빅U가 숫자 4라고 하자. 만일 당신의 방향(또는 하위 벡터) 중의 하나가 −6이라면, 4라는 당신의 빅U에 도달하기 위해서 당신은 두 번째 방향인 +10이 필요하다. 당연히 −6과 +10은 서로 반대 방향을 향하고 있으며, 하지만 당신이 자신이 되거나 또는 빅U가 4가 되려면 두 수가 모두 필요하다(당신의 빅U인 4는 많은 극성을 갖는다. 당신은 −3과 +7을 가지고, 또는 +68과 −64 등을 가지고 4에 도달할 수 있다.).

다시 한번 강조하면, 다양한 하위 벡터들은 당신의 다양성을 나타낸다. 이 간단한 예에서 −6과 +10은 서로 매우 다르다. 그 두 수는 서로가 다를 뿐 아니라 4라는 당신의 빅U에서도 다르다. 그러나 관점의 이러한 다양성은 차이점들과 상대성에서 성장하는 알아차림에 필수적이다. 다시 말하면 우리 내부의 갈등은 우리에게 사물들—심지어 우리 내부에서도—을 바라보는 서로 다른 방법들이 있다는 것을 보여 준다. 상대성은 알아차림이 모든 상태들을 존중하고 제대로 평가하는 기회 균등 현상이기 때문에 알아차림에서 본질적이다. 알아차림의 빅U 벡터 수준은 '나는 긴장이나 싸움을 보지만, 양쪽을 모두 편든다. 나는 그들의 원로(elder)다. 나는 그들의 갈등의 모체이며 또한 그것들의 해결

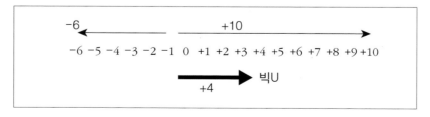

그림 6-1 +4는 스스로 그 자체가 되기 위해서 −6과 +10이 '필요' 하다

책의 모체이기도 하다.'라고 말하는 일종의 지성체(intelligence)다.

꿈들이 어떻게 실제 속으로 들어가는가

이 책의 앞에서 나는 알아차림은 일상적 실제를 생성하기 위해 자기-반영을 한다고 적었다. 하지만 이것은 어떻게 발생하는가? 그 과정은 무엇인가? 이것은 자의적 알아차림으로부터 의식과 실제의 발생이 우리가 하는 모든 것의 근본이기 때문에 중요하다. 비슷한 질문들이 적어도 20세기 초 양자역학의 출현 이후로 물리학자와 철학자들을 괴롭혀 왔다. 양자 파동이 어떻게 실제 속으로 들어가는가? 이러한 파동들이나 그것들의 평행세계들—즉, 그들의 가능성들—은 그것들이 관찰될 때 사라지거나 붕괴되는가? 하나의 가능성 (또는 양자상태)이 어떻게 실제가 되고, 이것이 일어날 때 다른 것들에게는 어떤 일이 발생하는가? (물리학에서 현재의 가설은 다른 평행세계가 붕괴할 것이라고 제안한다.)

심리학에서 그것에 상응하는 질문은 다음과 같다. 우리의 꿈, 우리의 신화, 우리의 가장 깊은 부분이 어떻게 하는가? 그리고 우리가 어떻게 실제 속으로 들어가는가? 누구는 이렇게 대응할 수 있다. "무슨 상관인가요? 나의 모든 부분들은 합쳐지고 어쨌든 나는 의식적이 됩니다." 그러나 만일 우리가 개인적 경험과 세계 및 우주의 나머지와의 관계를 이해해야 한다면 이 질문에 대한 답을 발견하는 것은 중대한 것이다. 물리학자들은 우주가 어떻게 존재하게 되었는지 궁금해한다. 영적인 신념은 신(神)적 존재에 대해 말한다. 그리고 어느 순간, 모든 사람들은 나는 실제로 누구인가? 나는 어떻게 여기까지 왔는가? 라고 궁금해한다.

양자이론의 기본 규칙

나는 자의적 알아차림이 비국소적 양자 현상과 연결되어 있다고 제안한다. 양자물리학은, 실제를 가장 잘 묘사하는 수학이, 실제가 발생하는 방법에 대한 수학적 규칙에 의해 가장 잘 묘사된다는 것을 인식하였다. 어느 누구도 이 규칙이 어떻게 발생했는지 모르지만, 모든 물리학자들은 그 규칙이 어떤 내용인지 알고 있고, 우주가 양자 파동이나 화살표에 의해 묘사될 수 있으며 우리가 빅U 벡터라고 불러 왔던 그것들의 중첩에 의해서도 묘사될 수 있다. 그 규칙은 이 벡터가 실제의 확률적 묘사를 창조하기 위해 자기-반영한다고 한다. 내가 그 수학을 간단히 요약하겠다.[5]

양자 파동은 수학자들이 실수(實數: 1, 2, 3, 등)와 허수(虛數: $i1$, $i2$, $i3$, 등)와의 조합인 벡터, 즉 복소수(複素數)라고 하는 것으로 의해 묘사된다. 허수는 음수의 제곱근을 구하려는 필요에 의해 고안되었으며 실수로는 음수의 제곱근을 구할 수 없다. 허수는 일종의 실수의 본질과 같다. 사실 두 수는 성령(the Holy Ghost)과 닮았다고 17세기 말 철학자이자 수학가였던 라이프니츠(Gottfried Wilhelm Leibnitz)가 썼다.[6] 간단히 말해, 실재 사물들은 양자 파동이나, 벡터 또는 부분적으로 실제이며 부분적으론 허구적인 복소수로 묘사할 수 있다.

입자를 묘사하는 양자 파동은 수학자들이 켤레화(conjugation)라 부르는 과정을 통해 실재가 되며 측정가능하게 된다. 켤레화는 반영(reflection)의 한 형태로서 양자 파동이나 $a+ib$ 같은 복소수가 측정 가능한 실수가 되기 위해 반영되는 것을 말한다. [그림 6-2]는 실수($-a$와 $+a$)와 허수(ib)를 포함하는 복소수의 모양을 보여 준다. 특히 이 그림은 복소수 $a+ib$의 위치를 정한다. 또한 당신은 또한 실수 축 아래에서 그것의 켤레 $a-ib$를 볼 수 있다. $a+ib$와 $a-ib$는 실수 경계를 건너 서로를 반영한다.

복소수를 켤레화하는 것(본질적으로 복소수를 제곱하는 것)은 실수를 만든

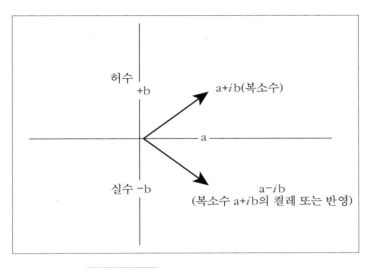

허수
+b

a+ib(복소수)

a

실수 -b
a-ib
(복소수 a+ib의 켤레 또는 반영)

그림 6-2 복소수와 켤레 수(數)들

다.[7] 다시 말해서, 양자 파동의 켤레화 결과는 우리에게 실수를 주는데, 양자 역학의 규칙에 따르면 켤레화는 우리에게 일상적이며 측정 가능한 실제에서 이 파동이나 벡터가 묘사하는 입자를 발견할 확률을 알려 준다.[8]

물리학자들은 양자이론의 작동 규칙은 알고 있지만 그 작동 이유는 모른다. 심리상담사들은 인간의 근본 부분, 우리의 가장 심오한 심리학이 스스로를 알고 스스로를 깨달으려고 추구한다는 것을 인식해 왔다. 빅U 벡터(또는 복소수)는 왜 어떤 사건이 일상적 실제에서 측정될 수 있다는 확률을 우리에게 주기 위해 자기-반영하려는 경향성이 있는가? 이 질문에 답은 없다. 따라서 그 답을 찾는 대신, 나는 자기-반영을 자의적 알아차림 원리(차이점들과 다수의 관점들을 포함하는 자의적 알아차림)의 한 측면이라고 부른다. 자기-반영은 우리 모두가 동의하는 실제라는 것 또는 일상적 실재 CR 이면에 놓여 있다.

잠시 휠러(Wheeler)의 고래(2장, [그림 2-2])와 아인슈타인에 대한 그의 재능을 떠올려보자. 심리학적 또는 인류학적 개념에서, 양자 파동은 우주가 스스로에 대해 궁금해하며 스스로를 알기 위해 추구하기 때문에 자기-반영을 한다. 궁금함은 스스로를 궁금해하며, 알아차림은 스스로의 알아차림을 추구하며, 우리는 궁금해하고 또 궁금해한다. 알아차림은 자기-반영을 한다. 그것의 가장 원초적 시작에서, 자의적 알아차림은 아직 정의되지 않아 왔던 무엇인가에 대한 알아차림이었다. 자각은 이중성을 포함하는데, 한 사물은 다른 무엇인가를 알아차린다. 이 이중성은 자기-반영의 핵심이며, 어떻게 보면 알아차림 원리의 유래된 속성이다.

이러한 우주의 자기-반영 경향성은 '어떻게 꿈이 실제가 되는가?'라는 질문에 대한 대답이다. 자기-반영이 발생하고, 사물은 당신에게 양자 교환 신호를 보내지만, 당신은 그것들을 거의 알아차리지 못하며, 또는 알아차리지 못하는 것처럼 가장한다. 따라서 그것들은 계속해서 당신의 주의를 끌려고 양자 교환 신호를 반복해서 보내지만, 그럼에도 불구하고 당신은 그것을 잊어버린다. 우리 모두가 그렇게 한다. 당신은 같은 문제들을 가지려는 경향이 있으며, 끊임없이 같은 사람들에 대해 깊이 생각하고, 동일한 질문을 물으며 자신에 대해 계속해서 생각하며, 당신이 마침내 실제이며 이해 가능한 답을 발견할 때까지 자기-반영을 한다. 그 순간에 당신은 당신을 혼란시켰던 관습과 사람과 문제들로부터 자유로워진다. 무엇인가가 당신 신체를 성가시게 하지만, 당신은 그것이 다시 발생하여 마침내 증상으로 나타나는 것을 잊는다. 그리고 나서 마치 당신은 몰랐던 것처럼 "저것이 어디서 나타났을까?"라고 말한다(우리 모두가 그렇게 말한다.). 우리가 단지 일상적 의식과 동일시하는 한 우리는 알아차림의 자의적 측면을 과소평가한다.

만일 알아차림이 일상적 삶에서 자기-반영을 한다면, 그것은 어디에나 있어야 하며, 누구에게나 명백해야만 한다. 그리고 그것은 그렇다. 우리는 물리학에서 알아차림과 자기-반영 원리를 찾는다. 양자이론에 대한 물리학자 존 크레이머(John Cramer)의 교류(交流)해석(transactional interpretation)을 기억하는가?(4장) 실제가 발현되기 전, 한 물체의 양자 파동은 자기-반영을 한다. 입자(또는 사람)들이 서로 말할 수 있게 되기 전에, 그것들의 양자 파동,

그것들의 자의적 알아차림은 시간과 공간 이면의 세계에서 연결을 형성하기 위해 그것들과 양자 신호교환을 하고 성가시게 한다.

　우리는 아침에 깨어났을 때, 종종 밤 시간의 경험을 잊어버린다. 우리는 침대에서 일어나, 바닥에 발 딛고 서서, 방과 창문 너머의 세계를 둘러보며 그것들 전부를 실재(reality)라고 부른다. 그리고 나서 그것을 거의 깨닫지 못한 채, 우리는 우리 주위의 세계에 관해 우리가 꿈꾸었던 것을 몽상이나 투영을 계속한다. **클릭!** 하기 전까지 운이 좋으면 우리는 결국에는 자기-반영을 한다. 우리는 우리 자신의 한 부분을, 우리 주위의 사람이나 사물들과 공유하거나 투영해 왔다는 것을 깨닫는다. 무엇인가가 의식적이 되고 실재에 들어가기 위해, 양자 파동이 하나의 사물이 되기 위해, 양자 신호교환이 반영이과 결국 우리 의식의 한 부분이 되기 위해, 우리의 가장 원초적 알아차림 잠재력은 스스로에게 반사되고 또 반사되어야만 한다.

우주의 탄생을 축하!

　알아차림 원리의 자기-반영은 광범위하다. 당신은 양자물리학이나 심리학에서뿐만 아니라 어디에서나 그것을 발견한다. 사실, 음악은 가장 좋은 예가 될 수 있다. 노래의 가사는 노래 전체에 걸쳐 반복되는 경향이 있다. 예를 들어 생일 축하 노래(Happy birthday song)는 ('그리운 옛날[Auld Lang Syne]'과 '그는 유쾌하고 좋은 친구[For he's a Jolly good Fellow]'와 함께) 영어권 지역에서 가장 인기 있는 세 곡의 노래 중 하나다.[9]

　　생일 축하합니다.
　　생일 축하합니다.
　　사랑하는 에이미의 생일을 축하합니다.
　　당신의 생일을 축하합니다.

간단한 '생일 축하!' 노래는 메시지를 분명하게 전달한다. 즉, 세 번째 줄의 사람 이름의 첨가는 메시지의 내용을 집중한다. 그런데 왜 중복하는가? 왜 가사가 네 번 반복되는가?

아마도 우리의 감정이 의식적이 되기 위해서, 또 우리가 사물들을 깊게 이해하기 위해서는 반복이 필수적이기 때문이다. 나의 추측은 만일 그것들이 마음에 새겨지려면, 만일 그것들이 의식적이 되려면, 그러면 알아차림의 부분들, 성가심과 양자 신호교환, 평행세계들 그리고 벡터들은 당신이 그것을 얻을 때까지 자기-증폭하고 자기-반영해야만 한다. 어쨌든 당신의 생일인 것이다!

꿈을 현실로 만드는 것은 바로 자기-반영이다. 수피(Sufi)교 스승이며 음악가 하즈라트 이나야트 칸(Hazrat Inayat Khan)은 저서 『소리와 음악의 신비(Mysticism of Sound and Music)』에서 "이러한 반복의 효과는 그 단어가 우주의 정령(Spirit)에 반영되고, 그러고 나서 보편적 메커니즘이 자동적으로 그것을 반복하기 시작한다는 것이다. 다시 말하면, 사람이 반복하는 것은, 그것이 물질화되고 존재하는 모든 면(面)에서 실제가 될 때까지 신이 반복하기 시작한다는 것이다."[10]

칸은 그림에 신(神), 즉 우주의 비국소성을 도입했다. 우리는 알아차림이 자기-반영을 할 때 우리의 일상적 마음으로 증명하려고 하는 우주를 상상할 수 있다. 이러한 관점에서, 의식은 우주에 관한 무엇인가가 우리의 일상적 인간 의식에 도달하려고 하는 동안 자의적 사건들의 반복적 진행의 결과다.[11]

자기-반영과 비국소성

자기-반영은 실용적 측면뿐만 아니라 신비적 측면도 가지고 있다. 영화와 TV에서 사랑 장면이나 격투 장면을 봤던 지난 시간을 기억해 보라. 당신의 신체에는 어떠한 일이 발생했는가? 남녀 주인공이 연기하는 동안 당신 안에서는 어떠한 일이 일어났는가? 왜 당신의 심장은 뛰기 시작했는가? 로맨스나 격투 장면 안에 있는 건 당신이 아니었다. 그렇다면 왜 그들이 당신인 것처럼 반응했는가?

그것은 비(非)국소성(nonlocality) 때문이다. 당신은 당신이 영화 속에 있지 않다는 것을 알지만 당신이 스크린에서 보는 것의 비국소성을 경험한다. 아마 당신은 안락의자나 극장 의자에 앉아 있었을 것이다. 하지만 영화가 밖에서 상영되는 동안 당신 안의 무엇인가가 당신이 그곳에 있다는 사실을 거부했다. 무엇인가가 당신이 스크린 안의 사랑이나 위험을 경험하도록 이끌었다. 물론, 진실의 한 부분은 저곳에서 연기가 행해지는 동안 당신은 정말로 여기에 앉아 있다는 것이다. 그러나 하지만 진실의 또 다른 부분은 당신이 의자와 영화 속에 모두 있다는 것이다. 당신은 실제이며 동시에 꿈같다. 그것은 당신이 단지 꿈속 세계에서 얽혀 있는 것만은 아니라는 것이다. 당신은 꿈이라는 믿기 어려운 실제에서 또 다른 사람이다. 그곳 꿈속에서 사물들은 스스로를 반복하고 당신이 그것을 알아차리고 의식할 수 있도록 당신을 움직인다. 당신은 사건들을 느끼며 방향을 경험한다. 그러나 동시에 당신 자신은 사건과 방향과 경로다. 요약하면, 일상적 실제의 표준 개념은 삶을 존재로 변화시키는 혼란과 창조적 광기를 평가절하하고 과소평가한다.

상담과 관계에서의 비국소성

내가 내담자와 작업을 할 때, 나는 그 사람의 평행세계가 내 주의를 끄는 것을 알아차린다. (아마도 그 사람이 나를 '성가시게 할' 때 일 것이다.) 이 평행세계에 반영함으로써, 나는 그 사람과 나 자신을 위해서 그것을 의식으로 가져오려고 한다. 그 이유는 다음과 같다. 당신이 다른 사람들에 관해 알아차리는 것은 단지 그들에게만 속해 있다는 것, 당신은 당신의 세계와 구별이 되는 다른 사람들의 평행세계들을 경험함으로써 그 사람들을 돕는다는 것, 토론은 당신이 아니라 그들에 관한 것이라는 것 등이 일반적인 믿음이다. 그러나 비국소성은 상담과 마찬가지로 일대일 작업이며, 당신에 관한 것이며, 또한 사실 모든 사람 모든 사물에 관한 총체적이다. 스스로 자신에 대해 또는 다른 사람에 대해 우주가 스스로를 알려고 하는 한 가지 방법이다. 만일 당신이 어떤 난관에 부딪쳤다면 당신 주변의 모든 세계도 마찬가지로 난관에 부딪친 것이다.

이 모든 것은 가장 초기의 신비주의 이래 잘 알려져 왔으며, 그리고 지금은 심지어 양자이론도 비국소성을 입증한다. 그러나 반복하지 않으면 우리는 잊는다. 우리는 모든 것이 개인적이라고 생각한다. 반복은 우리가 기억하는 것을 돕고 우주가 의식의 중심이라는 핵심에 이르는 것을 돕는다. 어떻게 보면 심리학은 근본적으로 사람에 관한 현대 과학은 아니며, 우리의 의식이 어떻게 우주로부터 발생하였는지에 관한 영원한 이야기다.

돈 후안은 다음과 같이 잘 표현했다.

영적 전사(戰士)인 여행자는 위대한 땅, 어머니 그리고 매트릭스과 같은 자신들의 모든 것을 다 바칠 수 있는 존재, 우리가 모든 것들의 중심이 되는 그 존재, 영적 전사-여행자들로 하여금 모두가 되돌아갈 바로 그 존재를 신뢰할 수 있다.

생각해 봐야 할 것들

- 양자이론과 심리학의 기본 규칙: '**꿈은 반복을 통하여 실제로 들어간다.**'
  당신 자신에 대해 작업하는 것은 스스로에게 작업하는 우주다.
- 당신의 생일을 축하합니다!
- 당신의 최고의 스승은 비국소적인 것이다.
- 심리학은 땅의 한 측면이며 우주론의 한 측면이다.

Chapter **07**
양자 나침반

> 이론 없이 실행만을 좋아하는 사람은 방향타와 나침반 없이 배에 타고
> 어디로 뱃머리의 방향을 잡을지 모르는 뱃사람과 같다.
> – 레오나르도 다빈치[1]

우주와 인간을 포함하는 모든 부분들은 내가 양자 나침반이라고 부르는 것에 의해 특징지어진다. 이것이 내가 이 장에서 인류학으로부터의 도움과 양자물리학으로부터의 은유의 도움으로 탐구하려는 것이다. 양자 나침반은 인간의 방향성 감각의 근원이다. 이 나침반은 자기(磁氣) 나침반이 지리학적인 방위를 위해 필요한 것처럼 심리학적 방위를 위해 필요하다. 그것은 우리가 살면서 어느 주어진 순간에 우리가 만드는 갑작스러운 전환에 책임이 있다. 그것은 사물이 나타날 때 왜 나타나는지에 대한 이유를 설명한다.

우리가 공간적 방향에 대해 말하는 모든 것은 본질적으로 우리의 시간 감각과 우리의 방향 감각 또는 '회전' 감각과 연관이 있다. 간단히 말해, 우리는 우리의 방향 지시계인 이러한 내부적 '나침반'에 의해 구성되어 있다.

우주왕복선에서의 수면(睡眠)

몇 년 전에 내가 투산(Tucson)에서 열렸던 '과학과 의식 포럼(Science and Consciousness Forum)'에서 강연한 후, 전(前) NASA 우주비행사였던 스토리 머스그레이브(Story Musgrave)는 내게 흥미로운 질문들을 하였다.[2] 그는 우주 왕복선의 다른 승무원들이 바닥에서 잠을 자는 동안 왜 자신은 지구의 궤도를 돌고 있는, 무중력의 우주왕복선의 천정에서 잠이 들었는지 그 이유를 물었다.

"중력은 무엇입니까?" 스토리가 물었다. "만약 우주선이 가속하지도 않고 감속하지도 않고, 단지 달과 지구 사이의 무중력 궤도에 있다면 무엇이 당신의 위를 정합니까? 위가 어디입니까? 아래는 무엇입니까?"[그림 7-1]

'우리 심리상담사들에게 지상에서도 다루어야 할 충분히 많은 문제가 있으며, 무중력 환경에서의 심리학적 문제는 다룰 필요가 없다'라는 생각이 나에게 제일 먼저 떠올랐다. 그럼에도 우리의 감정에 대한 중력 변화의 영향은 앞으로 우주여행의 가능성 증가를 고려해 본다면, 우리들 중 많은 사람들이

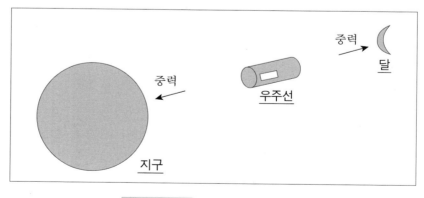

중력

달

중력

우주선

지구

그림 7-1 위와 아래의 상대성

달로 가는 경로 또는 궤도에 있는 우주비행사들이 살고 있는 것과 같은 무중력 환경에서 무엇이 위이고 무엇이 아래인가?

궁극적으로 다루어야 할 그 무엇임에는 틀림이 없다. 무엇이 우리를 지구 위에서 또는 지구를 떠나서, 삶과 죽음 가까이에서 구성하는지에 관해 더 배워야 할 필요가 있다. 우리의 정상적인 수평, 수직 방향 감각이 사라진다면 우리에게 어떠한 일이 일어날 것인가? 중력과 중력 효과가 최소화될 때 무엇이 우리를 구성하는지 이해하기 위해, 우리는 우리의 방향 감각에 대해 더 알아야 할 필요가 있다. 우리가 잠을 잘 때, 우리가 꿈을 꿀 때, 우리가 무의식일 때 무엇이 우리를 구성하는가? 일상적 삶에서 매 순간의 근거로 우리를 인도하는 어떤 힘이 존재하는가?

빛의 본질

무엇이 우리를 당기고 우리의 방향을 바꾸는지를 더 자세하게 이해하기 위해서, 빛의 성질을 시작으로 양자 세계에서 나타나는 평행세계의 성질에 대해 생각해 보자. 물리학은 우리에게 빛이 입자(광자) 또는 파동으로 나타낼 수 있다고 알려 준다(빛의 이중성). 우리는 광자 하나가 광자 측정기를 통해 관측 음(音)을 유발한다면 빛의 입자가 존재한다는 것을 알 수 있다.[3] 이러한 기본 입자들의 경로는 공간과 시간을 통한 경로로 이해될 수도 있다. (이러한 광자들은 우리가 매일매일의 실제에서 알고 있는 파동과 입자가 아니라는 것을 기억할 필요가 있다. 이 내용에서 **입자**들과 **파동**들은 단지 양자 이론의 수학적 특성을 위한 일상적 실재 CR 이름들일 뿐이다.)

손전등을 켜면, 전등 빛은 당신이 전등으로 가리키는 곳을 향한다. 비록 대부분의 광자들이 전방으로 움직인다 해도 다른 가능성들도 있어 몇몇 빛의 입자들은 심지어 '후방'으로 움직일 수도 있으며(그림 7-2). 광원 뒤쪽에 놓인 광자 측정기가 소위 내가 역광(backlights)이라고 부르는, 그러한 길 잃은 입자들을 측정했다. 물리학자들은 빛이 비춰진 방향, 빛의 '가장 확률이 높은' 방향을 가리키는 곳을 제외하고 빛의 여러 가능한 방향에 대한 개념을 가

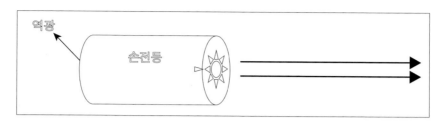

그림 7-2 손전등 빛의 방향

비록 손전등 빛의 대부분은 가리키는 방향으로 움직이나 일부 빛은 반대 방향으로 움직인다.

지고 있지 않다.

후방은 빛이 진행할 가능성이 없는 방향이다. 사실, 후방으로 움직이는 에너지의 양은 너무 작아서 측정하려면 광자 계측기가 필요하다.

어느 한 물체의 모든 가능성들—그것의 모든 평행세계들—이 그것의 양자 파동함수로 합쳐지는 것처럼, 빛의 모든 가능한 방향들도 그것의 양자 파동함수–방향 벡터의 가장 가능성 높은 본질로 합쳐진다. 손전등의 경우, 가장 가능성이 높고, 예상되는 또는 정상적인 방향은 그것이 가리키는 방향이다([그림 7-3]).

만약 모든 벡터들이 레이저 빛처럼 같은 방향으로 움직인다면, 빛은 더욱더 응집성을 갖게 될 것이고, 앞으로 움직이는 벡터는 매우 강해질 것이다.

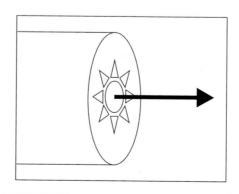

그림 7-3 빛의 정상적인 또는 예상되는 방향

그러나 우리의 손전등은 그것의 평행세계 벡터 또는 가능성들이 더 잘 분산 (分散)되는 평범한 것이다.

하지만 빛은 단지 이러한 두 방향(정방향과 역방향)보다 더 많이 있다. 모든 가능한 손전등 벡터들([그림 7-4]에서 A)이 최종 합 빅U([그림 7-4]에서 B)에 필요하다. 역광의 방향도 또한 필요하다는 것도 알아야 한다. 각각의 가능한 방향이 없다면, 빛의 가장 가능한 진행 방향은 발생할 수 없다. 역광을 고양이 꼬리라고 생각해 보자. 역광은 빛 전체의 균형을 유지하는 데 도움이 된다. 그러나 역광은 단지 전체 빅U를 만들기 위해 합쳐지는 많은 구성요소들 중 하나인 것이다.

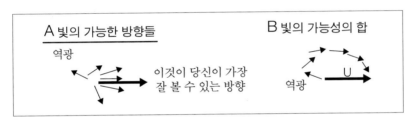

그림 7-4 빛의 양자 가능성

심리학에서의 역광

이러한 개념들은 물리학을 정의할 뿐만 아니라, 심리학과 초자연주의를 위한 은유로서 작용하기도 한다. 벡터와 경로들의 관점에서의 사고(思考)는 빛의 본성뿐만 아니라, 우리의 내부 다양성(우리가 5장에서 이미 살펴보았던), 우리의 많은 가능한 방향들을 이해하는 데 도움을 준다. 물리학의 수학은 꿈들의 세계와 우리의 방향 감각을 설명하는 데 도움을 준다. 마치 양자 가능성과 벡터들이 필요한 모든 평행세계들을 상징하는 것처럼, 우리의 다양한 꿈 부분들과 평행세계도 또한 우리가 누구인지 그리고 우리가 가장 가능한 존재, 즉 우리의 기본적 자신들, 우리 스스로의 빅U를 창조하는 데 필요하다.

물리학자가 광자 느낌에서 역광과 익숙한 것과는 다르지만 심리상담사는 심리학적 느낌에서 역광에 익숙하다. 빛과 다르게, 사람들은 모든 것들이 자신들의 정상적인 동일성 또는 일차적 프로세스들이 그런 것처럼 같은 방향으로 진행하고 있지 않을 때 불평을 한다. 우리는 무엇인가가 우리를 방해하고, 또는 우리가 역행하도록 강요받을 때 슬퍼한다. 우리의 일차적 프로세스의 벡터는 항상 다른 벡터와, 특히 역광과 충돌한다.[4]

모든 사람은 역광에 직면하게 된다. 당신이 느끼는 어떤 것은 당신의 일차적인 방향, 방향, 경로 또는 과정을 전형적으로 귀찮게 한다. 무엇인가가 대부분의 합당한 기준을 벗어날 때, 인간(광자와는 다른)은 그것에 대해 불평하고 그것을 병리화한다. 자연은 역광을 전체의 평형의 부분으로 여길 수도 있으나, 우리 인간은 그것을 나쁘거나 틀리거나 아픈 것으로 여긴다. 그러나 자연의 관점으로부터는 역광은 우주의 많은 측면의 단순한 부분이다. 빛은 결국, 심지어 최종 합이 앞을 향할지라도 동시에 앞과 뒤로 향한다.

이중 신호는 역광이다

당신은 다음 현상에 대해 알고 있다. 누군가와의 대화 도중에, 어떤 얼굴 신호들은 웃음이며 어떤 신호들은 찌푸림이다. 그것의 혼합된 메시지는 이중 신호다.

이중 신호는 우리가 동일시하는 더 명백한 일차적 표현과는 다른 또는 심지어 반대되는(얼굴, 제스처, 음성의) 단순한 이차적 표현이다([그림 7-5]). 우리는 오직 한 가지 표현을 전달하는 것이 아니라 단지 몇 개만이 의미가 있다 하더라도 많은, 아마도 무한 개수의 표현을 전달할 것이다. 이중 신호는 사람이 발산하는 많은 신호들과 과정들 중에서 가장 현저한 것 중의 하나다.[5]

당신은 가능성들의 조합이다. [그림 7-5]에서처럼, 만약 당신의 일차 프로세스가 웃음이고 이차 프로세스가 찌푸림이면 당신의 빅U는 최소한 이러한 두 프로세스의 조합일 것이다. 이렇게 당신의 얼굴은 손전등과 같아서 몇몇 광자는 웃음을 방출하고 역광은 찌푸림을 방출한다. 우리가 누구인가 하는 것은 이러한 두 프로세스(그리고 더 많은 다른 프로세스)들의 중첩이다. 그러나 우리가 서로에 관해 기억하려고 하는 것은 우리의 신호도 아니고 이중 신호도 아니며, 배경에 있는 심오한 과정, 삶에서 전체의 방향인 빅U다.

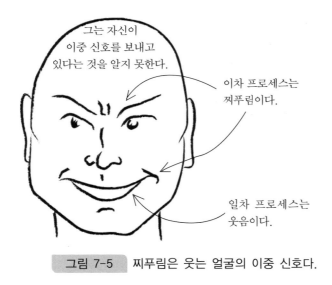

그림 7-5　찌푸림은 웃는 얼굴의 이중 신호다.

병리학(病理學)과 역광

나의 강의 비디오를 볼 때, 나의 모습에서 전형적인 이중 신호를 볼 수 있었는데, 나는 강의를 할 때 바닥을 바라보는 경향이 있다. 하나의 메시지는 직접적이다. 나는 청중에게 강의를 하고 있다. 즉, 나는 청중의 앞에 서서 직접적으로 말을 한다는 것이다. 그러나 또 다른 메시지는, 내가 전적으로 청중들에게 직접 말하는 것이 아니라 오히려 바닥에게 말하고 있다는 것을 의미한다. 내가 나 자신의 행동에 대해 연구했을 때 나는 내가 땅에게 말을 하고 있었기 때문에 강의 중에 땅에게 말을 한다는 것을 깨달았다. 나는 마침내 내가 실제로 땅에게 말을 하고 있다는 것을 깨달았으며, 나는 무엇인가 깊은 것에게 말을 하고 있다. 그래서 이제는, 내가 청중 앞에서 아래를 바라보는 것을 의식하게 될 때, 나는 그것을 반드시 '고치려고' 하지는 않지만, 그러나 나는 그 벡터, 그 방향을 존중하려고 한다. 나는 아마도 땅에 말하는 것을 계속하겠지만, 그러나—내가 청중과 땅에게 말하는 동안—나는 말을 천천히 해서 그들이 이해하고 잘 듣도록 쉽게 할 것이다.

우리는 단지 프로세스의 한 부분이 아닌 전체 프로세스를 필요로 한다. 우리는—강의를 하는 것과 같은—우리의 일차 프로세스에 집착하게 되며 하위 벡터와 꿈 세계들을 잊게 된다. 이것은 우리의 일차 프로세스들이 보통 다른 세계와는 반대로 작동하기에 예상된 것이다. 여전히 당신의 완벽한 자신—당신의 빅U—를 형성하기 위해 합치려면 당신은 많은 방향들이 필요하다.

일상적 마음은 일종의 대증요법(단어의 뜻 그대로 질병에 대응하는 수단)이다. 대증요법에서는 "나는 사물들을 안내하기를 원한다. 다른 안내자들은 틀렸다." 당신의 리틀u(당신의 완벽한 자신 또는 빅U에 반하는 당신의 일상적 마음)는 이 벡터는 좋고 저 벡터는 나쁘다며 다른 벡터들에 대해 판단하고 비난한다. 그러나 빅U의 관점에서—모든 경로들의 합의 관점에서—모든 경로들은 중요하다. 만약 우리가 내면이나 외면의 다양성을 위한 컴패션(Compassion)을 가지려고 한다면 빅U의 총괄적인 본성 또는 경륜이 필요하다.[6] 빅U는 철저하게 민주적이며 모든 경로들을 중요시한다. 빅U는 물리적 및 심리학적 우주에서의 모든 수준, 모든 부분들 그리고 모든 경로들이 동등한 중요성을 가진다는 것을 느낀다.

양자 나침반

당신의 방향성 본질은 적어도 부분적으로 당신이 여행할 경로와 기간을 결정한다. 그것은 어느 주어진 시간에 어느 경로가 나타나는지를 결정할 수 있으며, 당신의 방향성 본질은 당신에게 어느 특정한 벡터를 따라가도록 강요할 수 있다. 당신은 갑자기 당신의 정상적이며 예측 가능한 행동으로부터 전환해서 무엇인가 새로운 것을 했을 때 당신의 삶에서 그러한 시기들을 알아차렸던 적이 있는가? 왜 당신은 그러한 변화를 만들기 전에 그렇게 많은 기간을 기다렸는가? 어떻게 몇몇 사람들은 자신들의 변화를 만드는 데 있어서 심지어 시간과 공간에서 벗어났는가? 무엇이 우리의 삶에서 전환점을 만드는가?

이 모든 질문들의 답변의 일부는 양자 나침반이다.

양자 나침반에 대한 아이디어는 내가 입자 물리학의 표준 이론의 한 부분인 양자전기역학에 관한 리처드 파인만(Richard Feynman)의 설명을 연구할 때 처음 떠올랐다.[7] 파인만은 소립자들이 모든 경로로 "냄새를 맡으며 찾아다닌다고(sniffing)" 말했다. 소립자들은 단지 가장 가능한 경로를 선택하는 것이 아니고 각각의 경로를 모두 시도한다. 파인만은 경로(이 경우, 빛 입자들의 벡터)들이 '양자 스톱워치'에 의해 방향이 결정된다고 기술하였다. 파인만의 색다른 양자 스톱워치는 전형적인 시계와 같이 숫자가 아니라 실수와 허수로 표시되어 있다.[8] 시계의 속도는 빛의 진동수와 색, 그리고 부분적으로 주어진 매체에서 한 지점에서 다른 지점으로의 움직임의 속도에 의해 결정된다.

다른 양자 개념과 마찬가지로 파인만의 시계 비유는 그것이 실수인 동시에 허수인 것이다. 물리학자들이 수학 및 수학과 연관된 개념을 사용하는 이유가 물리학자들이 수학들의 개념을 이해하기 때문도 아니고, 그들이 필히 실제적이라서가 아니라 그들이 제대로 작동하기 때문이라는 것을 기억하여

라. 그들은 우리가 일상적 실재 CR에서 보는 결과를 만들어 낸다. 어느 누구도 왜 양자이론이 정확하게 작동하는지 정말 알지 못한다. 그저 그것은 작동할 뿐이다.

나는 파인만의 시계를 나침반처럼 상상한다([그림 7-6]). 먼저 기본 입자들이 복소수 수학적 '공간', 즉 실수와 허수 모두의 공간에서 움직인다. 더 나아가 나침반의 아이디어는 공간의 아이디어(우리의 땅에 관한 현실적 감각)에 적절하게 들어맞고, 우리의 심리학(우리의 땅에 관한 상상적 감각)에 연관시킨다.

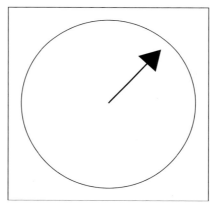

그림 7-6 양자 나침반

파인만의 스톱워치는 벡터들의 진동(또는 진동수)에 따라 방향을 변화시킨다.

공간과 시간의 원시 토착적 경험

우리들 중 일부는 우리의 시간 감각이 원래 공간과 연결되었었다는 것을 잊어 왔다. 인공적 빛 없이, 기계적 시계 없이, 우리는 단순히 땅을 관찰했었고 그 곳에서 우리의 위치를 관찰했었다. 어둠은 어둠을 따르는 빛을 따른다. 별들은 우리 머리 위에서 예측 가능하게 선회한다. 우리가 지금 시간이라

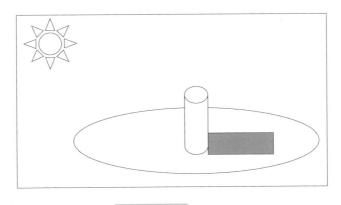

그림 7-7   해시계

부르는 것은 원래 태양이 하늘에서 움직임에 따라 생기는 나무 그림자와 연관되었었으며, 이와 더불어 해시계가 나타났다([그림 7-7]).

이런 종류의 시간은 지구, 태양 그리고 우주의 공간적 움직임에 연결되어 있었다. 그래서 인간들은 특별한, 자의적이며, 땅을 기반으로 한 알아차림을 가지고 움직였다. 그들은 자신들의 꿈꾸는 신체들이 땅의 꿈같은 본성에 연결됨에 따라 레이 선(線) 또는 노랫가락을 느끼면서 자신들의 신체를 땅과 동일시했다. 오늘날 우리 대부분은, 부분적으로 일상적 실재 CR이 그것을 지지하지 않기 때문에, 우리의 땅을 기반으로 한 감각을 알아차리지 못한다. 우리의 실제는 신체의 감각보다 디지털시계를 선호한다. 그럼에도 불구하고, 우리의 방향감각은 여전히 존재한다.[9]

시간은 공간에서의 움직임과 변화의 경험으로부터 유래한 개념인 현대적 추상 개념인 것으로 보인다.[10] 점성가와 초자연치료사들은 우리의 특별한 본성은 우리가 하루하루를 살아야 하는 방법을 결정하는 별자리 배열에 반영된다고 말하였다. 다시 말하면, 우리는 단지 땅에서 일어나고 있는 것만에 의해 영향을 받는 것이 아니라 또한 전체 우주에서 일어나고 있는 것에 의해서도 영향을 받는다.

양자 나침반과 잊혀진 꿈

앞의 모든 이유들로—그리고 토착 원주민들에 대한 나의 경험 때문에—나는 파인만의 양자 시계를 우리가 땅과 재연결하는 것을 돕는 양자 나침반으로 해석한다.

당신의 신체로 양자 나침반을 느끼기 위해서는 다음 실습을 해 보기 바란다.

1. 당신의 알아차림에 집중하여라. 단지 연습이 되어도 괜찮다. 이 계절 중에 당신의 삶에서의 문제를 생각하여라. 그것은 무엇인가? 또는 그것들 중 하나는 무엇인가?

2. 이제 당신의 양자 나침반을 사용해 보자. 즉, 당신의 신체와 땅에 대한 신체의 관계를 따라라. 당신의 자의적 알아차림을 따라 보아라. 그 문제가 당신을 어느 방향으로 이끄는지 알 때까지 당신의 신체가 당신을 회전시키도록 하여라. 비록 당신의 일상적 마음이 회의적이라 하더라도 당신의 신체를 믿어라.(만약 필요하다면, 당신이 자신의 원시적 마음에 접근할 수 있다고 생각하여라.) 당신이 방향을 찾았을 때, 그것을 노트에 기록하여라.

3. 당신이 지난밤에 기억할 수 없는 꿈을 꾸었다고 가정하자. 또한 그 꿈을 기억하는 것이 당신에게 중요하다는 것도 가정하자. 이 어렴풋한 꿈이 당신의 신체 어디에 있을 것인가 상상하거나 느껴 보아라. 그리고 땅을 느껴 보아라. 그 땅이 당신에게 어느 방향이 이러한 신체 느낌에 해당하는지 말하도록 두어라. 천천히 그리고 어느 방향이 당신을 끌어당기는지 알아차리면서 당신의 다양한 방향들을 탐구하여라. 그 방향으로 당신의 신체를 돌리고 거기에서 몇 걸음 걸어라. 당신의 잊혀진 꿈의 선(線)을 따라 움직여 보아라.

4. 어느 방향에서 이 꿈이 들어가는가? 그 방향으로 향하고 움직여 보아
　라. 그리고 그 어렴풋한 꿈이 당신에게 말하도록 하여라. 땅이 당신에게
　당신이 꾸었던 꿈의 의미와 당신이 걸었던 방향을 말해 주도록 하여라.
　당신의 잊혀진 꿈의 의미는 무엇인가? 그리고 이 방향이 당신의 문제들
　의 방향에 어떻게 도움을 주는가?

　호주에서의 작업들 중에 내 아내와 나는 갈등 문제들을 상담하고 있었다.
내가 그곳에서 만난 사람들 중 하나는 토착 원주민 여성이었고, (당신이 상상
할 수 있는 것처럼) 그녀는 방향을 알아차리는 것이 쉬웠다. 그녀는 토착 원주
민 문제들에 대한 강연을 부탁받은 적이 있었다고 말하였다. "저는 강연을
할 수 없습니다." 그녀가 말했다. "청취자들은 주류 호주 사람들이고, 그들은
이해하지 못할 것입니다." 나는 이 문제에 대해 그녀가 땅의 어느 방향에 연
관되어 있는지를 물었다. 그녀는 강연의 방향이 서쪽으로 향했고, 그것은 그
녀에게 큰 도시 시드니의 열광적인 삶을 의미한다고 말했다. 내가 그녀에게
무엇을 꿈꾸었는지 물었을 때, 그녀는 기억할 수 없었다고 대답했다. 나는
"만약 당신이 꿈을 꾸었고 그것을 기억할 수 있다면, 이 꿈은 어느 방향으로
향할 것 같습니까?" 하고 물었다.
　그녀는 즉시 대답했다. '서쪽', 즉 중앙 호주를 향하여, 토착 원주민 땅을
향하여, 그녀가 돌아서서 그 방향으로 몇 걸음 걸었을 때 그녀의 눈에서 눈
물이 흘렀다. 그녀는 "집으로, 집으로……" 하고 중얼거렸다. 그리고 내가 더
묻기 전에 그녀는 내게로 돌아섰다.[11]
　"나는 그 도시의 사람들에게 어떻게 이야기해야 하는지 알고 있습니다."
그녀는 문제들에 대해 말하지 않을 것이며, 단지 그녀의 집, 그 땅에 대해 말
할 것이다.
　땅의 지혜는 깊고 명백하다. 만약 당신이 땅과 연관된다면—만약 당신이
그 땅의 나침반을 느낀다면—당신은 오랫동안 길을 잃지는 않을 것이다.

생각해 봐야 할 것들

- 빛은 많은 다양한 방향으로 향하지만, 그 대부분은 우리가 보지 못한다.
- 파인만의 양자 시계는 입자 물리학에서 사건들에 대한 은유다.
- 현대적 시간 개념들은 아마 공간적 변화들의 경험으로부터 왔을 것이다.
- 양자 나침반이 있다면 당신은 절대 오랫동안 길을 잃을 수 없다.

Chapter **08**
신화의 경로

나는 강의하는 것과 학생들이 나의 삶을 계속하도록 해 주는 것을 알았다.
그리고 나는 누군가 내가 강의를 해야 할 필요가 없는 행복한 상황을 만드는
어떤 지위도 절대 받아들이지 않을 것이다. 절대로.
- 리처드 파인만[1]

　삶을 창조하고 계속하게 하는 것, 나는 그것을 빅U라고 부른다. 물리학자 리처드 파인만은 자신의 주(主) 경로가 가르치는 것이었다고 했으며, 이것은 그를 알고 그로부터 교육받은 사람들에게는 명백한 진실이다. 당신은 그의 가르침의 모든 상세한 내용을 기억하지 못할 수도 있다. 그러나 당신은 가르침에 대한 그의 역할과 열의에 관한 그의 능력은 결코 잊지 않을 것이다. 가르침이 그에게 삶을 주었다는 것은 명백했다.

　돈 후안은 마음의 경로를 빅U라고 말했을 것이다. 노자(老子)는 그것을 도(道)라고 이름 붙였을 것이다. 융(Jung)은 그것이 당신의 개인적 신비라고 말했을 것이다. 어느 누군가의 주 경로의 능력에 관해 많은 이름들이 존재한다. 위대한 정령, 대지의 어머니, 신, 예수, 알라, 야훼, 악마. 저서 『신화의 경로(The Mythic Path)』에서 심리학자 데이비드 파인스타인(David Feinstein)과 스탠리 크리프너(Stanley Krippner)는 그것을 단지 그렇게 불렀다. 심리학자 제임스 힐먼(James Hillman)은 저서 『영혼의 코드(soul's code)』에서 그것을

'영혼의 코드'라고 불렀다. 에이브러햄 매슬로(Abraham Maslow)는 '자기-실현된' 사람이라고 여겼다. 여전히 다른 사람들은 그것을 깨달음이라 부른다.

　우주의 과학, 양자 파동의 세계, 땅을 기반으로 한 개인적인 당신에게 진실이 되기 위해, 나는 이 주 경로를 당신의 모든 다른 경로들의 합인 빅U라고 한다. 이 장에서 나는 빅U가 어떻게 불확정성, 신화 그리고 데이비드 봄(David Bohm)의 '안내 파동(pilot wave)'과 연관되는지 보여 줄 것이다.

불확정성의 심리학

　당신의 빅U가 당신이 느끼는 것과 같이 실제처럼—미묘하지만 부인할 수 없는 힘에 의해, 당신의 경로를 따라 움직이는 당신과 같이 확실하게—당신은 그 힘을 '증명'하거나 측정할 수 없을 것이다. 그것은 말로 나타낼 수 없다. 그것은 순간적이다. 그것은 훈련과 연습, 특히 반복을 필요로 한다. 티베트 또는 나바호 전통에서 우주를 구성하는 모래 그림과 같이, 당신은 되풀이해서 벡터를 날려 지워버리고 또 다른 청사진을 만들어야만 한다. 그러나 모든 창조와 소멸에도 불구하고, 당신에게 명상적인 상태에서 확실하게 보이는 것은 매일매일의 실재에 의하면 의혹을 갖게 되고, 증명할 수 없고 불확실하게 보일 수 있다.

　이 의혹에는 답이 없다. 불확정성은 서로 다른 관점에서, 알아차림과 그것의 고유한 상대성과 이중성에서, 평행세계들의 바로 본질의 부분이다. 우리의 개인적 세계, 우리의 조직, 바로 그 우주를 특성화하는 것이 바로 상대성이다. 한편으로, 우리는 우리가 증명할 수는 없지만 삶을 가치 있게 만드는 비전을 가지고 있다. 반면에, 우리는 시계와 미터 자(尺)의 굳어진 세계에 살고 있다. 우리는 양자 나침반을 알아차리며, 우리는 땅 깊은 곳에서 무엇인가를 알아차리며, 그리고 우리는 우리가 모르는 자신들의 부분들을 발견하지만, 우리는 꿈들의 세계에 대해서는 들어 본 적도 없는 것처럼 우리의 일상의 마음으로 돌아간다. 13세기에 아비뇽 공의회(Council of Avigno)는 공식적으로 마술의 마법 세계와, 물의 요정에게 기원하는 것은 죄가 된다고 비난하였다. 그러나 TV에서 쏟아져 나오는 만화 영화 등장인물들이 보여 주는 것처럼, 어떤 것도 진실로 애니미즘론(物活論, animism)을 제거할 수 없다.

또한, 현대 심리학도 전형적으로 마음과 물질로 나누어져 있다. 아이디어와 꿈의 세계는 한때 신체 경험 및 땅의 경험과 연관이 없는 심리학을 통해 인식되었다. 심지어 오늘날에도, 만약 사람들이 조금이라도 내면 작업에 대해 생각한다면 대부분 명상이나 또는 단지 혼잣말하는 것을 상상한다. 그러나 내가 설명하고 있는 내면 작업은 단지 생각하거나 말하는 것이 아니며, 그것은 또한 단지 당신의 신체를 느끼는 것도 아니다. 이 새로운 내면 작업은 땅을 기반으로 한, 자의적인, 신체적 경험의 혼합이다. 내가 제안하는 새로운 명상수행은 양자 나침반을 따르는 것이다. 그것은, 통찰과 수행 결과로 인도하는 방향과 지혜에 대한 당신의 자의적 감각을 따르는 것이다.

불확정성에 관한 물리학에서의 평행세계들의 분리는 심리학적 그리고 인류학적 배경인 것처럼 보인다. 1927년 독일의 물리학자 하이젠베르크(Werner Heisenberg)는 자신이 '자연 법칙'이라고 말한 불확정성의 양자역학 내용을 공식화하였다. 입자가 얼마나 빠르게 이동하는지를 정확하게 측정하는 것은 그 입자의 정확한 위치의 측정에 대해 불확정성을 생성한다. 하이젠베르크는 전자와 같은 입자의 정확한 위치와 **운동량**을 동시에 아는 것은 불가능하다고 말했다. 때때로 **불확정성 원리**라 불리는 그 이론은 우리에게 한 입자의 한 성질에 대해 더 알게 되면 그것은 연관된 다른 성질의 측정을 덜 정확하게 만든다고 알려 준다.[2] 1927년 말 불확정성의 특징을 설명한 그의 논문에서, 하이젠베르크는 다음과 같이 간단히 말하였다. "그 법칙에 의해 우리는 오늘날까지도 그것의 모든 상세함 전부를 알 수 없다."[3]

가장 일반적인 느낌에서, 위치와 운동량 또는 운동에는 두 개의 평행세계들이 있다. 만약 당신이 어디에 있는지 안다면(즉, 특정한 지점 또는 위치) 당신은 흐름의 흔적을 잃을 것이다. 마찬가지로, 만약 당신이 당신 과정의 흐름에 있다는 것을 알아차린다면, 당신은 당신이 있는 곳의 흔적을 쉽게 잃을 것이다. 한 세계에 정확하게 초점을 맞추는 것은, 결국 당신이 다른 세계와의 교감을 잃어버리기 때문에 당신을 불확실하게 만든다. 전체적으로 살펴보는 개관(概觀, overview) 없이는, 과정들의 움직임과 상태들의 영속성 사이에 근본적인 갈등이 있는 것처럼 보인다. 당신이 꿈을 꿀 때 당신은 살아 있는 것을 느끼나, 만약 당신이 일상적 실재 CR로 받아들일 수 있는 관념에서 그 꿈들을 측정하려고 한다면, 당신은 불확실하게 될 수 있다.

불확정성은 고통스럽다. 심지어 그것은 때때로 우울함 및 근심과 연관되어 있다. 오직 당신의 이성적인 마음을 사용하는 것은 당신이 혼란에 빠진 것처럼 느끼거나, 심지어 몇몇 기본 단계에서 버림받은 것처럼 느끼고 최소한 불확실하고 걱정스럽게 느끼도록 만들 수 있다. 이와 반대로, 가장 심오하고 비이성적 마음(그것은 매일매일의 자신에 대한 불합리함)은 의심하지 않는다. 그것은 단지 그대로 받아들이며, 그리고 그러한 그대로 임(is-ness)은 우주 전체에 대한 연결의 감각이다. 그럼에도 불구하고, 이성적인 마음의 불확정성은 전적으로 '나쁘다'는 것은 아닌데, 그것이 관점들 사이의 갈등을 빅U의 무엇보다 중요한 경험으로 상대화하기 위해 당신을 괴롭히고 자극하기 때문이다.

불확정성은 심리학적 동요와 파괴적인 것만은 아니다. 불확정성은 몇몇 사람에게는 기도하도록 고취하고 다른 사람들에게는 꿈을 꾸고 보다 포괄적이고 상대적인 무엇인가와 연결하도록 고무한다.

하이젠베르크는 불확정성의 이러한 자극적인 잠재력을 깨달았다. 그에 따르면, 물리학은 의식이 확장되는 역사적 과정의 일부였기 때문이다. 물리학의 개방성을 통해 "모든 종류의 개념들에게, 그것은 통합의 최종 상태에서, 많은 다른 문화적 전통들이 함께 살아갈 수 있고, 그리고 서로 다른 인류의 노력들을 사고와 심오한 감정 사이, 활동과 명상 사이의 새로운 종류의 균형으로 결합할 수도 있다는 희망을 제기한다."[4] 우리는 당신의 개인적 신화의 수학적 구조로서 빅U를 이해하는 데 하이젠베르크가 '사고와 심오한 감정'이라 언급한 것을 사용할 것이다.

개인의 신화

다행히도, 융의 비서가 그의 미출판본인 『Kinder Traueme』 한 부를 내게
주었다. 그 책은 그가 1920년대에 취리히 대학교에서 발표한 세미나 내용인
데 융이 일생 동안 지속적으로 발현된 패턴이었던 자신의 어린 시절의 꿈에
대하여 이야기한 것이다. 그는 자신의 어린 시절의 꿈으로부터 미래의 직업
을 예측할 수 있었다고 언급하였다.

수백 명의 사람들의 가장 어린 시절 기억들과 꿈들에 대해 연구한 결과,
이러한 어린 시절의 꿈들이 개인적 신화의 사례인 것처럼 나타났다. 나는 이
런 꿈들이 우리의 직업적 미래뿐만 아니라 우리가 가지게 될 일종의 관계들,
만성적 징후들의 본질 그리고 심지어 임사 경험들을 예측한다는 것을 발견
하였다.[5] 나는 『혼수상태(Coma)』에서 어떻게 인생의 마지막 순간의 비전들
조차도 당신의 어린 시절 꿈과 가장 초기의 기억에 의해 구성될 수 있는지
논의하였다.[6]

아침에 당신을 깨우고 당신이 누구인지 재창조하는 힘, 당신의 삶 전체에
서 심오하게 근원적인 주제들의 끊임없는 반복, 밤중의 꿈의 혼란으로부터
사물들을 통합하고 합리적이 되려는 경향, 이 모든 것들이 빅U의 조직적인
구성의 특성인 것처럼 보인다. 매슬로(Abraham Maslow)는 "우리 내부에는
우리가 잠재적으로 누구인가가 될 수 있는 경향성이 있다."라고 말했다. 우
리는 우리가 될 수 있는 모든 것이 되려는 경향이 있다. 이러한 경향은 무엇
인가? 아마도 그것은 선(禪)에서 우리가 전에 태어나기도 전에 가졌던 운명
(fate)이라고 불렀던 것이다.

안내 파동

만약 데이비드 봄(David Bohm)이 오늘날 살아 있다면, 나는 그 양자물리학자가 이 빅U를 파동함수로 부를 것이라는 것을 확신한다. 입자물리학에서 파동함수는 입자의 가능한 세계들, 그것의 다양한 하위 벡터 이면에서 조직화하는 수학적 요소다. 파동함수는 전자와 같은 상대적으로 단순한 개체를 묘사하며, 그리고 원칙적으로 전체 우주도 묘사한다. 드 브로이(Louis de Broglie)의 연구에 기초하여, 봄은 이 파동함수를 '안내 파동'의 개념으로 설명했다.[7] 봄은 아인슈타인 및 드 브로이와 일치하게, 입자가 이러한 기본적 패턴에 의해 인도된다고 주장하였다.

그는 이 파동을 바다 위의 배가 어떻게 그리고 어디로 가야 하는지 알려주는 레이더 파처럼 상상하였다([그림 8-1]). 입자(또는 배)에 관한 그의 안내파동(또는 벡터)은 7장에서 역광이라 불렀던 것을 포함하는 많은 다른 벡터들 또는 평행세계들의 합이다.

봄은 그 파동함수에 중요한 감각을 추가하였다. 그는 안내 파동이 배의 예정 방향을 유지하도록 하는 일종의 지능이라고 믿었다. 그가 말하기를, 어느 주어진 한 순간에, 배가 어느 한 방향 또는 다른 방향을 선택할 수도 있는 기회가 있으나, 배의 모든 방향과 진로는 비국소적이며 전체 우주를 채우는 안내 파동에 의해 인도된다고 했다.

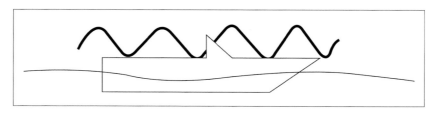

그림 8-1 배의 안내 파동 (굵은 선)

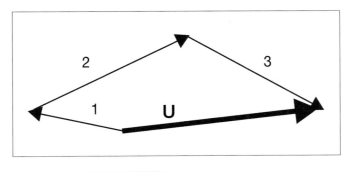

그림 8-2 안내 파동의 벡터

    봄과 드 브로이의 안내 파동은 빅U 또는 개인적 신화의 수학적 구조다. 안내 파동과 같이, 빅U는 또한 실제이면서 상상 모두이며, 국소적이면서 비국소적 모두이며, 파동 같기도 하면서 또한 벡터 같기도 하다. 빅U는 (내가 앞 장에서 이야기했던 것처럼) 꿈의 근원적 패턴이다. 이러한 빅U는 많은 방법으로 그 자체를 표현한다. 그것은 이야기, 꿈, 진동 또는 방향으로 나타날 수 있으며, 그리고 그것은(원칙적으로) 평행세계들과 꿈 인물 또는 꿈의 파편으로 구성되어 있다.

    예를 들어, 빅U나 개인적 신화의 수학적 구조는 세 개의 하위 벡터([그림 8-2]의 1, 2, 3)의 합으로 인식될 수 있다. 이 세 벡터들은 평행세계, 꿈의 파편 또는 부분들을 나타낸다. 이 장 뒤에서 나는 이러한 도표가 당신의 개인적 삶을 얼마나 유용하고 응용가능하게 만드는지 보여 줄 것이다. 비록 여기 이 그림에서 단순하게 단지 세 개의 평행세계를 보여 주더라도, 원칙적으로 거기에는 무한한 수의 가능한 세계들과 부분들이 있다.

    우리는 시간이 지남에 따라 변화한다. 우리 삶의 다양한 하위 벡터들(이 도표에서의 세 벡터들과 같은)은 우리의 개인적 경험, 외부 상황 그리고 우리가 알지 못하는 우주에서의 요인들에 따라 변화한다. 만약 당신이 어린아이로서의 당신을 쫓는 사자를 꿈꾸었다면, 기회는 그 사자의 힘뿐만 아니라 그것의 다른 힘들에 대한 민감성이 당신 삶의 대부분을 나타낼 것이다.

당신의 신화적 안내 파동

이러한 이론을 검증하고 당신의 빅U를 탐구해 보자. 다음의 실습에서 당신의 개인적 신화와 삶의 방향에 대한 측면을 나타내기 위해 당신 자신의 알아차림을 신뢰하여라. 시작해 보자.

• 오늘 당신의 마음에 있는 문제에 대하여 당신 자신에게 물어보아라.

그것에 이름을 붙이고 그것을 당신의 일기에 기록하여라. 당신은 바로 지금 마음에 떠오르는 어린 시절의 꿈이나 기억을 기록하기 원할 수도 있다. 무엇을 기록하기로 선택했든지 간에 당신이 그 문제에 근접한 것이 아니라면 많은 시간이 걸릴 수도 있다.

[나는 나 자신에 대해 말하려고 한다. 오늘 나의 가장 큰 문제는 이 책을 어떻게 끝내는가다. 바로 지금 내게 일어났던 초기의 꿈은 내 아버지의 차 주위를 돌아다니는 곰에 관한 것이다.]

이제 인생의 경로들 일부를 여행해 보자. 다음 네 가지 질문에 대한 당신의 답변은 당신에게 당신 삶을 특징짓는 방향들에 대한 감각을 줄 것이다.

1. 지금까지 당신의 삶에서 가장 어려웠던 부분은 무엇이었는가?

그 문제를 당신의 일기에 기록하여라.

(당신은 잠시 후 이 기록이 필요할 것이다.)

[바로 지금 나는 내 인생에서 가장 어려웠던 시기-어려운 공부의 시기로 MIT에서의 시기를 기억한다. 또 다른 어려운 시기로 가장 어려웠었던 기억은 어렸을 때의 관계였을 것이다. 그러나 바로 지금은, MIT가 먼저 마음에 떠오른다.]

2. 당신의 삶에서 무엇이 가장 최고의 부분과 방향이었는가?

만약 여러 가지가 있다면, 그중 하나만을 선택하고 기록하여라.

[앤티오크 대학교(Antioch College)의 벤 톰슨(Ben Thomson) 교수님을 만난 것이 최고였다. 그는 내가 가장 좋아하는 스승이었으며, 특히 내게 아내가 된 제자 중에 한

학생을 소개시켜 주었기 때문이다.]

3. 당신이 인생을 살아가는 데 있어 일상적이거나 평범한 방법은 무엇인가? 역시, 기록하여라.

[일반적으로, 근래에 나는 무엇인가를 연구해 왔으며, 그리고 그것을 경험해 보려고 해 왔다.]

4. 무엇이 바로 지금 당신의 마음에 떠오르는 당신의 인생에서 가장 뜻밖의 부분인가? 역시 이 질문에 대한 대답이 하나가 아닐 수도 있다. 하지만 바로 지금 생각나는 하나를 선택하여라. 그것을 기록하여라.

[내 마음에 떠오르는 가장 뜻밖의 사건은 내 아내와 내가 브라질 마나우스(Manaus) 근처의 아마존 원주민과 함께 했던 산투 다이메(Santo Daime) 의식(儀式)과 아야후아스카(Ayahuasca) 경험이다. 내가 그곳에서 겪은 사람들의 온정과 비전의 깊이는 놀라웠고 예상치 못했던 것이었다.]

• 이제 당신 주위에 약간의 공간을 찾아라.

당신의 기록을 들고 앞의 질문들에 대한 답을 찾으며 당신의 신체를 느껴라. 그리고 땅과 당신의 양자 나침반이 당신에게 어디에서 방향을 돌리고 몇 걸음을 걷게 할지 알려 주도록 하여라.

• 당신의 신체가 당신이 앞에서 기록한 경험과 연관시킨 방향으로 걸어라.

먼저, 종잇조각에 '*'를 표시하고 그것을 당신의 출발점에 놓아라. 그리고 다양한 벡터 1부터 4를 느끼고 당신의 신체가 각 벡터에 대해 몇 걸음씩을 걸으라고 하는지를 느끼면서 그 벡터를 걸어라. 구체적으로 이것은 땅의 지기(地氣)가 당신의 신체를 당신의 최악의 삶의 경로인 벡터 1을 이름 짓고, 느끼고, 그것을 따라 몇 걸음 걷도록 하는 것을 의미한다. 그 경로의 끝에서 당신의 최고의 경로인 벡터 2를 느끼고, 돌아서고 그리고 걸어라. 그런 다음 보통의 당신인 벡터 3을 걸어라. 마지막으로 당신의 가장 뜻밖의 경로인 벡터 4를 걸어라. 마지막 벡터의 끝에 도달했을 때, 두 번째 종잇조각에 '**'를 표시하고, 그것을 당신의 마지막 지점에 놓아라([그림 8-3]은 나 자신의 걷기 명상을 나타낸다. 당신의 방향과 경험은 당연히 다를 것이다.).

이제 당신은 빅U 선(線)을 위한 준비가 되었다. 당신의 출발점 '*'으로 돌아가라. 그곳에서부터, 마지막 지점 '**'까지 일직선으로 곧장 걸어가라. 당신이 걸을 때 의미를 느끼고 그 빅U 경로의 이름을 느껴라. 당신이 그 빅U 벡터를 걸을 때, 당신의 지각적 알아차림과 꿈을 사용하여라. 당신이 다양한 방향으로 걸을 때 당신의 내부에서는 재미있는 일들이 일어날 수 있는데 모든 종류의 느낌과 생각들이 나타날 수도 있다. 그것들을 잘 주의하고 기록하여라. 그것들은 당신의 안내 파동, 당신의 개인적 신화에 관한 결정적인 정보다. 이 마지막 부분을 서두르지 말고 수행하여라.

당신이 이 경로에 대해 의미와 이름을 찾은 후에 그 경로를 다시 걸어라. 이 경로를 걷는 동안, 이 실습의 시작에서 당신이 확인한 질문이나 문제를 생각하여라. 빅U 벡터를 걷는 것은 모든 종류의 통찰력을 잘 자극하는 것이다. 빅U는 이야기 줄거리(story line)이기 때문이다. 따라서 당신이 그 마지막 벡터를 걸을 때, 당신 자신이 짧은 이야기를 만들게 하여라.

[그림 8-3]은 나 지신의 걷기 명상을 묘사한다. 내 삶의 가장 어려웠던 부분(경로 1)은 MIT에서의 어려운 시기였는데, 이것은 오리건에서의 출발점의 동쪽이다. 내 최고의 부분(경로 2)은 벤 톰슨 교수와 내 아내 에이미를 만나는 것이었다. 내가 그들을 생각할 때, 나는 무엇인가가 나를 케냐(Kenya)로 향하게 하는 것을 느꼈다. 내가 그 방향으로 걸을 때, 내가 에이미와 많은 초자연치료적인 경험들을 한 곳이 바로 케냐라는 것을 깨달았다. 벤 교수도 또한 매우 초자연적(mediumistic)이었다.

나는 나 자신의 보통 부분(경로 3)에 대해 곰곰이 생각하였다. 그것은 연구와 독서였으며, 나를 북쪽으로 향하게 하는 무엇인가를 느낄 수 있었다. 왜 북쪽인가? 아마도 내가 존경하는 과학자 존 크레이머(John Cramer)가 시

애틀에 살기 때문일 것이다. 그리고 마지막으로 가장 뜻밖인 경로 4, 그것은
삶에서 놀라운 사건의 장소인 브라질 마나우스(Manaus)에서의 아야후아스
카(Ayahuasca) 경험이었다. 나는 경로 4에서 마나우스를 향해 몇 걸음 걸었
으며 마지막 지점 '**'을 표시하였다.]

　　내가 중첩을 탐구하면서 나의 빅U를 몇 번 걸은 후에 어떤 이상한 느낌이
내게 일어났다. 나는 내가 케냐의 방향으로 다시 걷고 있다는 것을 깨달았
다. 나는 내가 그곳에서 만났던 사람들을 상기하였다. 나는 초자연치료사들
을 볼 수 있었으며, 나는 어떻게 그 원시 토착민 부족 원로들이 우리들을 자
신들의 공동체에 아주 따뜻하게 환영해 주었는지를 기억한다. 나는 우리가
명백히 흰색 피부의 백인임에도 불구하고, 그들이 우리를 아프리카인으로
여기기 시작하고 부르는 것에 감동하였다.
　　이 빅U 경로를 걷는 동안, 나는 이 원주민들의 관대함과 세계를 연결시키
는 그들의 능력을 다시 느꼈다. 나는 공동체의 중요성과 따뜻함을 상기하였
다. 어느 순간에 나는 나의 최초의 질문, 이 책을 마무리하는 방법의 해답을

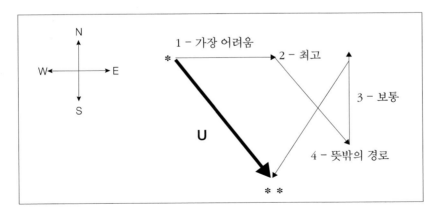

그림 8-3 나의 신화적 경로의 발견

빅U를 찾기 위해 나는 '*'에서 시작하여 '**'에서 끝나는 다양한 방향을 걸었다. 나는 '*'에서 '**'로
곧장 걸음으로서 나의 신화적 경로를 찾았다.

깨달았다. 내게 있어, 이러한 형태의 빅U 경로에서의 삶은 모든 세계에 대한 환영을 포함한다. 내가 비록 개인적으로 작업의 초자연치료사로 공동체 관점을 강조하기 원할지라도, 진심으로 땅을 기반으로 한 지기(地氣)의 힘과 현대 과학 사이의 공통 근거를 탐구하는 것도 원한다는 것을 깨달았다.

이 책의 저술에서 가장 어려웠던 부분은 MIT와 심리학 사이의 세계들을 연결하려는 시도였는데 경로 1에 반영되어 있다. 나는 20대에 한 전문 분야를 공부하기 위해 다른 전문 분야를 포기해야만 했다. 그러나 나의 빅U의 관점으로부터, 우리 아래의 신비한 땅의 양자(quantum)적 본성, 초자연치료사 경험의 양자적 본성은 오직 하나뿐이다. 이렇게 하여, 나의 경로는, 즉 내 방향은 나 자신의 원시 토착적 측면과 과학적 측면 사이에, 그리고 더 바랄 수 있다면 다른 것들 사이에서도 공동체를 창조하는 것이다.

경로 질문

당신이 이 벡터들과 방향들을 걸을 때, 당신의 경험은 나의 경험과 매우 다를 것이다. 당신 자신의 경험을 신뢰하여라. 당신이 이 벡터들을 걸을 때, 질문들이 생길 것이다. 당신은 얼마나 많은 걸음을 그리고 어느 방향으로 걸어야 하는가? 유일한 답은 당신의 신체가 알고 있을 것이다. 각각의 방향은 그 자체의 느낌, 그 자체의 주파수, 그 자체의 진동을 갖는다. 그 방향 자체는 당신을 움직이는 것처럼 보일 수도 있다. 따라서 얼마나 많은 걸음을 걸어야 하는지 결정해야 할 때 당신의 신체를 따르라.

또 다른 공통 질문은 당신의 신화에 관여한다. 당신의 빅U가 정말로 당신의 신화인가? 수년간 많은 사람의 프로세스를 따르는 것은 내게 오늘날 빅U 경로와 상상의 버전이 당신의 현재 상황을 가장 잘 연관시킨다는 것을 보여주었다. 내일 이미지들은 바뀔 수도 있으나, 그러나 감각은 비슷할 것이다. 최고의 경로와 최악의 경로, 보통의 경로와 가장 보통이 아닌 이상한 경로에 대한 당신의 감각도 또한 바뀐다. 그러나 전체적인 패턴, 당신의 빅U는 다소 동일하게 남아 있는 것처럼 보인다.

몇몇 사람들은 이 벡터들을 걷는 순서에 어떠한 의미가 있는지 묻는다. 그들은 내가 열거했던 순서대로 걸어야만 하는가 아니면 다른 어떠한 순서가 있는 것인가? 심오한 민주주의는 한 경로에게 다른 경로—그것은 벡터 수학, 입자 물리학 또는 심리학에 있는—들보다 더 큰 의미를 주지 않는다. 당신이 다양한 벡터를 걷는 순서는 전체의 답, 빅U에 관한 한 중요하지 않다. 빅U의 관점으로부터, 모든 경로들은 그들이 걸어야 하는 순서에 관한 한 동등한 우선적(priroi) 가치를 갖는다.

누구인가가 빅U를 찾기 위해 다른 질문들과 벡터 또한 사용할 수 있는가? 물론 그렇다. 나는 당신에게 삶을 구성하는 다양한 극성(極性)의 기본적 감각을 주기 위하여 최악의 그리고 최고의, 가장 보통의 그리고 가장 뜻밖의 경험들에 관해 이 네 가지 기본적인 질문들을 공식화하였다. 당신은 어렵거나 훌륭해 보이는 여러 가지의 가능한 벡터들을 추가할 수 있다. 나는 이 네 가지 질문들이 매우 보편적이고 대부분의 사람들에게 잘 맞기 때문에 선택하였다. 원칙적으로 가장 정확한 답—즉, 가장 정확한 빅U—은 모든 당신의 삶의 경험들을 함께 합하는 것으로부터 올 것이다.

요점은, 우리들 각각은 때를 맞춰 우리의 모든 경로들을 답사한다. 각각의 경로가 필요하며 특히 우리의 역광이 필요할 것이다. 우리는 다양성이 필요하다. 파인만은 다음과 같이 말했다. '자연은 우주의 모든 입자가 각각의 경로들의 모든 것을 탐구한다고 주장한다.'

당신의 신화는 당신의 특징이다. 그것은 당신의 어린 시절에 그리고 당신 삶의 모든 전환점들에 존재했다. 빅U의 양자 나침반은 당신에게 많은 운명의 전환점, 많은 지그재그를 준다. 어느 정도 보기에 따라서는, 당신 삶의 세부 내용은 우연함, 당신이 살고 있는 시간과 장소, 별들의 움직임에 달려 있다. 그러나 당신의 전체 방향은, 도예공이 도자기에 필요한 점토와 물의 양, 물레의 회전을 결정하는 것처럼, 어느 주어진 시간에 얼마나 많은 이러한 지그재그가 허용되는지에 의해 결정될 것이다. 만약 어느 하나의 성분이 바뀐다면, 합해서 빅U를 생성하기 위해 나머지들은 재구성된다.

생각해 봐야 할 것들

- 불확정성은 일상적 마음의 실제 세계 '**또는**' 꿈의 세계 중 오직 하나의 세계만을 확인하는 것에서 나타난다.
- 일상적 마음의 일방성(one-sidedness)을 받아들여라. 만약 그 한계가 당신을 괴롭힌다면, 보다 포괄적인 관점에서의 위안을 찾아라.
- 당신의 신화는 많은 평행세계들과 운명의 많은 전환점으로 구성된 땅을 기반으로 한 방향이다.
- 당신이 아닌 당신의 빅U가 배를 인도한다.

시간? 초자연치료사의 선택

> 영적 전사는 언제나 즐겁다.
> 변함이 없고, 사랑하는 땅의 지기(地氣)가 그를 포용하고 그에게
> 상상할 수 없는 매우 놀랄 만한 선물을 주기 때문이다.
> – 돈 후안[1]

    사람은 신화를 가지고 있으며, 입자는 안내 파동을 가지고 있다. 사람과 입자는 모두 불확정성을 가지고 있다. 그리고 그 둘은 모두 자의적 알아차림을 가지고 있는 것처럼 보인다. 그것이 아마도 심리학이 여러 가지 면에서 입자 물리학과 연결이 되는 것처럼 보이는 이유다. 이 장에서 우리는 분위기(moods)에 대해서 탐구하고자 한다. 특히 어떻게 그것들이 예로 자기장과 같은 물리적 역장(力場)과 유사한지를 탐구하고자 한다. 분위기와 장은 세 가지의 가능한 특성을 공유(共有)하고 있는데, 그것들은 창조되거나, 소멸되기도 하고 또는 분리될 수 있다. 그 마지막 것은 초자연치료사의 선택이며, 분리와 함께 초자연치료사는 시간과 공간의 외부에서 빅U를 따를 수 있다.

    지금까지 우리는 자의적 알아차림이 어떻게 우주를 다시 매혹하게 하는지에 초점을 맞추어 왔다. 당신이 더 민감할수록 당신은 다양한 경로들이나 평행세계들뿐만 아니라 자신의 경로도 더 알아차릴 수 있다. 당신이 자신의 경로를 잘 알아차리지 못할수록 당신은 더 길을 잃었거나 운명적으로 끌려가

고 있다고 느낄 것이다. 시간이 지나면 모든 경로들은 빅U로 합쳐져야만 하며, 따라서 비록 우리가 선호하지 않는 경로들이라 하더라도 원칙적으로 모든 경로들은 필요하다. 우주는 자체 내에 의식에 대한 공식을 가지고 있으며, 그것들이 일상적 실재 CR이 될 때까지 반복하고 평행세계에 반영한다. ('생일축하' 노래를 기억하여라. 그것은 여러 번 반복해서 불러야 한다.)

장(場)은 분위기이며, 형상이며, 숨겨진 경로다

당신에게 문제가 생겼을 때, 당신이 곤경이나 변화의 시점에 서 있을 때, 당신의 경로 알아차림은 당신을 땅의 꿈꾸기에 연결해 주며, 당신에게 길을 안내한다. 나는 그러한 땅의 힘을, 그것이 당신의 개인적 삶에서 나타나기 때문에 양자 나침반이라고 불러 왔다. 당신이 의문을 가지고 있을 때, 당신의 다양한 경로를 걸으며, 빅U의 라인을 찾아라. 땅을 따르라. 당신에게 문제가 있는 매 순간, 당신은 빅U에 더 가까이 다가감으로써 당신의 일상적 삶을 재창조하는 기회를 갖는다. 당신의 자의적 알아차림을 활용하고, 경로, 의미 그리고 이미지가 나타날 때까지 여러 번 회전하며 움직여라. 심오한 민주주의를 기억하여라. 모든 경로는 동등하게 중요하다. 그들의 합, 당신의 프로세스는 당신의 최고의 스승이다.

꿈꾸기의 느낌이 없는 삶은 이런 길이나 저런 길, 불확정성과 그 반대 사이에서의 방황, 성공, 스트레스와 흥분 사이 등에서 거의 허용될 수 없는 불확정성에 의해 지배되고 있다. 종이 위에서 이러한 경로들은 땅위의 화살표처럼 선형이며 명백한 것처럼 보인다. 그러나 우리의 매일매일의 마음의 실제, 즉 일상적 실재 CR에서는, 우리는 짙은 안개 속의 작은 비행기처럼 모호하거나 맹렬한 분위기를 통해 움직이는 안개 속에 있다. 당신이 일어나고 있는 것에 대해 명백하게 되기 전에, 당신이 무엇인가에 의해 곤란해졌다고 말할 수 있기 전에, 분노, 우울, 행복감 혹은 과민함 등과 같은 애매모호한 분위기가 퍼져 있는 것이다.

분위기(moods)란 무엇인가? 보통 심리상담사나 정신과 의사의 업무로 여겨지지만, 분위기는 또한 초자연치료사들이 정령 형상, 협력자 그리고 유령 등을 선호하는 영역이다. 분위기 이면에는 파괴하고 창조할 수 있는 가상현실이 존재한다. 물리학자들은 일반적으로 분위기를 연구하지 않으며, 장(場)이라고 부르는 것에 더 관심을 지니고 있는 것처럼 보인다. 여기서 장이란 어떤 힘이 영역 내의 모든 점들에 대해 그 영향력을 나타내는 범위나 영역이다. [중력이나 전자기(電磁氣)와 같은] 그러한 장들은 떨어져 있는 물체들을 옮기는 것처럼 보인다. 무시무시한 형상들 대신에, 입자 물리학자들은 창조와 소멸을 진행하는 장의 가운데에 보이지 않고 그리고 거의 측정할 수 없는 입자들을 상상한다. 마치 무서운 유령과 형상들이 당신 마음의 무(無)에서 뛰쳐나오는 것과 같이 물질과 반물질도 장의 무에서 뛰쳐나온다. 이러한 입자들은 마치 당신이 자신의 분위기 이면의 형상들에 의해 파괴되는 것처럼 입자 자체의 대응체를 소멸시킨다. 분위기와 장은 여러 가지 면에서 공통점을 가지고 있다. 그 비교를 다음에 정리하였다.

심리학	—	물리학
분위기 (우울증 같은)	—	**장** (전자기와 같은)
당신 (당신의 정상적 자아 같은)	—	**물질** (전자와 같은)
꿈 인물 (비판가 같은)	—	**반물질** (양전자와 같은)
창조 (내부 인물/형상의)	—	**창조** (새로운 입자의)
소멸 (당신의 정상적 자아가 일시적으로 제거되는 변형상태)	—	**소멸** (한 입자가 자체의 반입자와 충돌하여, 그 둘이 모두 파괴되며 에너지를 방출하고 다른 종류의 입자들을 방출함)

예를 들어, 견디기 어렵거나 우울한 분위기 이면에는 어떤 비판적 형상이 숨어 있을 수도 있다. 밝은 분위기 이면에는 활기찬 어린아이가 있을 수 있다. 중요한 점은 장이나 분위기 모두 그 이면에는 꿈같은 형상과 그들의 잠

재적인 방향이나 경로가 있다는 것이다. 만일 당신이 이러한 형상들과 접촉이 되지 않는다면 그들은 꿈에서 당신을 제거할 수 있으며 심지어 당신을 소멸시킬 수도 있다. 이것은 어쩌면 의식의 변형상태가 일상적 삶에 퍼져 있다는 것을 의미할 수도 있다. 반면에, 만일 당신이 자신의 분위기나 장 이면에 있는 꿈 인물을 알고 또 함께 흐를 수 있다면 당신은 더 창조적으로 느끼게 된다.

입자 물리학의 표준 이론에서, 힘의 장인 역장은 그 장의 힘을 운반한다고 가정하는 그것들의 가상 입자에 의해서 대체 될 수 있는 것들이다. (양자전기역학의 형태와 이것의 양자 역학이라는 개념으로의 발전에서) 표준 이론의 주 개발자인 리처드 파인만은 전기장과 자기장에 대해서 연구했다. 그는 장을 많이 믿지는 않았다. 누가 자기장이나 전기장 같은 거시적 장을 필요로 하는가? 어쩌면 그는 나쁜 분위기라는 것은 아예 존재하지 않는다고 말하는 초자연치료사와 같은 사람이었다. 대신 뒤에서 당신을 놀라게 하는 꿈 형상이 있다고 주장해 왔다. 그는 그러한 형상을 가상 입자라고 불렀다. 사람들이 전하를 띤 두 금속 조각 사이의 전자기장으로 생각하는 것은 그에게는 힘을 전달하는 광자와 같은 가상 입자인 것이다([그림 9-1]).

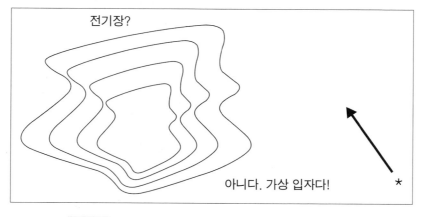

그림 9-1 장은 가상 입자에 의해 대체될 수 있다.

분위기 이면에 있는 경로들

이러한 양자물리학의 수학적 이론이 실험적 결과를 설명하는 데 매우 유용하기 때문에 사람들은 그것을 믿고 있다. 양자 장이론 역시 우리에게 심리학에서 꿈 세계에 대한 힌트를 준다. 다음의 내적 경험을 사용하여, 당신 자신의 경험이 그것을 당신에게 모두 설명하도록 하여라.

잠시 당신 주위의 대기(大氣)를 느껴 보아라. 그 대기가 맑은 하늘 또는 흐린 날씨와 같이 일기예보로 설명될 수 있다는 아이디어를 실험해 보자. 잠시 당신 주변의 대기를 느껴 보고, 당신이 그것을 느낄 수 있을 때, 그 대기를 표현하기 위해서 당신의 손을 사용해 보아라. 그 대기를 표현할 수 있도록 제스처를 만들어 보아라. 어떤 종류의 사람 혹은 사람들이 이러한 제스처를 만들 수 있을까? (당신이 알다시피, 가상 형상이 대기나 분위기 뒤에 존재할 수 있다.)

이제 당신이 어떤 손 제스처를 만들고 꿈같은 형상을 알아차리고, 스스로에게 공간에서 어느 방향으로 이 특정한 손 제스처가 향하고 있는지 또는 끌려가는 것을 느끼는지 물어보아라. 공간에서 어느 방향으로 이 손 제스처가 가고 있는가? 당신이 준비되었을 때, 당신의 상상 안에서 그 방향으로 걷고, 당신의 분위기 형상의 방향으로 걷고 있는 당신 자신을 느껴라. 아마도 어떤 의미 있는 경험이 그것으로부터 당신에게 나타날 것이다. 그 방향이 당신에게 어떤 의미가 있는가? 내 생각에는 이러한 분위기, 손 제스처 그리고 꿈 형상의 방향은 당신이 가졌던 최근의 꿈이나, 생각들, 느낌 등을 명쾌하게 해 줄 수 있을 것이다.

분위기는 소멸될 수 있다

분위기 혹은 대기 그리고 장은 꿈같은 형상이나 부분들로 표현될 수 있다.

이러한 형상이나 부분들은 아주 놀랍거나, 소멸될 수 있다. 어떤 신랄한 비평가를 생각해 보자. 당신이 마지막으로 사람들에게 무엇인가를 발표해야만 했던 것을 기억하는가? 단순히 당신을 힘들게 했던 그런 사람들을 편안하게 생각해 보아라. 만약 당신이 당신의 알아차림을 사용했다면, 당신이 그 방에 들어가기도 전에, 당신은 분위기에서 편안하지 못한 장을 알아차렸을 수도 있다. 아마도 당신이 내면 비평가라고 일컬을 수도 있는 무엇인가가 주위에 있었거나, 또는 아마도 당신이 그 집단의 실제 사람들 중 한 사람이 당신을 반대한다고 상상했을 수도 있다. 어떠한 경우라도 당신이 마침내 그 집단에 들어갔을 때, 당신은 편집증을 느꼈을 수도 있는데, 몇몇 사람들의 모습이나 소리들이 당신을 두렵게 하거나 심지어는 당신을 소멸시키는 것처럼 보일 수 있다. 아마도 비판적 모습의 사람들 중의 하나는 당신을 미치게 만들고, 당신을 괴롭히며, 당신을 피곤하게 만들 수 있다. 잠시 후 당신은 그 장에서 나오면, 무엇이 일어났는지 스스로도 놀라게 된다.

이 모든 것은 장이론으로 묘사될 수 있다. [그림 9-2]에 있는 그림의 이야

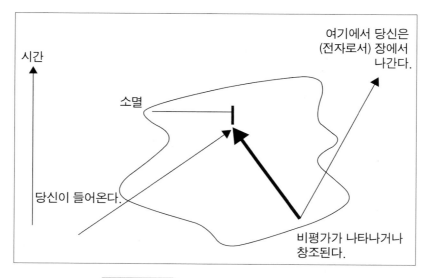

그림 9-2 분위기, 장, 창조 그리고 소멸

기 선은 당신이 방금 고려했던 표현에 관한 것이다. 당신은 왼쪽 아래에서 장이나 혹은 방으로 들어와서 오른쪽 위쪽으로 나간다. 당신이 들어왔을 때, 비평가가 갑자기 나타났다. 비평가는 부분적으로는 실제이고 부분적으로 상상이다. 당신은 탈진한 것을 느끼며, 잠시 후 방을 빠져 나간다.

양자의 장을 통한 경로

이제 파인만의 장(場)의 양자이론에서 몇몇 기본 패턴에 대해 생각해 보자. 파인만의 양자 장이론에 대한 나의 요약은 다음과 같다. 이미 말한 것처럼, 창조, 소멸 혹은 내가 분리라고 부르는 세 가지 과정 모두 또는 그중 하나의 과정이 장에서 입자, 사물, 사람 또는 초자연치료사에게 발생한다.[2]

파인만은 입자가 장에 들어갈 때, 무슨 일이 일어나는지 우리는 정확하게 알 수 없다는 것을 깨달았다. 우리는 단지 그것이 새로운 방향으로, 또는 원래의 방향을 변경하면서 그 영역을 떠났다는 것을 알 뿐이다. 그는 우리가 물질적 입자인 전자가 전자기장에 들어가고, 그 장에 의해 움직였다는 것만 안다고 말했다. 그러나 어느 누구도 장에서의 입자의 정확한 경로를 추적할 수 없기 때문에 우리가 확실하게 말할 수 있는 것은 그다음에 전자가 방향을 바꿨다는 것이다. 우리는 그 장에서 일어난 것에 대해 확실하게 알지 못하기 때문에, 물리학의 수학적 패턴을 연구하고 발생했을 것에 대해 추측을 하지 않을 수 없지 않는가? 무엇보다도 이러한 패턴들은 우리에게 과정의 시작과 마지막에 발생한 것을 알려 주며, 아마도 그것들은 중간 과정에 대해서도 설명할 수도 있다. 파인만은 몇몇 다른 과정들이 발생했을 것이라고 추측하였다.

한 시나리오에서 전자는 왼쪽 아래의 장으로 들어간다([그림 9-3]). 그와 동시에 오른쪽 아래에서는 전자-양전자(혹은 물질과 반물질) 쌍이 무(無)로부터 만들어지고 있다. 우리가 어떻게 알 수 있는가? 수학은 이러한 가능성을 예측하며 그것이 실험적으로도 의미가 있다고 판명되었다. 완전히 만족할 만한 설명을 받아들이는 사람은 아무도 없다. 장의 중간에서 순간적으로 우리는 원래의 전자와 이것의 반물질적 반대 대응체인 양전자를 가지고 있다.

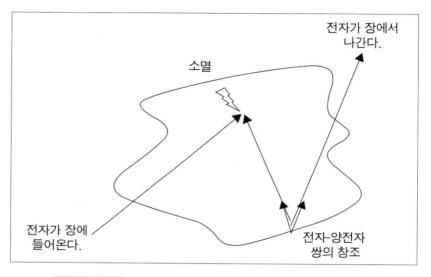

그림 9-3   쌍의 창조를 포함하는 장을 통하는 전자 경로

이것은 들리는 것처럼 그렇게 이상한 것은 아니다. 장에서 당신 자신에게 일어나는 것의 그림을 그려 보자([그림 9-4]). 그림을 그리는 초기에는 단지 당신(왼쪽 아래로 들어가는 전자)만이 있다. 그리고 잠시 후 무엇인가가 당신의 머리로부터 튀어나오고 갑자기 서로 다른 두 모습의 당신(전자-양전자 쌍)이 있게 된다. 그곳에는 원래의 당신과, 당신을 좋아하지 않는 비평가의 꿈 버전이 존재한다. 꿈 비평가는 일종의 반물질적 반대, 즉 대응체, 일종의 당신이 아닌 당신(not-you)이다.

물리학에 있어서 물질-반물질 쌍, 전자와 양전자 쌍은 매우 짧은 시간에만 존재한다. 양전자는 본래의 전자를 소멸시킨다. 이러한 소멸은 많은 에너지를 생성한다. 그리고 잠시 후 두 번째 전자가 장을 떠나게 되며(원래의 전

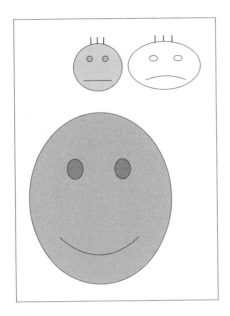

그림 9-4 무에서 나타난 또 다른 당신과 대응체의 창조

자는 방금 소멸되었다.) 본래의 방향으로부터 약간 변경된 방향으로 진행하며 장으로부터 벗어난다([그림 9-3]). 반물질의 존재와 원래 전자의 변형은 실험적으로 증명되어 왔다.

그러나 QED(양자전기역학)은 그보다 더 심오한 것을 예측한다. 파인만은 또 다른 가능한 과정이 이면에 존재한다고 설명했다. 첫 번째 시나리오에서 전자-양전자는 무에서 창조된다([그림 9-3]). 반물질 입자는 원래의 들어온 전자를 소멸시키기에 충분히 오래 존재한다. 그러나 물리학의 방정식에 의해 허용된, 다른 가능한 시나리오에서는 원래의 전자가 공간을 유동적으로 움직이지만 그러나 시간을 통해서 앞뒤로 움직인다([그림 9-5]). 이 시나리오에는 전자-양전자 쌍 혹은 물질-반물질 쌍의 창조는 없다.

이러한 시간-역전 과정은 아주 특이하다. 그것은 양자물리학의 수학에 대한 여러 해답 가운데 하나이며, 원래의 전자는 소멸될 필요가 없다는 것을 의미한다. 실제로 자발적인 전자-양전자 쌍의 창조는 전혀 없다. 대신, 새로

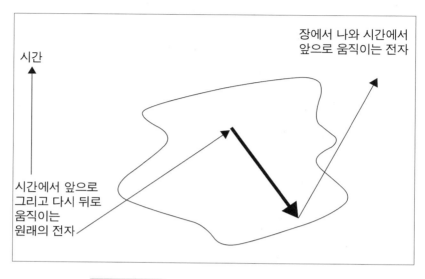

시간

장에서 나와 시간에서
앞으로 움직이는 전자

시간에서 앞으로
그리고 다시 뒤로
움직이는
원래의 전자

그림 9-5 장들을 통과하는 초시간적 경로

운 과정에서 원래의 전자는 시간으로부터 분리된다. 일상적 실재 CR에서 모든 것이 하는 것처럼 앞으로 움직이는 대신에, 방정식은 전자가 시간-역전의 시간을 거스르는 경로를 따를 수도 있다고 증명하고 있다. 어느 누구도 이러한 장을 통하는 초(超)시간적 경로의 가능성을 실험하지 못했다. 왜냐하면 어느 누구도 시간에서 거꾸로 가는 사물들을 측정하는 방법을 알지 못하기 때문이다.

최근까지 물리학자들은 이러한 '시간을 초월한' 가능성을 무시했었다. 이제는 그러한 것에 대해서 생각하는 것이 더 일반화되고 있다.[3] 여전히 아직도 대부분의 물리학자들은 시간 역전인 거스름과 같은 수학적 가능성에 대해서 관심을 가지고 있지 않다. 결국 무엇보다도 비록 수학이 관찰 가능한 실제에 대한 이해에 도움을 준다 해도, 그 똑같은 수학이 일상적 실재 CR에서는 결코 나타나지 않았던 양자 세계에서 많은 상상적인 상황을 제안하였다. 시간을 거슬러 간다는 것은 아직 지금까지는 관찰되지 않은 그러한 상황 가운데 하나다.

초자연치료사의 선택

　수학적 가능성이 오늘날의 일상적 실재 CR에 매우 비합리적인 것으로 보이기는 하지만, 심리학자와 초자연치료사는 공간과 시간의 경계에서 발생하는 사건들을 다루기 위해서 자주 시간에서 벗어나야만 한다. 당신은 얼마나 자주 당신의 상상에서 과거로 되돌아갔으며 또한 그곳으로부터 빠르게 바로 되돌아 왔는가? 당신은 몇 번이나 자신의 개인적 역사에 대해서 생각해 보았는가?

　시간으로부터의 분리라는 파인만의 개념에서, 원래의 전자는 시간으로부터 자유롭게 움직인다(그림 9-6). 이러한 분리에 대한 심리학적 유사는 당신이 이완되고 당신의 정체성을 잊을 때, 그리고 역사에서 앞뒤로 움직일 때 생겨난다. 당신이 이것을 의식적으로 시행할 때, 당신은 일종의 형상-변형의 초자연치료사가 된다. 만약 당신이 더 이상 시간과 사회적 실재의 명령에 따라야 할 의무를 느끼지 않고 오히려 어떤 힘, 스트레스적 자극, 압박 혹은 분위기를 따른다면 당신은 자신이 개발하기 위해 자신의 삶을 소비해 왔던 정체성을 일시적으로 이완시키는 것이다. 그러면 당신은 장이 당신을 주위로 움직이도록 하는 것이다. 당신은 소위 꿈같은 프로세스를 따라 움직이면서 자신의 자의적 알아차림을 사용하고, 사소한 것들을 인식하며, 양자 신호교환에 따라 움직이며, 자신의 보통의 자아-정체성을 떠나고, 당신 자신을 역전시킨다. 당신은 사람들이 시간이라고 부르는 것을 초월하는 경험으로 꿈꾸기 공간 속으로 여행하는 것이다.

　이런 방법으로, 당신이 긴장된 또는 또 다른 곤란한 상황에 들어갔을 때 당신은 당신의 일상적인 정체성을 떠나보낼 수 있으며, 땅이 당신의 양자나 침반을 사용하여 당신을 지시하는 길로 흐르게 할 수 있다. 물론 당신은 언제나 일을 하는 자신의 일상적인 방법을 주장하면서, 어떠한 경우에도 앞으로 진행하는 시간을 지킬 수 있다. 그러나 만일 당신이 분위기와 감정을 너

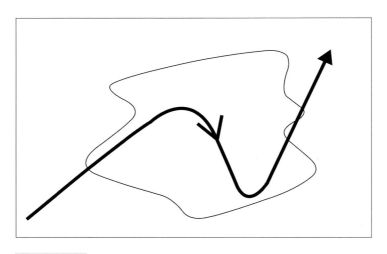

그림 9-6   시간에서 자유로운 초자연치료사(또는 전자)의 경로

무 오래 억압한다면, 당신은 아마 일상적인 삶을 저주하기 시작할 것이며 또는 최소한 그것의 스트레스나 불가능성에 대해 많은 불만을 가질 것이다. 당신이 시간에서 앞으로의 움직임을 더 지킬수록, 그러한 분위기는 당신을 포함하게 될 것이며 당신은 점점 더 죽음과 소멸에 대해 두려워할 것이다. 시간에서 앞으로의 움직임은 분위기들이 관계 문제나 의학적 공포로 변할 때 그 분위기에 의해 위협을 받게 된다.

그러나 서로 반대 방향의 경로들 사이에서 시간의 안과 밖으로 움직이는 이러한 유동적인 움직임은 무엇인가? 무엇이 당신을 또는 당신 안의 초자연치료사를 당신의 일상적인 자아, 리틀u의 방향으로 먼저 움직이도록 허용하며, 그리고 나서 소위 방향을 바꾸고 당신을 공격하기 위해 위협하고 있는 무엇인가의 방향으로, 역광의 방향으로 거꾸로 여행하도록 하는가? 당신이 그러한 분리를 가지고 있으며 당신을 공격하고 있는 것의 본질을 포용하거나 수용할 수 있다는 것을 내가 아는 유일한 방법은 빅U 태도를 가지는 것이다. 이것은 지지하는 경향성과 그것의 분명히 반대되는 경향성을 통해 그것들이 모두 유용한 것으로 보며 당신의 가장 깊은 심오한 자신—당신의 인도

파장—을 따라 움직이는 것을 의미한다. 그것이 분위기와 장을 통과하는 가장 쉬운 방법이다.

만성피로

　나는 수년 전에 만난 한 내담자를 기억하고 있는데. 그녀는 자신의 정상 경로가 심사숙고와 힘든 노동을 포함하고 있다고 자랑스럽게 이야기했지만, 그러나 항상 지쳐 피곤하다고 불평했다. 실제로 나와 상담을 하려는 이유는 그녀가 계속되는 만성피로로 고통받고 있기 때문이었다. 그녀는 만성피로와의 여러 증상들에 대해 심하게 불평하였다.

　우리의 첫 상담에서, 나는 그것이 그녀에게 어떤 의미이든, 그녀가 자신의 가장 깊은 자아를 기억하고, 자신의 문제를 탐구하는 데 그녀의 가장 자의적인 신체 알아차림을 사용할 것을 제안하였다. 처음에는 그녀는 자신의 질병 주위의 분위기 장을 두려워했다. 그녀는 자신이 결코 자신의 피로에 굴복한 적이 없다고 말했다. 그러나 여러 주 동안의 상담기간과, 나의 격려로 그녀는 자신의 신체에게 그것의 가장 깊고도 심오하고도 최선의 방향이 무엇인지 물었다. 그녀가 마술이라고 말했던, 땅을 기반으로 한 방향(빅U)을 발견하고서 그녀는 피로에 대한 두려움을 떨치고 피로에 대한 그녀의 감정을 탐구하기 위해 일시적으로 더 집중된 것처럼 느꼈다. 그녀는 자신의 신체를 느끼고 따르기 시작했으며, 그리고 그녀가 어떤 힘에 의해서 자신이 아래로 끌려가고 있는 것을 느꼈다고 말했다. 그녀는 내 상담실 창 앞에 무릎을 꿇었고, 돌연히, 그녀는 자신이 자유롭게 날아다니며 집을 떠나는 새인 것같이 느낀다며 소리치면서 자신의 팔을 공중에 들어 올리고 일어섰다. 그녀는 웃으면서 활기를 찾고는 자신이 다시 어린아이같이 느낀다고 말했다. 나에게 돌아서면서 그녀는 매일매일의 실재에서 그렇게 자유롭고 독립적으로 산다는 것이 놀랍게 느껴질 것이라고 설명하였다.

그녀가 그러한 만성피로 장에서부터 벗어나면서 그녀는 마술의 방향에 자신을 집중하는 것이 그녀로 하여금 자신의 신체를 믿고 그것을 따르며 그 무릎 꿇기 자세를 하도록 허용했다고 내게 설명했다. 그리고 그녀는 자신의 일상적 삶이 그녀에게 적합한 것은 아니었다는 것을 깨달았다고 말했다. 시간 스트레스가 너무 컸다. 그녀는 더 이상 자신의 직장에서 일하는 것에 흥미가 없어졌으며, 심지어 엄마나 파트너가 되는 것도 마찬가지였다. 실제로 그녀는 자살을 심각하게 고려해 왔었다고 말했다. 이제 어린아이가 다시 되는 행복한 경험이 그녀를 놀라게 하였다. 새처럼 날아다니는 경험은 그녀에게 큰 위안을 주었다. 몇 번의 상담 후 그녀가 자신의 직업과 자신의 남편과 아이에게 대해 새로운 태도를 만들어 내기를 원했다는 것이 밝혀졌다. 이러한 새로운 태도는 그녀의 신체를 더 따르기에, 그녀가 했던 모든 것에서 꿈꾸기와 비행(flying)과 연관이 있었던 것이다.

이 장에서의 표현을 사용하면, 우리는 그녀가 자신의 빅U 경험에 자신을 집중시킴으로써 더 분리된 태도를 발견했다고 말할 수 있다. 자신에게 집중하고 그녀의 장 알아차림을 사용함으로써 그녀를 소멸시키려고 위협해 왔던 그녀의 만성피로는 땅으로 내려가고 시간에서 어린 시절로 되돌아가는 경로가 되었다. 그곳에서부터 그녀는 새처럼 날아서 (적어도 그때에는) 만성피로의 장을 떠나 현재로 돌아왔다. 그녀의 징후들은 소모적인 분위기―그녀의 에너지를 빼앗는 역광(반물질!) 경험―를 만들었다. 그녀는 만성피로가 자신을 반대하는 것처럼 느껴 왔다([그림 9-2]). 자신에게의 집중과 그리고 자신의 경험과의 함께함이 그녀가 일상적 시간에서 벗어나서 경험과 함께 흐르도록 도왔다. 어쩌면 우리의 상담기간 동안 그녀는 시간에서 거꾸로 움직였으며, 그러고 나서 미래를 향해 앞으로 움직였다. 더 넓은 관점에서, 그녀의 만성피로의 장은 단지 문제라기보다 기회였던 것이다([그림 9-5]).

모든 사람과 모든 사물은 빅U에 대한 잠정적 분리와 유동성(fluidity)을 갖는다. 때때로 모든 사람은 일시적으로 시간에서 벗어나서 다양한 방향을 탐구한다. 아마도 모든 사람은 시간에서 벗어나고 반대의 경험들에 끌려 내려오는 대신 함께 움직이는 선택인 초자연치료사의 잠재력을 가지고 있는 것 같다. 돈 후안은 만약 우리들이 보통의 실제에서만 살도록 선택했다면 우리들은 결국 삶을 저주할 것이라고 말했다. 나의 제안은 당신이 어려운 장을 만났을 때 당신의 빅U를 찾고, 일시적으로 시간에서 벗어나서 당신의 알아차림을 사용하라는 것이다. 그러면 당신은 자의적 알아차림의 흐름이 당신을 당신의 세계를 재창조하는 모든 가능한 방향들을 통해 앞뒤로 움직이도록 할 수 있을 것이다.

생각해 봐야 할 것들

- 사람과 입자는 공통점이 많다.
- 물리적 장과 심리적 분위기는 가상 형상들과 경로들을 포함한다.
- 대기는 우리를 소멸시키는 힘을 가지고 있다. 그러나 빅U로서 분위기는 또한 경험과 창조성의 새로운 형태들로 인도할 수 있다.

지그재그하기와 프로세스 지혜

위대한 곧음은 휘어진 것처럼 보인다.
– 노자(老子)[1]

　　초자연치료사는 시간과 역사(歷史)에서 앞뒤로 움직이며, 변화를 만들고 존재의 새로운 형태로 형태-변형을 한다. 만일 당신도 같은 것을 원한다면 당신은 자신의 일상적 실재 CR 정체성으로부터 분리하여 마음을 약간은 변형된, 꿈과 같은 상태로 완화할 필요가 있다. 삶에서 여러 가지 대립되는 경향성과 함께 움직이려면, 당신은 창조성이 일어나도록 허용할 필요가 있다. 아침에 잠에서 깨어나는 처음 순간을 기억하여라. 또 꿈같은 어렴풋한 느낌을 기억하여라. 당신은 이미 많은 경험들을 떠나보냈다. 매일 밤 잠자기 전에 당신은 당신의 꿈꾸기 마음이 조직하는 힘인 빅U가 당신을 인도하는 대로 따라가도록 허용해 보아라. 그것은 하부 상태들로부터 분리하는 데 필요한 총체성을 가지고 있으며, 그러나 그것은 당신을 방해하는 그것, 시간에서 앞으로 움직이며 또한 뒤로 움직이는 그것을 포함하여 당신의 내면적 방향들의 어떤 것이나 전체를 인정한다. 빅U의 관점에서 보면, 그 모든 것들에 대해 무엇인가 '괜찮다'는 것이 있다. 빅U는 단순하게 지혜가 아니다. 차라

리 그것은 당신의 평행세계들의 다양성을 통해 그 자체를 알려고 시도하는
이종의 중첩적인 지성이다. 나는 이러한 지성과 능동적으로 참여하는 것을
'지그재그하기(zigzagging)' 또는 '프로세스 지혜'라고 부른다.

지그재그하기와 자유 연상

지그재그하기는 프로세스 지혜다. 그것은 자유의 느낌과, 어떠한 경로가
나타나더라도 그 경로를 따르는 것에 대한 알아차림이나 흥미에서 나타난
다. 그것은 너무나 기본적 욕구인 것처럼, 만일 무시한다면 그것은 많은 사
람들이 '벗어나려는' 물질들을 찾도록 한다. 술(알코올)과 다른 물질(마약 종
류)들은 우리가 깨어 있는 동안에도 꿈을 꾸도록 한다([그림 10-1]). 당신이
취했을 때 당신이 걷는 길은 많은 방향들에 대해 '예'라고 말하고 있는 하나
의 길이다.

　프로이트의 위대한 정신분석학 방법 가운데 하나인 자유 연상은 지그재
그하기의 한 방식이다. 일반적으로 자유 연상은, 깊은 심오한 경험이 나타나
도록 허용하는, 사고(思考)의 자발적이며 검열되지 않은 표현을 포함하고 있
다. 내가 10대 때, 청소년의 열병에서 벗어날 수 없었을 때, 나의 주치의는
나를 치료를 받도록 보냈다. 그는 내가 심리적 문제를 가지고 있다고 생각했
다. 나를 도울 사람은 프로이트파의 정신분석가였으며, 그는 커다란 가죽 소
파를 가지고 있어 나에게 그곳에 누워 편안하게 있으라고 말했다. 그래서 나
는 그 프로이트 소파에 누워 머리를 기대자, 그는 이렇게 말했다. "내가 어떤

그림 10-1 　술(알코올)과 지그재그하기

단어를 말할 때, 자네는 무엇이든지 생각나는 대로 말해 봐요. 그저 자네 자신이 자유롭게 연상시키도록 해 봐요." 와, 그것은 정말 대단했다. 만약 당신이 그런 시도를 해 보지 않았다면, 꼭 해 보기 바란다. 자유 연상법이 그렇게 널리 퍼진 이유 하나는 우리가 보통 밤에 꿈을 꾸려고 남겨 놓은 것들을 말하면서, 그것이 우리를 지그재그하기 시작하도록 자유롭게 하기 때문이다. 자유롭게 연상한다는 것은 우리가 전체 경로를 보기 전까지 다양한 방향들 사이에서 앞뒤로 움직이는 지그재그하기와 경로 알아차림의 언어 표현이다. 나의 경우, 그 프로이트 정신분석가와 연관하기와 모든 나의 연상들을 통해 지그재그하기가 나의 열병을 치유하는 데 도움이 되었다.

브레인스토밍과 피카소

지그재그하기는 브레인스토밍 이면에 존재한다. 1888년 뉴욕 시에서 태어난 오즈번(Alex F. Osborn)은 자신의 광고회사의 회의에서 일부 젊은 직원들이 전혀 의견을 말하지 않는다는 것을 알아차린 후, 브레인스토밍 회의에 대한 아이디어를 떠올렸다.[2] 그는 브레인스토밍에 네 가지 측면이 있다고 느꼈다.

- 최종판단은 미룬다. 어떠한 아이디어도 거부되면 안 된다.
- 아주 혁신적인 아이디어일수록 더 좋다.
- 아이디어가 많을수록 더 좋다.
- 다른 사람의 아이디어를 발전시키고 보완하는 것뿐만 아니라 새로운 아이디어를 창조하여라.[3]

나는 이러한 네 가지 특성을(개인은 물론 팀의 창조성에 결정적인) 지그재그하기와 연관시켜 재공식화하려고 하며 그리고 다섯 번째 항목을 추가하고자 한다.

- 당신의 알아차림을 사용하여라. 혼자 있을 때나 다른 사람들과 함께 일할 때 떠오르는 모든 경험, 느낌, 아이디어들을 알아차리고 기록하고, 탐구하여라.
- 역광과 같이 보통의 평범한 삶에서 멀리 벗어난 혁신적인 아이디어들이 가끔은 최선이며, 가장 최신 정보를 가져온다.
- 아이디어와 경로가 많으면 많을수록 프로세스는 더 완성된다.
- 당신의 브레인스토밍 과정은 비국소적이다. 당신이 다른 사람과 연상시킨 생각들을 포함해서 몇 문제들에 대응하며 생각하는 모든 것들이 문제해결에 필요하다.
- 브레인스토밍에서 발생하는 가장 놀랍거나 감정적인 지그재그하기는 다음 단계에서 필요한 발견 가운데 하나일 수 있다. 처음에는 브레인스토밍의 지그재그하기는 마치 한동안 연락이 없었던 다양한 친구들 사이의 대화처럼 무작위적인 것처럼 보인다. 과거로 거슬러 올라갈 때에만 그것이 합리적이고 중요한 것처럼 나타난다.

지그재그하기는 어떠한 창조적인 이해에서도 본질적이다. 피카소는 가장 위대한 지그재그하기 인물이었다. 나는 이것을 언젠가 내 아내 에이미가 피카소에 관한 영화 〈피카소의 신비(Mystery of Picasso)〉를 보여 줬을 때 깨닫게 되었다([그림 10-2] 참조). 그 영화는 피카소가 그림을 그린 화지(畵紙)의 뒷면을 관찰함으로써 예술가의 창조적 과정을 조사하였다. 영화 전체적으로 카메라는 당신에게 화지를 통해 흐르는 23번이나 다른 잉크 페인팅을 보여주고 있다.[4]

가끔 그는 화지의 왼쪽 아랫부분에서 시작하다가 무의식적으로 오른쪽 위로 붓을 옮긴다. 그러다가 붓은 갑자기 화지의 또 다른 부분 등에 나타나곤 한다. 나는 이러한 순서를 컴퓨터로 왼쪽 위에서 오른쪽으로 그리고 그 아래의 선까지 이르는 그림으로 그려 보았다([그림 10-2]).

나는 결코 피카소가 아니지만 그러나 당신이 나의 선 그림으로부터 지그

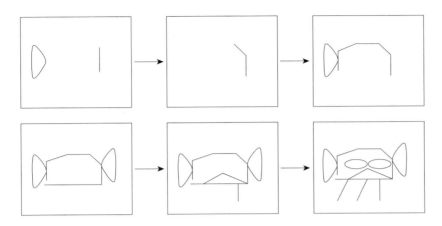

그림 10-2   왼쪽 위에서 시작하는 나의 지그재그하기 피카소 그림
피카소는 한 점에서 그림을 그리기 시작하다가 갑자기 화지의 반대편 다른 점으로 이동하였다.

재그하기의 아이디어를 이해하기 바란다. 나는 내가 그리고자 하는 것을 확실히 알지 못한 채로, 하나의 선을 그리고 주어진 그림의 다른 쪽으로 옮기려고 했다.

사람과 입자는 지그재그하기 존재들이다

사람과 입자는 모두 지그재그하기를 한다. 파인만은 그것을 멋있게 표현했다. "입자들은 모든 경로를 탐색해야만 한다." 매일매일의 실재에서 모든 방향과 그림에 더 추가하기 위해서, 입자는 자체의 모든 다양한 방향을 탐색해야만 한다. 당신이 앞에 놓인 책이나 컴퓨터 스크린을 보기 위해서는 빛의 입자가 책에서 반사되어 나오거나, 컴퓨터 스크린에서 방출되어야만 한다. 이 빛의 입자들이 당신에게 직접 가는 것일까? 아니다. 일부 빛은 당신이 앉아 있는 곳으로 직접 당신에게 가지만, 다른 일부 빛은 도쿄나 모스크바 혹은 달을 거쳐서 온다. 당신이 책이나 컴퓨터를 보기 위해서는 빛의 가능성 파동은 우주의 어느 곳이든 여행하며 마침내 합쳐져서 당신이 책을 보거나 컴퓨터를 볼 수 있게 되는 것이다. 비록 우리 인간들은 오직 가장 일반적인 경로에만 초점을 맞추고 믿으며 모든 다른 환상이나 겉보기 허위 인식은 잊으려고 하지만 자연은 모든 가능한 경로를 탐색한다(그리고 우리는 다음 장에서 알게 되겠지만 자연은 가장 쉬운 경로를 선택한다.). 그러나 프로세스 지혜라고 하는 관점에서 볼 때, 결코 허위 인식이란 없으며 단지 평행세계만이 있다.

프로세스 지혜는 트룽파(Chogyam Trungpa-미국 콜로라도 주 보울더 시 나로파[Naropa] 대학교의 설립자)의 '혁신적 지혜'와 같다. 그의 저서 『혁신적 지혜(Crazy Wisdom)』에서, 이를 그는 발생하는 모든 것을 평가할 때 필요한 열린 마음이며 순수한 마음 상태로 설명하고 있다. 그는 이 마음의 특성을 이른 아침, 신선하고 생기에 찬 그리고 완전히 깨어난 상태와 동등하게 같다고 하였다. 그의 책은 혁신적 지혜를 불교를 티베트에 전수한 존경받는 인도 스승인 파드마삼바바(Padmasambhava)의 삶과 결부시킨다. 트룽파의 제안 중 하나가 모든 우리 경로들의 존재를 주목하라는 것이다.

지금이나 또는 당신이 오늘밤 잠자러 가기 전에, 자신의 혁신적인 지혜나 지그재그하기와 프로세스 지혜에 대해 탐구해 보아라. 연필을 들어 종이에 연필 끝을 대고 연필이 여러 지그재그 선을 그리도록 하여라. 그 결과로 나타나는 그림이 당신이 오늘 밤 꿈꿀 것에 대해 말해 줄 수도 있다([그림 10-3]). 당신 자신이 그린 그림으로부터 당신은 연필로부터 나타나는 움직임의 전체

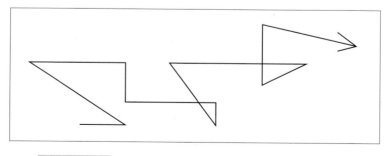

그림 10-3 꿈을 예측하기 위한 취침시간 지그재그의 예

방향과 중요성의 가능한 의미를 예측하고, 느끼고, 볼 수 있게 될 것이다.

창조성과 지그재그하기

프로세스 지혜를 당신의 더 큰 프로젝트 중 하나에 관해 당신이 가졌을 수도 있는 의문들에 대해 적용해 보자. 이 프로젝트는 지금 당신이 일하고 있는 어떠한 것도 될 수 있다. 우리들은 이 프로젝트에서 당신을 인도하도록 도울 빅U를 찾기 위해, 마지막 그림을 창조해 내기 위해 그것의 다양한 경로를 탐구할 것이다.

먼저 당신이 더 잘 알고 싶어 하는 현재의 또는 기대되는 미래의 어느 작업이나 또는 창조적 프로젝트 또는 일생일대의 과업을 선택하고 논의하여라. 당신이 그것에 관하여 가지고 있는 중요한 질문 하나를 찾아보아라. 그 질문을 기록하여라. 자의(恣意)적으로 느끼면서 구체적으로 묘사하고, 그리고 나서 우리가 앞 장에서 했던 것처럼 당신의 신체가 다음의 다섯 가지 질문을 하나씩 따르도록 하여라.

1. 당신이 자신의 직업/작업이나 프로젝트에 접근하는 **전형적인 방법.** (예; 우울함, 회피, 강요, 학습) 기록한 후 다음과 같이 방향을 표시하라. ➡

2. 당신이 어떻게 정의하든 그 프로젝트의 **우연적인 부분이나 혁신적인 부분.** 기록한 후 다음과 같이 방향을 표시하여라. ⬅

3. **가장 다루기 힘든 측면** (역광)의 경로: 어떤 경우에는 이것이 1이나 2와 같을 수도 있다. 기록한 후 다음과 같이 방향을 표시하여라. ⬆

4. 그 프로젝트에서 **가장 좋은 부분.** 기록한 후 다음과 같이 방향을 표시하여라. ⬇

주어진 질문에 대응해서 당신이 느낀 방향은 동서남북 방향에 관한 당신의 느낌을 따를 수도 있다. 또는 당신이 그곳으로 실제로 움직일 때까지, 충분히 이해하지 못하는 방향으로 단순하게 따르는 것일 수도 있다. 예를 들어, 그 방의 어느 한 코너는 당신에게 특별한 감정과 연관을 가졌을 수도 있다. 요점은 그것이 어떠한 이유로 어느 방향 또는 다른 방향으로 당신을 돌리는 것처럼 당신의 방향적 지혜, 당신의 양자 나침반을 따른다는 것이다. 당신의 신체와 신체의 땅과의 관계가 당신을 인도하도록 하여라. 그 결과는 당신을 놀라게 할 것이다.

프로세스 지혜/지그재그로 마음을 비우고, 그리고 당신의 출발점 '*'에서 시작하여라. 당신의 신체가 방향과 각 벡터(위 1-4)에 대해 몇 걸음 걸어야 하는지 말하도록 하여라. 언제나처럼, 당신이 움직인 공간과 당신 주위의 땅은 당신이 어디로, 얼마만큼 더 움직여야 하는지 결정한다. 우선 먼저, 당신의 전형적인 길을 느끼고 걸어가라. 그리고 나서 우연적인 길을 느끼고 걸어가라. 그리고 경로 4의 끝에서 바닥에 '**' 표시를 하여라.

5. **이제 당신의 빅U를 찾아라**. 당신의 출발점 '*'으로 돌아가서, 당신의 종착점인 '**'까지 자의적으로 걸어라. 당신이 그 빅U를 걸을 때, 당신의 경험을 인식하고, 그것들이 이야기를 창조하도록 하여라. 완결된 이야기는 당신의 처음 질문에 대한 답을 가지고 있을 것이다.

에이미의 뮤지컬 U

나는 이 실습을 아내인 에이미와 거실에서 했다. 그녀는 한 뮤지컬을 작업 중이었는데 그 뮤지컬을 자신이 원하는 많은 목소리와 이야기로 어떻게 연출해야 하는지 모르겠다고 말했다. 따라서 그녀의 첫 질문은 "프로젝트의 모든 부분들을 함께 모으는데 내가 어떻게 해야만 하는가?" 하는 것이었다. 우리는 함께 작업을 시작했다.

에이미는 자신의 프로젝트에 관해 일하는 전형적인 방법이 프로젝트에 대해 깊이 생각하고 다양한 뮤지컬의 가능성을 탐색하는 것이라고 말했다.

자신 주위의 다양한 방향들을 느끼면서, 그녀는 북쪽 방향으로 군인처럼 행진했다. "나의 보통 일반적인 방법에는 심각한 문제가 있다."라고 그녀가 말했다.

그녀가 큰 미소와 함께, 자신의 프로젝트의 가장 우연적인 부분은 오리건 동쪽에 있는 동안 대지로부터 나오는, 그녀에게 노래하는 대지의 음악을 처음으로 들을 때의 큰 놀라움이었다고 말했다. 그래서 그녀는 동쪽 방향으로 걸어갔다([그림 10-4]).

그 프로젝터의 가장 어려운 부분을 발견하고, 그녀는 몇 분 동안 명상을 했다. "오!" 그녀는 외쳤다. "최악의 경우는 내가 몇 뮤지컬 부분을 위해 작곡한 모든 악보들을 잃어버리는 것이다. 그렇게 된다면 얼마나 끔찍할까!" 그리고 그것과 함께 그녀는 다양한 방향들을 느꼈고 중앙 캐나다를 향해서 걸어갔는데, 그곳은 매우 춥고 외지며 오직 짐승들만이 살고 있는 곳이라고 그녀가 말했다.

그녀의 가장 좋았던 부분은 그 프로젝트에서 예술적 가능성에 대한 경험이었다. "당신은 춤추고, 노래하고, 이야기를 하고 그리고 그 모든 것을 할 수 있어!"라고 그녀가 설명했다. 그리고 대지를 느끼며, 그녀는 춤을 추듯이 동쪽 방향으로 움직였다. "다시 동쪽이네. 그러나 이번에는 뉴욕 방향이야."라고 말하면서 그녀는 자신의 답변에 충격을 받았다. 그러나 잠시 생각한 뒤에 그녀는 말했다. "그리니치 마을. 그곳이 창조성이다." 그녀는 거실에서 걸을 수 있는 최대로 움직였으며, 그리고 나서 벽 앞에 멈추어 서서, 종착점의 '**' 표시를 했다.

내가 그녀에게 출발점으로 돌아가서 자의적으로 빅U를 탐구해 보라고 요구했을 때 그녀는 '*'에서 출발해서 천천히 '**'까지 걸었으며 몇 번 반복했다. 그녀는 그 선을 따라 자의적으로 걸었으며 다양한 이미지, 느낌과 리듬들을 경험했다. 그녀는 그 빅U의 경험을 나타내는 제스처를 하고 소리를 내었다. "이러한 빅U의 경로는 전혀 알려지지 않았던 것이다."라는 것을 그녀는 관찰했다. 그 마지막 선을 여러 번 반복해서 걸으면서 그녀는 아주 크게 미소 지

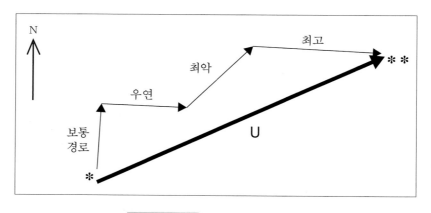

그림 10-4   에이미의 지그재그

었다. "아하! 나는 지금 그린란드로 가고 있다. 나는 지금 놀고 있는 어린 소녀같이 느껴진다." 그리고 조니 미첼(Joni Mitchell)의 노래를 불렀다.

나는 내가 스케이트를 탈 수 있는 강이 있었으면 좋겠네. 나는 강이 아주 길어서 내 발이 날 수 있도록 가르칠 수 있었으면 좋겠네.

에이미(Amy)는 자신이 관습적 사회 문제들로부터 자유롭게 벗어나려고 할 때, 조니 미첼이 작곡을 하고 노래를 한 것이 떠올랐다고 하였다([그림 10-5]).[5] 그리고 그렇게 말하며, 에이미는 미끄러지듯 스케이트를 타기 시작했다. "그 노래는 내가 울고 싶게 만든다."고 눈에 눈물이 맺힌 상태로 말했다. "그린란드. 황무지, 나무들 그리고 그 거대함이 나의 친구다. 이 땅과 그 엄청난 자유는 나의 빅U의 이야기다."

나는 에이미에게 원래의 질문을 다시 읽어 주었다. "프로젝트의 모든 부분들을 함께 모으는데 내가 어떻게 해야만 하는가?" 그 답으로 에이미는 조니 미첼의 노래를 다시 부르고, 자신의 손을 뻗으며 "자연의 모든 것을 받아들여라. 다른 사람들이 원하는 것이 아니라, 자연이 원하는 노래를 자연이 만들도록 하여라."고 외쳤다.

그림 10-5 얼음 위의 조니 미첼-에이미(Amy) 프로젝트의 빅U

에이미는 이러한 경로의 관점에서, 이 강 그리고 그것의 노래, 심지어 그녀의 모든 음악을 잃는 행동조차도 완벽했다고 말했다. 자연은 그녀에게 자신이 일을 하는 것이지 그녀가 일을 하는 것이 아니라고 말했다는 것이다. 그녀의 안내 파동은 신중한 사고(思考), 그리니치빌리지의 예술, 그녀의 악보의 분실과 대지로부터의 음악을 듣는 것 등을 통해서 지그재그하고 있었던 것이다. 그녀는 자신이 이 방향들의 전체였으나 '스케이트를 타는 강'과 가장 가깝게 연관된 것을 느꼈다고 말했다. 에이미의 강의 관점에서 모든 경로들은 필요했던 것이다.

그림붓 되기

어떤 면에서, 모든 삶, 모든 프로젝트는 그 자체의 마음을 가지고 있다. 당신이 마음의 방향과 연결되어 있을 때, 당신은 어떤 것을 실제로 하는 것이 아니며, 오히려 당신은 빅U가 그림을 그리는 데 사용하는 그림붓과 같은 것

그림 10-6 어떤 길?

이다. 이러한 안내 파동은 삶을 감전시키고 두렵고 놀라운 부분을 구성하고 사용한다. 따라서 당신이 어떤 방향으로 가야 할 것인가에 대한 의문을 가질 때마다([그림 10-6]) 그 모든 것들을 시도하여라. 앞으로 움직이기 위해 빅U 를 찾고 그 것으로 긴장을 풀어라.

삶은 놀랍다. 보통 우리는 각각의 밤과 낮이 지니고 있는 매일매일의 점과 선에서 나타나려고 하는 그림을 보지 못한다. 더 커다란 그림이 어떤 한 개 인의 일생 동안 나타나기 위해서는 시간이 필요하다. 삶에는 많은 우여곡절 이 있기 마련인데, 그러나 어떤 면에서, 그것은 하나의 직선이다. 이것이 노 자가 다음에서 의미하고자 한 것이다.

위대한 곧음은 굽은 것처럼 보인다.

생각해 봐야 할 것들

- 자연은 모든 경로를 탐구한다. 자연은 피카소처럼 브레인스토밍을 하고 그림을 그린다.
- 빛의 모든 광선은 당신이 보는 것으로 합쳐지기 전에 이미 모든 곳에서 지그재그하고 있다.
- "내가 어느 경로를 선택해야 하는가?"라는 의문이 생겨날 때, 당신에게 나타날 수 있는 모든 경로를 시도하여라. 그것들이 빅U에 첨가되도록 하고 그리고 계속하여라.
- 당신의 빅U의 '혁신적 지혜'를 개발하여라. 그것의 관점으로부터, 프로젝트의 심오한 비전으로부터, 혹은 당신 삶의 신화로부터, 모든 가능한 경로들은 중요하다.

Chapter **11**
최소작용의 물리학과 합기도

바람이 불 때는 오직 바람만 있다.
비가 내릴 때는 오직 비만 있다.
구름이 지날 때는 태양이 구름 사이로 빛난다.
통찰하기 위해 당신 자신을 열어 둔다면 당신은 통찰을 가진 사람이 될 것이다.
당신은 완전히 그것을 사용할 수 있을 것이다.
당신 자신을 잃어버림에 열어둔다면, 당신은 잃어버린 사람이고
또한 그 잃어버림을 완전히 받아들일 것이다.
- 노자[1]

경로 알아차림은 삶의 다양한 지그재그를 알아차리고 따르기 위해 당신의 자의적(恣意的) 알아차림을 사용하는 것을 의미한다. 보통 세계의 리틀u는 대부분 시간과 공간의 일상적 알아차림을 가지며 지기(地氣)의 아주 작은 느낌과 감각을 과소평가하려는 경향이 있다. 그러나 빅U는 자의적 알아차림에 최대한 접근한다. 그것은 지그재그를 아주 쉽게 따른다. 그것은 당신이 일하는 동안 휘파람을 부는 것과 같다. 알아차림 없이 일만 하는 것은 피곤한 일이다. 그러나 빅U의 음악에 초점을 맞추는 것은 '최소작용'을 낳는다. 당신이 상황의 가장 중요한 패턴, 안내 파동 또는 빅U와 접촉하고 있을 때, 당신은 자신의 양자 나침반을 가장 잘 사용할 수 있다. 그러면 모든 지그재그 경로는 당신의 모든 신화의 경로, 빅U의 측면이 된다. 당신이 자신의 자의적 능력을 잃어버릴 때, 그 결과는 단 하나의 경로, 리틀u, 시간과 동일시하고 있는 것이며, 그것은 종종 스트레스, 증상 또는 사회적 불만 또는 죽음의 위협을 초래하기도 한다.

그리고 당신은 '대체 죽음 (alternative death)'에 대한 초자연치료사의 선택을 할 수 있고, 지그재그하기와 프로세스 지혜로서 시간에서 앞으로 그리고 뒤로 움직이기 위해 시간의 제한된 움직임으로부터 빠져나올 수 있다.

인과성(因果性)과 알아차림

세계 어느 곳에서든 세계 시민으로 살아가는 어른들에게, 삶은 스트레스로 채워져 있다. 사물이 우리가 원하는 방식으로 가지 않을 때 우리는 의기소침하게 되거나 압박을 받기 시작한다. 그러면 우리는 모든 나라들이 그들의 적을 물리치기 위해 군대를 만드는 것처럼, 우리 자신이나 다른 사람을 변화시키기 위해 힘을 사용한다. 이러한 마음의 틀에서, 우리는 인과성에서의 믿음에 고착되었는데, 그것은 우리가 시간을 신뢰하며, 일어나는 모든 것들이 앞선 원인의 결과이어야 한다는 것을 믿는다. 인과성 심리의 반대는 당신으로 하여금 그것들을 수정하도록 허용하는, 아주 작은 것조차의 사려 깊은 자의적 알아차림이다. 인과성 심리와 자의적 알아차림 사이의 차이는 구(球)의 개념으로 이해할 수 있다. 한 관점에서 보면 공의 움직임은 공을 던지는 힘에 관한 인과성의 '법칙' 때문이다. 이와 대조적으로, 공의 움직임에 관한 자의적 알아차림 설명은 물리학자에 의해 연구되는 입자와 같이 공은 모든 경로를 '알아차리기' 위해 알아차림의 몇몇의 원시적 형태를 사용하며, 가장 잘 '느끼고' '최소작용'을 요구하는 것을 선택한다고 주장한다. 공은 최소작용으로 이끄는 자의적 알아차림의 원리를 따른다. 알아차림과 **최소작용**은 목적 및 목적원인론(teleology)(다음 장에서 내가 논의할)과 연관되었을 수 있다.

앞 장에서, 우리는 자의적 알아차림이 우리가 정신이나 물질에 대해 아는 어떤 것보다 앞선다는 것을 알았다. 그것은 순수한 공(쏘), 제로 상태의 진공(眞쏘) 장에 존재하는 것처럼 보인다. 우리가 우주에 관해 알고 있는 다른 모든 것은 각각이 똑같이 동등하게 중요한 여러 수준과 세계로 다양하게 펼쳐지는 이러한 알아차림의 유도체(derivative)인 것으로 나타난다. 자의적 알아차림은 모든 평행세계들의 동등한 타당성을 알아차린다. 나는 그것을 민주주의라고 부른다. 그것은 물리학에서 벡타에 대한 수학적 특징이며 심리학의 중심 원리다. 모든 수준과 부분들, 심지어 역광조차도 모두 필요하다.

만일 우리가 자의적 알아차림을 따른다면, 우리는
- 모든 경로와 자기-반영은 가치가 있다.
- 브레인스토밍과 혁신적 지혜를 통해 많은 가능성을 창조하여라.
- 양자 신호교환과 모든 땅의 방향들을 탐색하여라.
- 우리의 일, 우리의 관계, 우리 집단, 삶 그 자체 이면에 있는 이야기 줄기로 '그것들을 합할 수' 있다.

최소작용

알아차림을 사용하는 것은 당신을 다양한 경로와 빅U의 포괄성의 감각을 이해할 수 있도록 한다. 당신이 빅U에 접근하고 느낄 수 있을 때, 당신의 일상적 마음은 완화되고 움직여지는 것을 느낄 것이다. 거기에는 원인 및 결과에 대한 압박의 느낌은 더 적고, 그리고 최소 노력, 최소작용의 느낌은 더 많을 것이다.

최소작용은 과학의 가장 기본적이고 일반적인 원리의 하나다. 최소작용은 일상의 고전 물리학에서 물체의, 양자물리학에서 입자의, 상대성 이론에서 별의 움직임을 지배한다. 그 원리는 공이 공중에서 움직일 때의 경로, 빛이 유리를 통해 움직일 때 빛의 광자의 경로, 시냇물이 산을 굽이쳐 흐르는 방법, 번개가 땅에 이르는 가장 빠른 경로를 포함하여 가시적인 물리세계 안에서 거의 모든 것에 적용된다.[2]

양자 파동 함수 또는 안내 파동(모든 벡터 또는 평행세계의 합)은 일상적 물

그림 11-1 번개의 전기는 여러 가지 길을 찾지만 최소작용을 선택한다.

체의 움직임에 대한 최소작용의 근원이다. 우리는 그러한 양자 파동들을 따라 모방한 빅U도 또한 우리가 매일매일의 삶에서 하는 것에 대한 최소작용의 근원일 것이라고 기대할 수 있다. 13장에서 나는 빅U의 최소작용이 어떻게 우리가 꿈꾸는 방법 이면에서도 있는지를 보여 줄 것이다.

우리 대부분은 공을 던질 때 힘이 공의 가속도를 만든다는 뉴턴의 기본적 원리를 따른다고 들어 왔다.

$$힘 = 질량 \times 가속도$$

그러나 놀라운 것은 당신이 뉴턴의 원리—닫힌 계(界)에서 에너지가 항상 일정하게 보존되어야 한다는 법칙까지도—를 최소작용의 원리에서 발견할 수 있다는 것이다. 이 원리는 공과 입자기 어떻게 움직일 것인가를 결정한다. 최소작용은 공이 가질 수 있는 궤도가 단 하나만 있다고 말한다([그림 11-2]). 자연은 우리에게 어느 순간 공을 던지면 그 공은 많은 가능한 경로를 가질 수 있다고 말한다. 그러나 최소작용의 원리는 우리에게 공은 '탐색하고' (또는 일

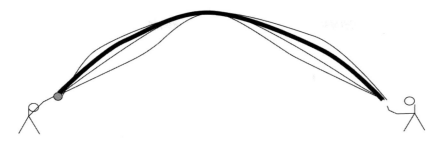

그림 11-2 최소작용의 경로(굵은 선)

던져진 회색 공은 많은 가능한 경로를 갖지만, 그러나 굵은 선의 경로만이 최소작용을 갖는다.

종의 알아차림으로) 가능한 모든 경로로부터 최소작용을 포함하는 경로를([그림 11-2]에서 굵은 선) 선택한다고 말한다.

내가 이 장의 맨 앞에서 언급했듯이, 당신은 그 공에 대해 적어도 두 가지 방식으로 생각할 수 있다. 당신은 공이 던져졌기 때문에 가속되고 있다고 생각할 수 있고, 또는 알아차림 관점에서 한 곳에서 다른 곳으로 가기 위해 주어진 시간에서 그 공이 최소작용의 경로를 '선택한다'고 생각할 수 있다.

이러한 생각은 다소 심리사회적인 언급, 우리가 물체를 이동하기 위해 사용하는 에너지가 우리의 포텐셜 에너지와 밀접하게 균형을 이룬다는 생리학적 개념과 유사하다. 에너지를 보존하기 위해, 당신의 신체는 자신에게 이용 가능한 에너지로 작동한다. 당신은 어느 주어진 순간에 가지고 있는 에너지보다 더 많은 에너지를 사용할 수 있다. 그러나 만일 당신이 그렇게 한다면 당신은 다음날 그것에 대한 대가를 지불해야 한다. 우리에게 있어서 무엇인가는 최소 노력의 느낌을 만드는 방법으로 우리의 에너지를 균형 맞추고 사용하려고 한다(최소작용에 대한 기술적인 설명은 부록 11을 보아라.).

라이프니츠의 최소작용: '활력'

우리 모두는 최소작용의 원리에 대해 라이프니츠(Gottfried Wilhelm Leibniz, 1646~1716)에게 감사해야 한다. 초기 '현대' 물리학자와 수학자의 한 사람이 었던 라이프니츠는 뉴턴과 동시대에 살았는데, 그 시대는 과학자들이 물체의 정성(定性)적이고 정량(定量)적인 특성 모두에 대한 관심이 더 지대했었다. 라이프니츠와 그 시대의 다른 사람들에게, 물체는 정량적으로 측정 가능한 느낌에서 실제였으며, 그러나 그것은 또한 살아 있고, 활기차고 꿈같은 것이었다. 그는 별과 지구의 생명체를 연구하였고 자연이 사물에서 본질적인 생명의 힘—활력(vis viva)—을 보존하려고 노력하고 있다는 것을 직관적으로 이해하였다(그는 활력을 오늘날 우리가 운동 에너지라고 부르는 것의 두 배인 질량 곱하기 속도의 제곱이라는 수학적인 양으로 정의하였다.).

비록 그의 수학적 추리가 오늘날 물리학의 개념에 아주 정확한 것은 아니지만, 그는 자연의 '자의적 알아차림'이 사용할 정확한 에너지와 행동을 알고 있다고 직관적으로 알고 있었다. 이처럼 그의 생각들은 오늘날 우리가 최소작용과 에너지 보존법칙이라고 부르는 것의 선구자이며 이것들은 그가 죽은 뒤 적어도 100년이 지나서 증명되었다.

나는 라이프니츠가 마치 오늘날 우리와 함께 있는 것처럼 쉽게 상상할 수 있다. 나는 사건들을 관찰하고 그리고 느끼고 있는 그를 상상한다. 그는 바위가 다른 바위를 함께 끌어당기면서 언덕을 굴러 내려오는 것에 호기심을 가졌다. 그는 무엇인가 날아오는 공을 받는 것과 같은 것을 느꼈다. 그는 자신의 손을 밀어내는 공의 힘을 느꼈고 그것이 어떻게 움직였는지 관찰했다. 그는 공의 움직임에 대한 주관적인 경험을 살아 있는 힘으로 불렀다. 그는 새가 날고 물고기가 헤엄치는 것을 관찰하였다. 그 시대의 그와 다른 사람에게 땅의 지기(地氣)는 여전히 신성한 것이었다. 물체는 단지 비활성이 아니고 활기가 있었으며 활기로 가득 차 있었다. 그래서 그와 앞 시대의 다른 과학자들에게 최소작용은 가장 어려운 상황에서조차도 가장 쉬운 경로가 있다는 고유한 느낌인 일종의 최소 노력과 같은 것이었다. 이러한 느낌이 오늘날의 상대성 원리, 양자물리학, 고전 역학 이면에 놓인 것처럼 보인다.

합기도는 최소작용을 구체화한다

우리의 심리학과 기술의 많은 부분이 최소작용에 대한 직관적인 생각과 매우 밀접한 개념에서 유래하였다. 우리는 끊임없이 무엇인가를 더 쉽게 만들기 위해 노력하고 있다. 오늘날의 컴퓨터는 충분히 빠르지 않으며, 더 빨라져야 한다. 우리는 TV에 있는 버튼을 누르기 위해 일어나서 몇 발짝 움직이기보다는 리모트컨트롤을 사용한다. 사실, 최소작용 때문에 우리 가운데 몇몇 사람들은 운동을 해야 한다는 것을 기억해야 할 필요가 있는 지경까지 와버렸다.

최소작용은 무술(武術)에서도 나타난다. 합기도(合氣道) 무예(武藝)의 창시자인 우에시바(Morohei Ueshiba)는 합기도를 '생명의 힘과의 조화'를 의미하는 '합기(合氣)에서 정신과 마음과 신체의 결합'을 포함하는 것으로 묘사하였다.[3] 사무라이, 도교, 불교의 고대 동양 전통에 대한 그의 경험에서, 그는 합(조화), 기(에너지)와 도(길)을 포함하는 우주와의 유사성 감각에 바탕을 둔 무술을 발전시켰다. 더 나아가 우에시바는 무도(Budo, 武道) 또는 최선의 태도는 결투에서 일반적으로 일상적 마음의 흔들림과 무엇인가를 수행하는 것에 대한 집착을 줄이면, 이를 통하여 우주는 최소작용의 형태를 허용하는 하도록 한다는 것이다. 어쩌면, 무도는 최소작용을 말한다. 즉, 당신은 우주에 의해 당신에게 주어진 포텐셜 에너지에 당신의 운동적 또는 움직임 행동을 맞추어야 하는 것이다.

가장 어려웠던 시대를 견디기 위해 우에시바는 최소작용으로 알아차림의 사용을 제안한다. 그와 제자들은 간단한 연습으로 알아차림의 유용함을 실제적으로 설명했다. 당신의 팔 하나를 곧게 뻗고 친구에게 팔을 구부려 보라고 요청해 보아라. 만일 친구가 충분히 강하다면, 그는 당신을 팔을 구부릴 수 있을 것이다. 그러나 당신이 자신의 행동, 즉 곧음 이면의 원리에 대해 명상한다면, 친구는 당신의 팔을 구부리는 데 더 힘들 것이라고 하였다. 한번 시도해 보아라. 만일 당신이 자신의 곧음에 더 밀접하게 연결되어 있다면, 당신은 더 최소작용, 최소 운동 활동을 필요로 한다. 어쩌면 당신은 적음으로서 더 잘할 것이다. 합기도 대가는 어떻게 아주 늙은 사람조차도 최소작용의 형태로 그들의 공격자를 격퇴시킬 수 있는지를 보여 준다.[4]

지하철에서의 무예

내 동생 칼(Carl)이 한 영적(靈的) 스승과 그의 제자들이 도쿄의 지하철을 타고 갈 때의 이야기를 나에게 말해 주었다. 한 건달이 객실을 활보하면서 모두에게 "꺼져!"라고 소리쳤다. 그 큰 건달은 누군가를 잡아서 구석으로 던졌다. 사람들은 겁에 질렸고, 기차의 다른 객실로 피했으나 무예 대가는 움직이지 않았다. 건달이 그에게 거들먹거리면서 다가올 때 그는 의자에 그대로 앉아 있었으며 건달은 그에게 "꺼져!"라고 소리쳤다.

그 대가에게는 술 한 병이 있었는데 그 순간 술병을 꺼내면서 자연스럽고 예의에 어긋나지 않게 물었다. "이봐요, 술 한잔 하겠소?" 깡패는 주저하며 투덜거리다가 모든 사람이 놀랍게도 "예"라고 말하며 그 대가 옆에 앉아, 술을 함께 마시며 대화를 시작했다.

그 대가는 최소작용 원리를 시행하고 있었던 것이다. 그는 싸우지 않았으며, 그는 건달의 다른 사람에 대한 위협적인 행동을 꾸짖지 않았으며, 그리고 그는 그 자신의 방식으로 그것을 연결함으로써 '역광' 상황을 거의 수용하였다. 나는 그 대가가 그 상황에 직접적으로 연관시키지 않았지만 오히려 우주와 내가 빅U라고 불러 왔던 것에 연관시켰다고 생각한다.

최소작용으로 당신의 의자를 움직여라

나는 결코 무예가가 아니나, 그러나 나는 이 책에서 다양한 연습들을 실행함으로써 발견해 왔던 내 자신의 빅U를 기억한다. 나의 빅U 연습은 '피터 폴 그리고 메리(Peter Paul and Mary)' 그룹에 의해 유명해진 'Puff the magic dragon' 노래와 매우 유사한 녹색의 용으로 상징된다.

나는 내가 의자를 들어 올리는 것 같은 일상적인 일을 할 때 나의 빅U를 탐색하고, 그리고 최소작용이 있다면 어떻게 일어나는지를 알아차리기로 결정했다([그림 11-3]). 먼저 나는 보통의 노력과 보통의 마음 상태로, 즉 그 과정에서 많은 나의 힘과 등의 긴장을 사용하는 것을 의미하는 나의 리틀u로 의자를 들어 올렸다. 그리고 가능한 한 빨리 그 의자를 내려놓았다.

그리고 나 자신에게 노래를 불러 주기를 시작하였다.

마법의 용, 퍼프

호나 리(Honah Lee)라는 땅에서

바닷가에 살았고

가을 안개 속에서 뛰어놀았네.

그림 11-3   최소작용의 경로

위: 보통의 노력으로 의자를 들어 올림 **아래**: 최소작용으로 의자를 들어 올림

그리고 나는 똑같은 의자를 다시 들어 올렸다. 그러나 이번에는 나는 나의 빅U—바닷가에 살면서 보트를 타고 항해하는 뛰어 노는 녹색의 용—를 기억했다. 내가 용에 초점을 맞추기 시작했을 때, 나는 뛰어놀기 시작했다. 다른 모든 것은 거의 의미가 없었다. 예상치 않게, 나는 가볍게 의자를 차면서 그리고—거의 힘들이지 않고—의자를 번쩍 들어 올리고, 의자를 흔들면서 심지어 의자와 춤을 추는 나를 발견했다.

이것은 명백하게 최소작용의 경로였다.

당신이 어떤 일을 하고 있거나 또는 단지 걷거나 스키를 탈 때 노래하면서 자신의 깊은 자아에 초점을 맞추려고 해 보아라. 최소작용은 할 일이 많을 때조차도 도움이 된다. 그것은 최고의 재미와 최상의 신체 느낌을 가진다는 느낌에서 가장 쉬운 방법이다.

백설공주의 일곱 난쟁이도 또한 이 원리를 알고 있었는데, 다음의 유명한 래리 머니(Larry Money)의 노래가 이를 증명한다.

당신이 일하는 동안 그저 휘파람을 불어라 〈휘파람〉
그리고 다함께 아주 즐겁게 그 장소를 정리하여라
그렇게 즐거운 노래 〈음〉
당신이 그 곳을 정리하는 것을 돕는 노래가 있을 때 오래 걸리지 않을 것이다
그리고 당신이 방을 청소할 때
빗자루는 당신이 사랑하는 누군가라고 상상하여라
그러면 곧 당신이 음악에 춤추고 있는 것을 발견할 것이다
감정이 고조되었을 때 시간은 빨리 지나간다
그러니 당신이 일하는 동안 휘파람을 불어라

또다시, 여기에서 당신은 일이 아니라 음악과 사랑에 연관시키고 "감정이

고조되었을 때, 시간은 더 빨리 지나간다." 당신의 빅U에 초점을 맞추면, 그러면 당신의 일은 더 쉬워진다.

도교에서의 최소작용

『도덕경』에서 최소작용은 "어떤 사람에게 아무것도 하지 않도록 조장한다."는 태도로 상징될 수도 있다. 도교에서는 당신이 정말 실제로 아무것도 하지 말아야 한다는 것을 의미하는 것이 아니라, 오히려 당신이 자신의 자의적 알아차림, 당신의 꿈꾸기를 따라야 한다는 것을 의미한다. 웨일리(Arthur Waley)가 번역한 『도덕경』에 의하면 "현인(賢人)은 가지 않고도 도착하며, 보지 않고도 모든 것을 볼 수 있으며, 아무것도 하지 않으나 모든 것을 이룬다."(47장)

그러나 어떻게 해야 하는가? 『도덕경』(미첼[Stephen Mitchell] 번역판) 5장에서 다음과 같이 말한다.

도(道)는 편을 가르지 않는다.
도는 선과 악 모두 생성한다.
도인은 편을 가르지 않는다.
도인은 성인(聖人)과 죄인 모두 환영한다.

지그재그하는 마음의 관점으로부터—그것이 창조하는 빅U 또는 큰 그림으로부터—일상적 마음에 문제로 나타나는 것은 비록 처음에 이 경로가 이상하고 기묘해 보인다 해도 단지 또 다른 경로이며, 심지어는 꼭 필요한 경로다. 경로는 단지 경로인 것이다. 과정을 따르고, 당신의 스승, 빅U, 꿈을 만드는 드림메이커를 따라라. 그러면 일어나고 있는 것이 더 이상 선 또는

악이 아닐 것이다. 대신에 당신 내적 경험, 당신의 음악에 대한 실행이 핵심
이 될 것이다.

생각해 봐야 할 것들

- 최소작용은 양자물리학, 상대성 이론, 도교, 합기도 그리고 심리학의 근본
  이다.
- 일하는 동안 즐겁게 휘파람을 불면서 일하여라.

Chapter **12**
여행 법칙

> 현인(賢人)은 가지 않고도 도착하며,
> 보지 않고도 모든 것을 볼 수 있으며,
> 아무것도 하지 않으나
> 모든 것을 이룬다.
> – 노자[1]

    앞 장에서 나는 최소작용의 개념을 강조하기 위해 『도덕경』에서 다음을 인용했다. '현자는 아무것도 하지 않으나 모든 것을 이룬다.' 최소작용의 원리, 빅U의 심리학적 유사(類似)는 물리학자의 안내 파동에 대한 은유다. 다양한 영적(靈的) 전통과 종교는 이런 포함하는 성질(quality)에 대한 다른 이름을 갖고 있다. 나는 신, 현자, 알라, 야훼, 그리스도, 불심, 공(空), 드림메이커 (dreammaker)와 같은 많은 이름을 생각한다. 이 이름 모두는 우리의 시도 없이, 우리를 움직이는 일종의 지성(知性) 혹은 힘에 대해 이야기한다. 그러나 이 장에서 나는 '도달(arriving)과 가기(going)'에 대한 여행의 본질을 논의하고자 한다. 최소작용은 '행하지 않음(무위, 無爲, not doing)' 또는 '성취하지 않음(not achieving)'에 관한 것뿐만은 아니다. 그것은 또한 전체 여행의 본질과 그 여행이 우리의 순간순간의 경로를 구성하는 방법에 관한 것도 있다. 빅U는 각각의 인생의 사건을 통해 그리고 아마도 또한 우리의 전체 존재를 통해 나타나려고 하는 땅을 기반으로 한 힘 혹은 지성으로 경험될 수 있다.

나는 앞 장에서 최소작용은 삶의 인과적인 설명과는 매우 다른 자의적(恣意的) 알아차림인 일종의 '앎(knowingness)'과 연결되어 있다는 것을 지적했다. 최소작용은 '여행법칙(journey principle)'이다. 왜냐하면 그것은 우리가 거리와 시간을 통해 움직일 때, 사건을 구성하는 자연스러운 패턴을 묘사하기 때문이다. 여행법칙은 어느 주어진 순간의 상황보다는 전체 경로의 행동에 더 의존한다. 여행법칙은 목적론(teleological)적이며, 그리고 일어나고 있는 것은 몇 원칙과 몇 목적을 충족시켜야만 한다는 것을 의미한다. 당신 삶에서 어느 주어진 순간의 각 사건은 더 큰 원칙, 당신 삶 전체에 연결된 최소작용 법칙의 예이며, 그것에 의해 구성된다. 이 원칙은 빅U로서 나타나고, 각 개인마다 다르다.

파인만(Feynman)은 최소작용 원칙이 각 점(point)뿐만 아니라 전체여행에 대해서도 사실이라는 것을 보여 주었다.[2] 만일 [그림 12-1]의 곡선이 당신의 일생(lifetime)을 나타낸다면, 이 경로의 어느 한 점은 주어진 순간 혹은 날(day)을 나타낸다. 아주 빈번히, 당신은 오늘 일어난 것이 어린 시절에 일어났던 어느 한 사건에 의해 발생했다고 생각할 수도 있다. "아, 나는 어제 일어난 일 때문에, 또는 부모님이 나를 좋아하지 않기 때문에, 오늘 기분이 좋지 않다." 또는 내가 신체적으로 아프기 때문에 오늘 기분이 좋지 않다. 우리 모두는 역사가 얼마나 중요하며 그것이 어떻게 일어나는 일의 많은 부분을 결정하는 것처럼 보이는지를 알고 있다. 인과적 설명은 특히 리틀u—오늘날의 일상적 실재 CR과 동일시하는 우리의 그러한 부분—와 잘 들어맞는다. 그 오늘날의 일상적 실재 CR은 인지된 물질적 존재와 시간과 공간의 선형(線形) 구조에 근거하고 있다.

여행 법칙은 다르다. 그것은 이 순간 일어나는 어떠한 일이든 단순히 과거에 의해 결정되는 것은 아니라고 말한다. 현재의 순간은 주어진 상황에 대해 상대적인 최소작용으로 당신의 신화를 보여 주는 더 큰 여행의 부분이다. 최소작용이 각 순간뿐만 아니라 전체 여행을 유지하고 있기 때문에, 순간적인 프로세스는 삶이 얻으려고 하는 것을 향한 신비하고 우주적인 전체성에 의해 부분적으로 결정된다. 다른 말로, 지금까지 당신이 해 온 것들과 당신이 할 것은 모두 당신이 삶을 통해 움직이도록 반드시 여러분의 신비한 방향인 최소작용, 가장 쉬운 경로로 더해져야만 한다. 최소작용 관점에서, 왜 일이 일어나야 하는지에 대한 이유는 없다. 당신의 가장 중요한 원칙에 대한 마지막 계산에서 더해진다는 느낌에서 사건들은 목적적이다. 무엇인가가 당신 삶의 가장 중요한 결정뿐만 아니라 당신의 주의, 각 꿈을 잡는 모든 순간은 이런 원칙에 의해 부분적으로 정해져 있다.

아마도 이것은 우리 안의 리틀u에게 너무 전체를 포함시키는 것처럼 들린다. 파인만은 또한 최소작용의 단절에 대해 인과율과 충돌하였다. 광자(光子)에 대해 언급하면서, 그는 비록 우리가 그러한 생각을 반대하더라도 빛 입자들이 어떻게 최소작용의 경로를 따르는지를 "안다"고 말했다. 파인만은 기록했다. "당신이 입자가 최소작용을 주려고 경로를 택하려고 결정한다고 말할 때, 원인과 결과에 대한 당신의 모든 본능은 혼란스럽다. "그것들이 더 행동을 할 건지 안 할 건지를 알아내기 위해 이웃 경로들을 탐색하는가?⋯⋯. 입자가 최소작용의 경로를 택하는 것은 아니지만, 이웃한 모든 경로를 탐

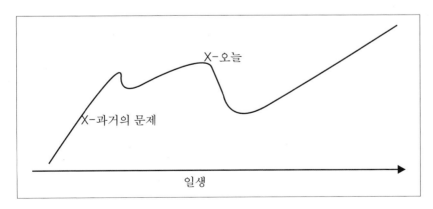

그림 12-1 일생의 여행

인과원리는 일어나고 있는 것이 과거 때문이라고 말한다. 여행 원리는 당신의 전체 삶이 역사를 통한 최소작용을 깨달으려고 추구하는 것이라고 말한다.

색하고 최소작용을 갖는 경로를 선택하기는 한다."[3] (고딕체는 나의 생각이다.)

인과율을 포기하는 대신, 파인만과 다른 사람들은 우리에게 인과성—즉, 뉴턴 역학—이 양자 현상에 적용된 최소작용의 원리에서 유도될 수 있다는 것을 보여 주었다. 다른 말로, 인과율은 시간과 공간의 개념에서 일상적인 사건을 설명하는 데 정확하거나 유용한 것은 아니라는 것이다. 고전 역학의 인과율은 최소작용의 부분으로 볼 수 있다. 인과적 사고(思考) 자체는 제한적이거나 심지어 압박적일 수 있다. 그것은 몇몇 사물을 설명할 수 있지만, 그러나 그것은 우리의 감정, 직관 그리고 꿈을 항상 설명하는 것은 아니다. 우리는 주어진 순간에 우리가 이것과 저것을 알아차리고, 하나를 꿈꾸다가 다른 것을 꿈꾸는지, 그 이유를 설명하기 위한 최소작용의 원리가 필요하다. 우리 안의 무엇인가는 끊임없이 더 크고, 가장 중요한(빅U) 시각을 찾고 있다. 무엇인가는 우리가 우리 삶의 모든 사건들—인과적인 것을 포함하여—이 펼쳐지려고 하는 더 큰 이야기 또는 신화의 부분이라는 것을 보도록 돕고 있는 것이다.

융은 이것을 당신의 개인적 신화, 더 위대한 이야기라고 부른다. 융은 외부 사건과 내부 경험 사이에 동시성과, 의미 있는 연결이 어떻게 이 신화에 적절한지 궁금해했다. 이제 빅U 시각으로부터 우리는 가능한 제안을 발견한다. 절정 경험, 놀라운 사건 발생, 동시성은 부분적으로 우리에게 우리의 신화가 그 순간에 택하려는 경로, 최소작용의 경로, 길을 알려 주기 위해 발생한다.

절정 경험

양자파동이나 안내 파동은 입자를 지배하는 경로인 것처럼, 빅U 경로는 사람과 공동체에 대한 최소작용 경로다. 우리가 삶의 열정, 감탄과 평정심을 잃을 때나 우리가 우리의 경로를 찾을 필요가 있을 때, 그것은 우리가 느끼는 것이 절정 경험이라는 것에서 종종 나타날 수 있다. 안내 파동이 실수(real number)와 허수(imaginary number)의 혼합인 복소수인 것처럼 절정 경험에서의 빅U와 그 외형은 부분적으로 실제이고 부분적으로 꿈같은 것이다. 우리의 리틀u는 주로 시간 및 공간과 동일시하고(그리고 또한 그것이 평형의 꿈의 세계라는 것을 잊고!), 빅U 경험, 우리의 개인 신화는 실제(real)와 상상(imaginary)의 혼합이다.

이 생각을 증명하기 위해, 단지 당신의 일생에서 자신이 절정 경험을 가졌던 순간으로 되돌아가 기억해 보아라. 당신은 자신이 원하는 방법으로 경험의 이런 유형을 정의할 수 있다. 아마도 당신은 누군가가 사랑한다고 느꼈거나 또는 당신은 큰 깨달음을 가졌을 수 있다. 몇몇 사람들은 신(神) 경험 같은 것을 가졌을 수도 있고, 다른 사람들은 모든 것들의 내부-상호연관성의 깨달음에 대해 말할 수 있다.

절정 경험은 보통은 당신의 개인적 신화의 중심 부분이 감탄(!)과 함께 매일매일의 실재로 나누어질 때의 순간들이다. 그것은 당신이 실제로 누구인지 당신의 삶은 무엇을 위한 것인지를 기억하는 순간이다. 그러한 경험은 당신이 실제로 무한한 여행에 있다는 것을 기억하게 줄 수도 있다. 당신은 그저 오늘과 내일을 위해 살고 있는 것은 아니다. 만일 당신이 할 수 있다면, 지금 그러한 경험을 떠올려보아라. 만일 당신이 그런 경험이 여럿이라면 그중 하나에만 집중해 보아라. 지금 당장 이러한 강력한 시간에 관해 기록해 보아라. 어떠한 일이 일어났는가? 당신은 어디에 있었는가? 당신은 무엇을 발견했거나 깨달았는가? 그 절정 경험이 당신이 가고 있는 더 큰 경로에 대해 당신을 상기시키는 데 어떻게 얼마나 필요했었는가? 당신이 그 경험을 심사숙고했을 때, 아마도 당신은 자신에게 어떻게 그러한 경험과 경로가 자신의 빅U에 연결될 수 있는지 물어볼 수 있고, 그리고 당신 삶의 더 큰 영역을 구성해 왔는지 물어볼 수 있다.

개인화, 자아-실현

　이러한 절정 경험과 당신의 개인적 신화에 대한 그것의 연결을 다시 회상하는 것은 당신에게 마치 그것이 당신이 하고 있는 모든 것의 이면에 있는 일종의 지성(知性)인 것처럼 그것이 어떻게 작동하는지의 느낌을 줄 수도 있다. 말하자면, 그 신화는 자체를 실현하기 위해 시도하는 여행 원리다. 어떤 의미로는, 그것은 스스로를 깨닫기 위해 당신의 매일매일의 자신—당신 주위의 모든 것과 모든 사람—을 사용한다. 그것은 아마도 당신 관계의 역사, 당신이 배우고 공부해 온 것, 당신의 스승이 누구인지 어떠한 사람인지, 심지어 당신이 살고 있는 장소를 구성한다. 만일 당신이 자신의 신화를 알고 자신의 빅U와 밀접하다면, 당신은 삶과 일치됨을 느낀다. 만일 당신이 자신의 신화와 밀접하지 않다면 당신은 길을 잃고 분리된 것같이 느낀다. 우리는 뒷 장에서 다시 절정 경험의 신비를 살펴볼 것이다. 여기서는 나는 단지 당신에게 자신의 프로세스의 힘의 감각, 당신이 그 신화에 밀접할 때 삶이 어떻게 얼마나 가장 쉽고 가장 동기부여가 되는지를 느낄 수 있는 희망을 주기를 바란다.

　빅U의 선두주자 또는 그것과 연관된 개념은 가장 현대적 심리학에서 찾을 수 있다. 자아-실현에 관한 매슬로(Maslow)의 이론을 생각해 보아라. 그는 우리가 배고픔과 목마름 그리고 안정 그리고 결국 우리가 항상 되고자 해 왔던 사람이 되는 것과 같은 기본적 욕구를 충족시켜야만 한다고 말했다. 그는 궁극적으로 평화롭기 위해서는 음악가는 음악을 만들어야 하고 화가는 그림을 그려야만 한다고 말했다. 그는 삶에는 반드시 충족되어야 하는 인과적 측면이 있으며, 그리고 일종의 빅U 측면이 있다는 것을 감지했다. 만일 매슬로가 오늘날 살아 있다면, 나는 그에게 빅U가 사실상 더 기본적인 욕구를 구성하는 것을 돕는다고 말하고 싶다.

　빅U는 또한 내가 융의 개인화 프로세스에 대해 생각하게 만든다. 우리 자신안의 반대성향을 일치시키려고 함으로써, 우리의 매일매일의 자신을 꿈꾸기의 가장 깊은 영역과 함께 함으로써, 융은 전체의 느낌은 각 개인에게 무엇인가 독특한 것으로서 자신을 드러낼 것이라고 말했다. 만일 융이 지금 살아 있다면 그는 기뻐했을 것이며, 나는 개인화의 기하학에 대해 좀 더 이해하기 위해 벡터로서 빅U를 실현하는 과정을 상상하고, 그것이 최소작용과 물리학의 나머지 부분과 어떻게 연결되어 있는지를 상상한다.

물리학과 종교에서의 목적과 목적론

19세기의 가장 위대한 심리학자 중 한 사람인 플랑크(Max Planck)는 삶에 더 큰 목적이 있을 수 있다고 말했다. 에너지 양자의 발견으로 노벨상을 받은 후, 그는 최소작용에 대해 심사숙고하고 최소작용은 '명백하게 목적론적인 성격'이 있다고 결론지었다.[4] 다른 물리학자들은 최소작용 원리의 목적론적 또는 중요한 의미에 대해 뜨겁게 논쟁해 왔다. 의미 있음의 개념은 서유럽과 전 세계에서 최소 14세기 이래 치러온 전쟁인 과학과 종교 사이의 오랜 갈등 몇 가지를 생각나게 한다. 라이프니치 시대 동안 물활론(物活論)과 객관적 과학 사이의 갈등은 오늘날까지 전해진 것 같다. 오늘날, 영적 신앙과 자연과학 사이의 많은 과학자들에 의해 느껴지고 있는 긴장, 주관적 경험과 이성(理性)적 사고는 의식에 관해 경험과 신념을 갖는 엄격한 과학들을 연결하는 새로운 움직임을 일으키고 있다. 의인화(擬人化)를 하는, 즉 비인간적 사물을 인간으로 대하는 파인만과 같은 모든 물리학자는 과학, 심리, 영적 전통을 함께 하는 이러한 새로운 움직임에 뜻하지 않게 참여하고 있다.

페르마의 원리와 빛

파인만은 자연은 미래의 상태에 의해 조종된다는 점을 지적했다. 우리가 이 장 앞(183페이지)에서 그가 한 인용을 보면, 그는 자연이 모든 경로를 탐색하고 최소작용에 최종적으로 더해질 것들을 선택한다고 느꼈다. 그는 우리들 대부분처럼 그 자신도 하나의 경로를 선택하기 전에 다양한 경로를 탐색한다는 것을 확실하게 알아차렸다. 미래의 프로젝트에 대해 결정하기 전에, 우리가 실제로 할 것을 결정하거나 어떻게 할 것인지를 결정하기 전에, 우리는 우리 마음속에서 다양한 가능성을 고려한다. 우리는 "아, 나는 그것을 이렇게 또는 저렇게 할 수 있다."라고 생각한다. 우리 마음에서, 우리는 최소작용을 갖는, 최상이라고 느끼는 것을 탐구하고 찾는 각각의 방법과 경로를 택한다.

파인만은 탐색의 관점에서 페르마(Fermat)의 원리를 설명했다. 페르마는 두 점 사이를 여행하는 광선은 최소시간의 경로를 선택한다고 말했다.[5] 이 원리는 빛에 대한 최소시간의 원리가 되는 최소작용에 대한 특별한 보기다. 파인만은 페르마의 생각이 우리에게 최소작용에 대한 직관적인 감각을 준다고 말했다. 그의 QED(양자전기역학)에서 파인만은 해변의 구조원을 상상했다([그림 12-2]). 그는 구조원이 광선과 비슷하다고 말했다.

누군가가 바닷물 속에서 도와달라고 소리칠 때, 구조원(또는 광자)는 그 사람을 구조하기 위해 빠르게 다양한 경로를 상상하거나 탐색한다. 이것은 비상사태다! 어느 경로가 시간이 가장 적게 걸릴까? 파인만은 빛이 우리의 상상속의 구조원이 모래와 물을 통과해야 하는 만큼의 서로 다른 매체(媒體)를 통과했다고 설명했다. 선택된 최종 경로는 최소시간의 경로였다.

이것을 자세히 살펴보자. 존이 바닷물에 빠졌고 당신은 해변에 있는 구조원이라고 하자. 존은 당장 구조를 필요로 한다. 당신은 가능한 한 빨리 그에게 가기 위해 어느 경로를 택할 것인가? 당신은 경로 A를 택할 수 있다([그림

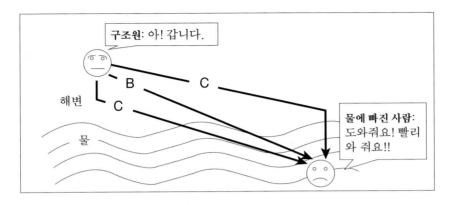

그림 12-2 페르마의 원리

사람을 구하기 위해 구조원은 최소 시간, 최소작용의 경로 C를 선택한다.

12-2]). 즉, 물가로 바로 뛰어가서 그곳에서 희생자가 있는 지점까지 직선으로 수영한다. 그러나 이 경로는 일단 물속에서 당신이 먼 거리를 수영해야만 하기 때문에 시간이 많이 걸린다. 그리고 당신은 땅위에서 보다는 물속에서 훨씬 천천히 (그리고 아마도 더 많은 에너지를 소모하며) 움직인다.

어쩌면 당신은 물가로 바로 뛰어가지 않아야 하며, 오히려 구조원 초소로부터 희생자까지 직선으로 경로 B를 택해야 할 수도 있다. 이것은 처음에는 잘 맞는 것처럼 보인다. 왜냐하면 이 경로가 가장 짧은 거리이기 때문이다. 당신이 그 경로를 경험하는 것을 상상하기 전까지 이 선택은 논리에 맞는다. 그러다가 당신은 여전히 상당한 거리를 수영해야만 하고 시간이 많이 걸린다는 것을 깨닫는다.

마지막으로 물가와 평행하게 해변을 뛰어간 다음 수영을 해서 존에게로 곧장 가는 것, 경로 C가 최선인 것으로 밝혀졌다. 이유는? 그것이 가장 빠르기 때문이다. 당신은 해변에서 빨리 달릴 수 있고, 물에서는 짧은 거리라는 결과로 당신은 최소시간에 존에게 도착할 것이다. 경로 C는 최소시간과 최소작용을 사용하고, 그 결과 존과 당신의 '생명의 힘(force of life)'을 절약해 준다.

파인만은 광자 또는 빛의 입자가 사람과 비슷하다고 암시한다. 최소작용의 원리는 그것들이 일을 할 때 가장 빠르고 최선의 길을 찾도록 만든다. 빛 입자는 다양한 경로들을 탐색하고 최소작용의 경로를 선택한다. 그것들은 어떻게 알고 그리고 탐색하는 것인가? 우리는 꿈꾸는 법을 어떻게 알고 그리고 우리의 길을 찾을까? 파인만 이전에도 플랑크(Planck)는 심리학을 지적하면서 "광선을 구성하는 광자들은 지성을 갖춘 인간처럼 행동한다. 그것들은 항상 모든 가능한 곡선으로부터 자신들의 목표를 가장 빨리 택할 수 있는 경로를 선택한다."는 것을 관찰했다.[6]

우리는, 내가 상상할 수 있는 한, 광자가 실제로 생각한다는 것을 결코 증명할 수 없을 것이다. 우리는 우주 자체가 생각한다는 것을 증명해야 할 것이다. 이것이 내가 우주에서 모든 것에 속하는 자의적(恣意的) 알아차림의 몇 근본 형태를 제안하는 이유다. 우리의 자의적 알아차림, 빅U의 관점은 긴급 상황에서 종종 가장 최선의 가능한 방법으로, 가장 쉬운 방법, 아마도 우리에게 가장 큰 의미를 가지고 있는 것에서 사물을 통해 우리를 움직이기 위해 양도받는 것처럼 보인다. 빅U는 일종의 경호원이다. 리틀u가 보통 알려졌거나 인과적으로 설명 가능한 경로들을 신뢰하고 일을 하려고 시도하면서 스스로를 소모시키는 동안, 빅U는 더 적은 노력을 하며 하지-않음(무위[無爲])을 행한다. 빅U의 미묘한 지성에 관한 감각과 그것의 여행 원리를 얻기 위해서, 신체의 경험에 초점을 맞추어 보자.

몽유상태에서 걷는 연습

다음의 내면 작업은 미묘한 내부 신호를 따르는 것에 근거한다. 당신은 이미 사람들의 외부의 가시적 신호를 따르는 것이 다른 사람들을 이해하고 어울리는 가장 쉬운 방법이라는 것을 알고 있을 수도 있다. 이제 나는 당신이 자신의 미묘한 신호를 따르도록 권한다. 이것들은 당신이 의식의 축소상태 또는 변형상태에 있을 때, 당신이 잠들었을 때 또는 몽유상태에서 가장 잘 나타난다.

감지하기

1. 우선, 자신에게 당신이 꿈꾸기 속으로 들어가게 할 수 있는지 물어보아라. 자신에게 만일 당신이 자신의 매일매일의 마음을 충분히 사용해 왔는지 물어보아라. 만일 아니라면, 먼저 매일매일의 마음을 좀 더 존중하도록 노력하여라. 당신이 해야 할 또는 계획해야 할 필요가 있는 무엇인가가 있는가?

2. 일단 당신이 관문을 통과하여 꿈꾸기나 꿈시간으로 들어갈 수 있는 승락을 받았다면, 당신은 미묘한 감각을 명료하게 따르고 그리고 그것들이 당신이 어디로 움직여야 하는지 그리고 당신의 주의를 어디에 집중해야 하는지를 보여 주면서 당신의 주의를 끌려고 할 때, 자신의 자의적 알아차림을 사용하는 것에 익숙해질 필요가 있다. 당신 주위의 다양한 땅을 기반으로 한 경로들과 방향을 탐색하는 데 있어서 당신의 탐색 능력을 신뢰하는 실험을 해 보아라. 긴장을 풀고 당신의 알아차림을 따르라. 우선, 당신의 목표들을 기록해 보아라. 당신은 무엇을 얻고 싶은가? 당신은 자신에 관한 또는 자신의 일이나 관계에 관한 무엇을 알고 싶은가? 이들을 기록해 보아라.

3. 근래에 당신은 무엇을 하려고 하며 보통 그것을 어떻게 하는가? 당신의 '행함(doing)'에 대해 손동작을 해 보고 소리로 나타내보며, 종이에 그 동작과 의미를 기록해 보아라. 당신은 나중에 다시 이 스케치에 돌아올 필요가 있을 것이다.

걷기

4. 이제 당신이 있는 방을 둘러보고(종이 위나 또는 바닥에) 매일매일의 삶의 '행함'이 있는 한 지점을 표시하여라. 최소작용과 지그재그하는 지혜

를 탐구해 보아라. 긴장을 풀고 자신의 마음에게, 마음이 깨어 있는 동안 꿈꾸기를 경험하는 것을 허락할지를 물어라. 당신이 승락을 받았을 때, '꿈꾸기'를 시도해 보아라. 즉, 당신에게 꿈꾸기를 생각나게 하는 '잠자기'의 변형상태를 이용하도록 하여라. 의식이 명료하도록 하고 그리고 당신 주위에서 일어나고 있는 것을 알아차려라.

특히, 깨어 있거나 자면서 걷는 동안 자신의 몸이 잠든 것을 상상하고 경험하여라. 실제로 서라(또는 만일 당신이 서 있는 것이 어렵다면, 앉은 자세에서 당신의 팔과 상체를 움직여 보아라.). 그리고 꿈꾸며 걷는 동안 자신의 명료한 움직임 알아차림을 사용하여라. 당신의 주의를 끌거나 또는 움직일 땅을 기반으로 한 지기(地氣) 방향을 말할 때까지 무엇인가를 기다려라. 당신 주위의 무엇인가가 당신의 주의를 끌려고 양자 신호교환을 할 수도 있다. 무엇인가가 당신의 주의를 끌면, 잡아라! 그것을 향하거나 또는 그 방향을 향해 자의(恣意)적으로 움직여 보아라. 각 사물을 탐구하고, 그리고 다른 무엇인가가 당신의 주의를 끌 때까지 기다렸다가 그곳으로 움직여 보아라.

5. 당신의 내부 양자 나침반이 당신을 회전시키도록 하여라. 알아차림을 사용하고, 당신이 다양한 방향과 대상을 탐색할 때, 지구가 당신을 움직이도록 해 보아라. 당신이 그것이 무엇을 의미하는지를 알 때까지 혹은 주의를 끈 대상이 당신에게 스스로 설명할 때까지 한 방향으로 움직여 보아라. 그리고 나서 다시 긴장을 풀고 당신의 알아차림이 자신이 올바른 대상과 방향을 찾았다고 알려 줄 때까지 당신 주위의 방향들을 계속해서 탐색해 보아라. 서두르지 말고 천천히 자신이 올바른 장소와 방향을 찾을 때까지 지그재그 형태로 계속해서 움직이는 것을 기억해 보아라.

숙고하기

6. 당신이 실습을 마쳤을 때, 자신의 최종 방향과 경험 또는 대상의 의미를

찾아보아라. 어디에 도착했고 그리고 이 장소가 당신에게 어떠한 의미가 있는가? 이 지점에 대한 의미가 당신이 이러한 땅을 기반으로 한 명상의 초기에 했던 질문에 대해 도움이 되는가?

마지막 경로는 아마도 당신의 빅U 경로 중의 하나다. 당신은 그것과 다른 모든 경로가 어떻게 같은 최소작용 경향에 의해 조직되는지를 감지할 수 있는가? 최종 경로의 관점에서, 당신이 깨어 있으면서 꿈꾸는 동안 방문한 다양한 장소의 의미는 무엇인가?

화장실의 신비

이러한 실습([그림 12-3])을 했던 내담자 한 사람은 자신의 인생에서 무엇을 해야 하는지 알고 싶어 했다. 그는 학생이었고 공부를 마치고 무엇을 할 것인지를 알고 싶었다. 처음에, 그는 나와의 실습에서 다양한 책들을 말 그대로 탐색하기 시작했다. 그는 한두 가지를 좋아했었지만 그러나 곧 그것들이 자신이 찾던 것은 아니라고 말했다. 그는 잠시 명상을 하더니 창문이 자신의 주의를 끈다고 말하면서 돌아섰다. 그리고는 그는 창문 방향으로 탐색을 했으며, 창문으로 가서 바깥을 내다보았다. 그는 자신이 무엇인가를 찾고 있고, 그것이 아마 밖에 있는 것 같다고 말했지만, 사실은 그렇지 않았다. 그래서 그는 돌아와서 자신의 신체가 내 상담실의 문으로 가기를 원한다고 말했다. 비록 내가 처음에 그에게 내 상담실 안에 머무르라고 말하기는 했지만, 그에게 자신의 꿈꾸는 신체를 따르라고도 제안했다. 그는 복도로 나가 화장실로 가서 문을 닫았다.

나는 그를 따라가서 화장실 밖에서 기다렸다. 나는 그에게 화장실에서 무슨 일이 일어나든 자신이 자의적 알아차림을 유지해야만 한다고 제안했다. 몇 분 후에 그는 다시 나왔고, 그는 커다란 미소를 띠고 있었다. 그는 자신이 경로를 찾았다고 말했다. 자신이 찾던 것은 자기가 잊어 왔던 것, 자신의 신

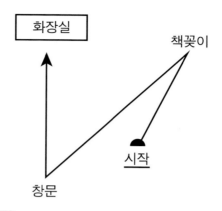

그림 12-3 나의 상담실에서 최소작용에 의해 구성된 꿈꾸는
사람의 지그재그 경로

체였다. 그는 말하면서 거의 울려고 했다.

간단히 말하자면, 그는 나에게 자신이 인생에서 앞으로 어떻게 나가야 하는지를 알기 원했다는 것을 상기시켰다. 나는 그가 만들었던 자신의 매일매일의 삶에 관한 에너지 스케치, 반복적인 / / / / /를 회상했다. 그가 일을 하는 자신의 방법은 엄격한 규칙성을 가지며 한 단계씩 하는 것이었다.

화장실로 가는 내담자의 최종 경로는 그에게 자신의 질문에 대한 대답이 자기 자신의 신체의 미묘한 충동을 따르는 것이라고 알려 주었다. 그는 자신의 꿈-걷기에 놀라고 전율했다. 그는 잠시 동안 자신과 갈등하고는 자신의 교육 프로그램의 방향을 바꿔서 생리학을 공부하기를 원한다고 말했다. 오늘날, 시간에서 되돌아보면, 나는 내담자가 자신의 학문 프로그램을 즉시 바꾸지는 않았지만, 그러나 자신의 학업이 끝나기를 기다렸다가 전문적인 스포츠 경력을 시작했다는 것을 알게 되었다. 그것이 자신의 신체를 따르는 꿈-걷기 경험이 어떻게 일상적 삶에서 나타나는가 하는 것이다.

경로 알아차림의 신비

어느 주어진 순간에 당신에게는 항상 가능한 많은 경로 선택권이 있다. 이러한 경로들은 부분적으로 시대에 의해, 자신이 어디에 있는지에, 그리고 물론, 자신이 누구인지에 의해 결정된다. 당신의 꿈꾸기 프로세스는 모든 경로를 탐색하고 최소-작용 경로인 빅U를 따른다. 뒤돌아보면 자신의 온전한 존재를 깨닫기 위해 당신은 모든 경로를 따라 자신이 가장 빠르고 그리고 상대적으로 가장 쉬운 길을 따르고 있다는 것을 알아차릴 수도 있다. 오늘날의 관점에서, 아마도 여행 원리, 당신의 신화나 최소작용이 당신이 인도해 왔던 것이다.

생각해 봐야 할 것들

- 인과성은 현재의 사건이 과거의 사건 때문이라는 것을 말한다.
- 최소작용은 여행 원리다. 현재 사건은 펼쳐지려고 하는 가장 중요한 이야기 줄기의 부분이다.
- 구조원은 자신들이 모든 경로를 탐색하고 최소작용을 가진 경로를 선택할 때 가장 잘 일할 수 있다.
- 이 장의 처음에서 언급했던 『도덕경』의 인용을 기억하라. "현자는 가지 않고 도달한다……."

제**2**부

신체 증상에 관한 우주의 관점

Chapter **13**

신체 증상의 핵심

> 만일 내게 아주 조금의 감각이라도 있다면,
> 나는 중도(中道)를 지킬 것이며 그리고
> 나의 유일한 두려움은 그 길에서 벗어나는 것이다.
> 중도(中道)를 지키는 것은 쉬우나,
> 사람들은 옆으로 벗어나기를 좋아한다.
> – 노자(老子)[1]

　위의 인용에 따르면, 빅U가 대부분의 느낌을 만드는 바로 그것이다. 그것이 중도(中道)다. 하지만 사람들은 옆으로 벗어나는 것을 좋아한다. 달리 말하면, 당신이 마음의 평상 상태에 있을 때, 당신은 벗어남 벡터를 선택하거나 그것과 동일시한다. 우리 안의 이런 이탈은 모든 것의 근원과 일치하며 그리고 심리상담사가 항상 해야 할 일이 있는 이유다. 우리가 근본적으로 그러한 것처럼 우리는 경로 알아차림으로 자신의 궤도에서 살고 있으나, 하지만 그러다가, 우리는 길을 벗어나고, 결국은 이탈하게 된다. 그때가 증상, 관계 문제, 세계의 어려움이 발생하는 때다. 그리고 그것이 내가 이 책의 2부를 신체 문제의 중심에서―그리고 신체 문제의 도움으로―우리의 궤도를 찾는 데 집중하는 이유다. 3부와 4부는 관계 논쟁들과 세계 문제들 중심으로 경로 알아차림을 사용하는 것을 탐구할 것이다.

편하지 않음(dis-ease)의 의미

만약 중도에 머무르는 것이 쉽다면, 질병(disease)-'편하지-않음(dis-ease)'-은 편안의 결핍을 의미하며, 한편으로 편안의 '부정(否定)'이나 '반대하기(dissing)'를 의미한다. 질병/편하지 않음은, 어쩌면, 최소작용의 반대다. '내가 아닌(not me)' 것으로 질병의 경험, 증상의 경험은 매일매일의 리틀u에 해당한다. 사람들은 자신들이 많이 성장했다고 생각할지라도, 모든 사람들은 때때로 자신의 빅U의 존재를 부정하는 경향이 있다. 이러한 의미에서, 매일매일의 일상적 사람으로만 동일시하는 것, 그리고 단순히 (당신이 해야 할 필요가 있고 그리고 그 날에 수행되어야만 한다고 생각하는) 어느 것이든 하는 것은 필수적이다. 리틀u와 동일시하는 것 말고는, 스스로를 알게 해 줄 수 있는 빅U와의 상대성 이론과 다른 체제들도 없다. 질병(편하지-않음)은 편안을 알아가게 되는 방법의 하나다.

매일매일의 리틀u는 보통 시계(時計)를 따르며, 자의적(恣意的) 알아차림을 거의 사용하지 않는다. 당신 자신의 다른 부분들에 대한 알아차림 없이, 당신은 증상이나 화가 난 것처럼 보이는 사람 또는 사건들로 나타나는 부분들로 채워진 것으로 삶을 경험하기 시작한다. 당신은 이러한 (부정적인 'dissed') 부분들이 당신을 공격하거나 적어도 당신을 방해할 것을 두려워한다. 죽음 그 자체는 당신이 자신의 경로에서 멀리 벗어날수록 모든 나무 뒤에 숨어 있는 것처럼 보일 수 있다. 그러나 이런 모든 인지된 위협, 증상 그리고 사건들은 당신을 죽이려는 것이 아니라, 단지 당신의 리틀u를 위협하거나, 섬뜩하게 하거나 긴장을 풀려고 하는 것일 수 있다. 죽음의 위협은 주로 삶에서 일차적 정체성의 영향력을 감소시킨다. 만일 당신이 이러한 정체성을 완화시키고 빅U에 집중한다면, 당신은 기분이 좋아질 것이다. 이 장과 다음의 두 장에서는 당신에게 증상들을 의미 있는 경로들로 변환시키는 방법을 알려 줄 것이다.

드림바디

의학을 무지개 의학으로 변화시키는 것이, 신체의 꿈같은 행동뿐만 아니라 실제 신체 문제와 그것들의 관계 및 사회 논쟁에 대한 연결을 다루었던 나의 저서 『양자심리치료(Quantum mind and Healing)』의 목표다. 이제 나는 그 책의 내용을 경로 알아차림의 새로운 원리와 방법으로 확장하고자 한다.

당신의 꿈이 실제 신체의 표면에서 보일 수 있다는 생각는 내가 첫 번째 저서 『드림바디(Dreambody)』에서 언급했던 혁신적인 아이디어다. 오늘날, 과정지향 심리학의 대부분은, 부분적으로, 신체 신호로부터 꿈을 해석하는 것을 기본으로 하고 있다. 꿈과 또 다른 미묘한 충동 및 정보들은 신체를 움직이며, 그들은 우리의 물리학과 생리학을 변화시키고 알려 준다. 따라서 우리의 리틀u는 행동의 형태 중 하나를 의미할 수도 있지만, 그러나 배경의 꿈꾸기 프로세스는 우리를 또 다른 행동으로 움직일 수도 있다. 행동에서 이러한 갈등은 이중 신호 또는 두 번째 신호의 근원이다. 진행하는 이중 신호는 우리가 빅U와 그것의 다양한 평행세계들을 '부정하고(dissing)' 있다는 신호다.

우리가 인도 파동을 물질적 대상을 '알려 주는(in-forming)' 것으로 상상하는 것처럼, 우리는 꿈이 어떻게 신체에게 '알려 주는지(in-form)'를 느낄 수 있다. 그것이 신체의 주관적, 상상적 그리고 꿈같은 경험들과 작업해야 하는 중요한 이유다. 우리는 초기 느낌, 신호와 양자 신호교환을 붙잡아서 일상적 삶에 건설적으로 이용할 수 있다. 우리 전체 자아, 빅U와 그것의 드림바디 형태를 통한 신체적 경험은 우리가 시간과 공간에서 동일시하는 실제 신체이며 또한 우리가 종종 과소평가하는 신호와 꿈영역(dreamland) 경험의 꿈같은 행동이다.

무시되고 또 지속되는 이중 신호와 양자 신호교환은 우리를 긴장하게 만들고 '편하지-않게' 되는 원인이 된다. 질병이 우리를 괴롭힐 때, 오늘날 대부분의 사람들은 먼저 자신들이 실제 벌레인 버그들, 박테리아 그리고 다른 병원균 때문이라고 생각한다. 의학은 분명히 매우 중요하며 생과 사의 문제일 수 있다. 그러나 많은, 아마도 대부분의 증상들은 이해와 인과적 설명에서 벗어난다. 그 결과, 의학에서 대중요법의 접근은 '질병(편하지-않음)-발생(dis-ease-creating)' 과정을 해결하기에 항상 충분하지 않을 수 있다.

의사는 언제나 내 안에 있다

이 책 첫 장의 중심적인 메시지 중 하나는 만약 당신이 자신의 알아차림을 따른다면, 당신의 프로세스는 자신의 가장 훌륭한 스승이 된다는 것이다. 생(生)물리학적 개념으로 번역하면, 이러한 유도된 원리는 만약 당신이 자신의 자의적(恣意的) 알아차림을 따른다면, 당신의 치유자는 언제나 당신 안에 있다는 것이다. 영혼을 치유하고 건강과 완전함을 창조하는 그것은 자의적 알아차림이다.

치료자가 항상 당신 안에 있다는 개념을 실험해 보자. 잠시 동안 조용히 앉아 움직이지 말기 바란다. 오로지 당신의 호흡만을 따라 보아라. 그리고 당신의 신체가 만들려고 하는 동작들과 그 동작들이 어디로 움직이기를 원하는지 알아차려 보아라. 잠시 동안 그곳으로 움직이지 말고, 방향과 그것과 연관된 경험, 느낌, 환상 등을 알아차려라. 이제 천천히 그리고 알아차림으로 움직여 보아라. 당신의 신체가 가고자 하는 방향과 움직임을 따라 보아라. 당신의 신체가 가고자 하는 방향의 의미는 무엇인가? 당신이 그 방향으로 움직였을 때 당신의 전체 신체에 대한 결과는 무엇인가?

아마도 당신은 치료자가 항상 당신 안에 있다는 것을 이미 알아차렸을 것이다. 당신 안의 의사는 쉬지 않는다. 당신은 혼자가 아니며 당신의 개인 치료사가 언제나 그곳에 있으며, 당신은 치료를 받기 위해 의사를 찾아가거나 예약을 하고 치료비를 내야 할 필요도 없다. 그것은 세상에서 가장 놀라우며

저렴한 의학이다. 자의적 알아차림은 최소작용이다. 만일 당신이 자신의 알아차림과 자기-반영을 무시한다면, 당신은 편하지-않음과 증상에 대하여 말하기 시작해야 할 것이다.

카두세우스 치유

당신의 꿈꾸기는 어느 순간 양자 신호교환, 이중신호, 환상, 통증, 고통과 그것들의 방향이나 평행세계의 관점으로 당신의 신체에서 스스로를 나타낸다. 어쩌면 신체의 어느 주어진 부분—특히 증상이 있는 부분—에서 각각의 양자 신호교환, 환상은 이야기 또는 꿈의 한 조각이다. 전체로서 드림바디는 그러한 모든 평행세계들의 중복 또는 합이다. 당신의 실제 신체가 사진에서 보일 수 있는 반면, 당신의 드림바디는 이중신호로부터 추측할 수 있거나 또는 꿈에서 느끼고 볼 수 있다. 이런 꿈들의 이면은 말로 쉽게 표현할 수 없는 것들의 느낌이나 경험들이다. 나는 이런 영역을 본질 영역(essence area), 안내 파동, 빅U라고 묘사한다. 꿈꾸기에서 신체는 안내 파동, 양자이론, 최소작용, 양자 마음, 즉 빅U의 알고 있음(knowingness) 또는 지성이다. 이 본질 영역에 대한 관념의 복합성은, 말로 표현할 수 없으며, 오직 느낄 수만 있는 경험들을, 말로 표현하고 설명하는 것이 불가능하기 때문에 발생한다. 만일 당신이 빅U를 알고 있다면, 당신의 신체는 함께 느끼며, 그리고 당신은 당신 내부의 균열을 치유하기 위해 어떻게 하는지를 알고 있다. 나는 언젠가 이러한 치유의 느낌이 측정 가능할 것이라고 확신한다. 어쨌든, 빅U로의 접근은 치유력과 일치한다.

치유의 중요한 상징은 고대 로마와 그리스 치유의 신(神) 아세쿨라피우스(Aseculapius)와 연관된 카두세우스(Caduceus) 지팡이다([그림 13-1]). 신화(神話)에서 헤르메스(Hermes)의 지팡이로 불리는 카두세우스는 지팡이에 한 마리 혹은 두 마리의 독이 없는 뱀이 감겨 있으며, 종종 지팡이 위쪽에는 한 쌍의 날개가 있다.

나는 그 두 마리 뱀들과 자기-반영하는 파동 사이의 유사성에 사로잡혔다. 그 치유 지팡이는 내게 스스로를 반영하는 양자 파동 또는 안내 파동을 일깨워 주었다. 무엇보다도, 카두세우스는 치유, 자기-반영, 자신의 깊은 자아의 앎, 매일의 실제에서 스스로를 의식하게 하고 스스로에 대한 빅U 반영의 경험을 상징화한다. 이것은 빅U의 미묘하고 말로 표현할 수 없는 경험과 일치한다. 당신은 자신이 들어 있는 혼란에도 불구하고 건강함을 느낄 수 있다.

이 이론을 실습에서 경험하는 방법에는 여러 가지가 있다. 다음에서, 우리는 신체 또는 증상 영역의 평행세계를 벡터의 개념으로 탐구할 것이다. 그런 다음, 가장 어려운 평행세계와 함께 시작하면서 우리는 한 본질적 방법 또는 다른 방법으로 빅U를 추구할 것이다.[2] (수학에서 본질적 방법이 어떻게 작동하는지 그리고 빅U와 어떻게 연관되는지 일고 싶은 독자는 부록 10 '빅U와 본질 경험'을 참고하라.)

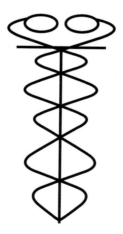

그림 13-1 치유의 지팡이 카두세우스

평행세계와 증상에 대한 초자연치료사적 접근

본질적 방법은 신체경험으로 가장 잘 이해된다. 준비가 되었을 때, 당신의 매일매일의 마음에 긴장을 풀고 이완해 보아라. 대상에 대해 생각하는 것으로부터 자신의 증상 하나에 대한 신체 경험을 탐구하는 것으로 변환해 보아라. (당신 자신의 약점 또는 신체 한계에 대하여 너그럽게 대하여라.)

1. 준비가 되었으면, 당신의 가장 심각하거나 최악의 신체 증상과 포함된 신체 영역을 묘사해 보아라. 증상이 있기 전에는 이 신체 영역이 어떠했는가? 다른 말로, 당신 자신 경험에서 무엇이 그 영역의 기본적 본성인가?

   (예를 들어, 한 세미나에서 우리는 경련성 방광을 가지고 있는 여자와 상담을 했었다. 린다는 자신의 복부 아래를 가리키며 그 부위를 "매우 알려지지 않음"이라고 묘사하였다. 그녀는 경련성 방광이 흡사 '절대 제한구역' 같이 느껴진다고 말했다. 그 증상이 있기 전, 방광 부위는 그저 '알려지지 않고 걱정이 없는' 곳이었다.)

2. 작은 사물들에 대한 당신의 자의적 알아차림을 사용하면서, 그리고 가능한 명료하게, 천천히 당신의 손을 문제가 있는 부위로 움직여 보아라. (또는 경우에 따라서는 전체 신체. 만일 당신의 전체 신체가 기분이 좋지 않다면, 한 손을 신체에서 멀리 둔 다음 그 손이 자신의 전체 신체를 감지할 수 있다고 상상해 보아라.) 당신이 손을 천천히 그리고 알아차림으로 움직이면서, 그 부위와 연관해서 양자 신호교환을 하거나 당신의 주의를 끄는 감각 혹은 경험을 묘사해 보아라. 당신이 자신의 손을 천천히 문제가 있는 신체 부위로 움직일 때, 당신이 당신의 알아차림에 닿으려고 하는, 비록 그것이 비이성적이라 하더라도, 몇몇의 작은 경험을 알아차리게 될 때 멈추어 보아라. 당신이 이 경험을 알아차리면, 그 느낌-이미지 또는 이야기에 관해 기록해 두어라. 그리고 당신의 손을 그 신체 부위로 더 가까이

움직이고, 다시 한번 하나 또는 그 이상의 평행세계들이 나타나는지를 알아차리고, 그리고 그것들을 또한 간단하게 묘사해 보아라.

(린다가 자신의 경련성 방광 부위 쪽으로 손을 움직이며 말했다, "아! 그곳이 이상해요. 나는 그곳에서 철 조각 또는 장애물을 느꼈어요!" 우리는 그것을 기록하고 그리고 그녀에게 방광으로 계속해서 손을 천천히 움직이도록 했다. 그러자 그녀가 자신의 방광 쪽으로 손을 옮기며 말했다. "이상하지만 나는 신선한 공기와 바람이 부는 것을 경험했어요.")

3. 불쑥 나타난 양자 신호교환들의 다양한 평행세계로부터, 당신에게 맞는 어느 것이든, 가장 이상하고, 가장 문제가 되거나 또는 놀라운 평행한 세계를 선택하고, 그것을 실행해 보아라. 그것은 즉, 통제된 포기를 사용하여 초자연치료사가 되는 것이며, 그리고 잠시 동안 연관된 이미지와 이야기 속으로의 경험함과 형태-변형으로 당신이 편안하게 느낄 수 있을 만큼 깊게 들어가 보아라. 당신의 가장 자의적 알아차림을 이용하고, 그 이야기에서 가장 문제가 되는 부분이나 모습으로 느껴 보아라. 그것이 되고, 그것에 관해 이야기를 창조하기 위해 움직임, 느낌 및 이미지를 사용해서 그것을 실행해 보아라. (당신이 이것을 하는 동안 당신의 신체를 조심스럽게 다루어라.) 당신이 이러한 평행세계를 탐색하는 동안, 당신이 그것이 나타내고 있는 것을 알 때까지, 당신이 그 비밀을 알 때까지 자연이 당신을 가르치고 인도하도록 내버려 두어라.

(우리의 세미나에서 린다는 철 장애물로 '들어가서' '부딪쳐서' 노는 것을 즐겼다. 그녀는 꼿꼿이 서서 할 수 있을 만큼 단호하게 말했다, "나는 냉정하고 뚫을 수 없는 세상이다! 나는 흔들리지 않는다!" 그녀는 평소에는 자기가 매우 유연하고 온화하며 그리고 사교적이어서 그녀와 대조되는 '철의 힘'을 즐겼다고 말하며 웃었다.)

4. 이제 당신 자신에게 물어보아라. 그 이상한 평행세계 경험에 대한 당신 경험의 본질은 무엇인가? 이러한 경험이 나타나는 거의 무(無)인 씨앗은 무엇인가? 이러한 평행세계 경험의 문제가 되는, 본성에 앞서는 본질 또는

근원적 충동은 무엇이었는가? 이것을 위해, 당신은 그 경험, 그것을 움직이고, 그것을 느끼고, 그러고 나서 같은 세기의 느낌으로 느끼는 동안, 당신이 그것의 초기 또는 본질, 그것이 아주 크게 되기 전 거의 무(無)를 느낄 때까지, 움직임을 더욱더 천천히, 느리게 다시 실행해야만 할 수도 있다. 당신의 상상과 경험을 신뢰해 보아라. 그런데 이것은 매우 비이성적일 수 있다. 명료하게 그 본질이 무엇인지 느껴 보아라. 그 본질을 찾으면 이름을 붙여 보아라.

(린다는 잠시 철 장애물처럼 서 있었다. 그러고 나서 그녀는 이 경험의 근원이 사실 우주처럼 매우 멀게 느끼기 위해 매우 비인간적이어야 한다는 것이라고 말했다. 그러한 철 조각의 본질 경험은 사회적 세계로부터의 **분리**처럼 냉담하지는 않지만, 대신 우주에 대한 연결이다. 그녀가 이러한 본질을 느끼며 우리 앞에 섰을 때, 마치 시간이 멈춘 것처럼 보였다. 린다는 거의 기쁨에 찬 상태인 일종의 명상에 들었으며 잠시 후 다음과 같이 말했다. "이런 분리는 내가 열망해 왔던 것입니다.")

5. 신중하게 본질을 느끼고 그리고 당신의 신체에서 그것이 되어 보아라. 당신이 할 수 있다면 그것이 당신을 움직이도록 하고 그것에 합당한 소리를 만들어 보아라. 천천히 이러한 본질이 되고 그리고 그것의 세계에 살아 보아라. 이러한 경험의 **빠른** 스케치를 만들고 그것에 이름을 붙여 보아라. 이러한 본질이 어떻게 당신의 전체적인 심리의 중요한 부분이 되는가? 이 본질이 어떻게 이미 당신 안에서 성장하려고 시도해 왔는가? 이제 천천히 그 본질을 다시 느끼고, 그리고 당신에게 가장 편한 방법으로 그리고 이 경험으로부터 자연스럽게 흐르는 것으로 그것이 시, 음악, **춤**을 통해 자신의 이야기를 말할 수 있도록 하여라.

[린다는 철의 본질로 자신이 경험하는 것을 스케치했으며([그림 13-2]), 그것을 '무한(無限)'이라고 불렀다. 그녀는 이 그림과 '춤추기' 시작했으며, 또는 그 그림이 그녀를 움직이도록 했다. 자신의 발을 바닥에 굳게 붙이고 린다는 이 동작이 자신의 자유와 무한의 경험이라고 설명하며 앞뒤로 춤을 추었다.]

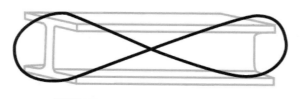

그림 13-2   무한, 철의 본질적 경험

6. 당신의 신체에서 여전히 그 본질을 느끼며, 이 본질 경험이 어떻게 당신의 전체적 삶의 상황을 이해하고, 연관시키며 또는 돕는지 물어보아라. 이 경험이 어떻게 이 실습 초기에 당신이 자신의 손을 증상에 가까이 움직였을 때 떠올랐던 다른 평형세계들과 연관되는가? 그 본질이 어떻게 가장 어려운 평행세계, 그것의 이야기, 그것의 모습들로부터 의미를 만드는가? 이 모습들이 당신의 개인적 또는 문화적 역사 사이에 어떠한 방법으로든 연관되어 있는가?

(린다는 빅U, 철의 본질, 흔들리는 경험이 다른 평행세계, '바람'의 경험같이 느껴졌다고 단순하게 설명했다. 상담 후, 그녀는 자신의 방광에 '숨어 있는' 분리를 찾아서 놀랐다고 말했다. 그녀는 또한 빅U가 많은 세계를 서로 연결한다고 말했으며, 그리고 이제 그녀는 자신의 신체 증상에서 나타난 분리를 처음으로 경험했던 불교로 되돌아가기를 원한다고 말했다.)

치유

의학의 개념에서 치유는 통증을 줄이거나 증상의 원인을 제거하는 것이다. 그것은 중요한 정의이지만, 그러나 그것은 특히 빅U를 포함하는 우리의 다른 부분들을 과소평가할 수 있다. 증상의 평행세계들 중 하나의 본질을 반영하는 것은 당신을 자신의 근본적 자아, 당신의 다양한 경험들을 함께 연결하는 빅U의 의미에서 치유일 수 있다.

가장 심오한 빅U와 접촉하는 것은 당신이 이 문제가 되는 부위를 사용하는 신체 또는 방법에 있어서 즉각적인 효과를 줄 수도 있다. 가장 큰 개념에서, 빅U는 의학이다. 그것은 본질 또는 방법이다. 그것은 전반적인 상황의 일종의 배경 지도다. 그것은 편하지-않음 이면의 편안함이다. 아마도 이것이 이 장 앞에서 인용된 노자의 말이 의미하는 것이다.

만일 내게 아주 조금의 감각이라도 있다면,
나는 중도(中道)를 지킬 것이며 그리고
나의 유일한 두려움은 그 길에서 벗어나는 것이다.

다음 장에서 우리가 길을 벗어나는 이유를 탐구할 것이다.

생각해 봐야 할 것들

- 카두세우스는 뱀 두 마리가 감겨 있는 지팡이다.
- 카두세우스는 치유, 자기-반영하는 빅U 또는 안내 파동을 상징한다.
- 빅U는 벡터의 합으로 또는 최악의 본질로 나타난다.
- 그 본질을 의약품으로 사용해 보아라.

Chapter **14**

Chapter **14**
의학에서의 평행세계

중도(中道)를 지키는 것은 쉬우나,
그러나 사람들은 옆으로 벗어나기를 좋아한다.
– 노자(老子)[1]

앞 장에서 나는 우리가 우리의 중도(中道), 길, 치유 또는 편하지-않음의 본질, 빅U를 찾을 필요가 있다는 아이디어를 소개하기 위해 『도덕경』의 문구를 사용하였다. 여기서 인용의 두 번째 문구를 반복하며 나는 이러한 개념을 강조하고, 또한 두 번째 개념, 즉 사람들은 옆으로 벗어나는 것을 좋아한다는 것에 대해 탐구해 보고자 한다. 왜 우리는 옆으로 벗어나는 것을 좋아하는가? 어쩌면, 왜 우리는 우리 자신들 스스로를 불편하게 하는가? 이 질문의 대답을 위해 나는 증상의 기하학을 탐구하고자 한다.

당신이 만일 할 수 있다면 한 인간이기보다는 전체 우주라고 상상해 보기 바란다. 그렇다면 알아차림이 당신에게 어떠한 의미로 다가오는가? 당신은 어떻게 자기-반영을 할 것인가? 자의적(恣意的) 알아차림을 나타내기 위해 당신은 이중성(duality)의 어떤 암시적 형태를 가져야만 할 것이다. 당신 자신에 관한 무엇인가가 당신의 주의를 끌어야만 할 것이다. 무엇인가가 당신을 성가시게 해야만 할 것이다. 정말로 당신의 주의를 끌기 위해서는 무엇인가가 매우 잘못된 것처럼 보이거나 또는 당신을 고통을 주고 괴롭혀야만 할 것이다. 자의적 알아차림이 나타나서 당신이 그것을 알기도 전에 버그(bug)는 가렵게 한다. 그러면 당신은 좋든 싫든 그 가려움에 긁고 반영해야 된다고 느낀다. 갑자기 당신은 조용하고, 조화로우며, 정적(靜的)인 우주가 아니라 벌레, 가려움 그리고 긁으려는 손으로 변화하는 바로 그 것이다.

내가 경로 알아차림에 대해 3장에서 지적한 바와 같이, 버그는 방향(方向)적인 의식에서 중요하다. 그것이 아마도 노자의 말대로 우리가 때때로 (또는 아주 자주) 옆으로 벗어나야 하는 필요가 있는 이유일 것이다. 버그와 가려움은 긁음으로 이끌고 그리고 궁극적으로 우리가 실제로 누구인지 또는 어떤 사람이 될지의 의식으로 이끈다. 그러한 순간에, 가려움은 가라앉는다. 나는 우리 대부분이 지루해지기 전에 "누가 버그가 필요한가?"라고 아주 잠깐 생각한다고 추측한다. 그리고 모든 것은 다시 처음부터 시작할 것이다. 의식은 버그를 필요로 하는 과정이다.

때때로 버그는 단지 꿈이며 때때로 증상, 사람 또는 큰 세계적 사건이다. 적어도 육체적 삶 동안, 중요한 것은 가려움이 창조적이라는 것이다. 아마도 그것이 천체물리학자 스티븐 호킹이 영점 에너지 장(zero-point energy field)의 진공으로부터 우주는 스스로를 긁어서 존재하도록 했다고 말한 이유다.[2]

신에게 고맙게도 버그(bug)는 죽지 않는다

공허(空虛) 또는 조화는 어떤 영적(靈的) 전통에서처럼 최종 목표가 아닐 수도 있다. 사실, 불확정성 원리 때문에 가려움 없이는 절대 공허도 없다. 그러한 아이디어는 내가 인간에 대해 알고 있는 것과 일치한다. 공허는 순간적 상태이지만 버그는 항상 그곳에 있다. 어떠한 개인, 그룹도 항상 누군가 또는 무엇인가에 의해 성가심을 받아야만 할 것이다. 당신의 관계는 항상 생각해야 할 새로운 것이 나타날 것이다. 왜냐하면 아마도 이러한 관계는 스스로를 알려고 추구하기 때문이며, 빅U가 알아차림에 도달하려 하기 때문이다. 원칙적으로 분리와 해탈은 당신의 빅U를 알려는 순간적 상태다. 원칙적으로 그것들은 오래 지속할 수 없다.

　증상은 사라지지만 다른 무엇인가가 다시 나타난다. 치유는 순간적인 것이다. 우리는 각각이 우리 자신을 알려고 하는 호기심 많은 우주다. 참된 중재자—즉, 자연을 따르기를 좋아하는 누군가—는 자기 자신의 신체, 관계 그리고 그룹과 세상의 버그들을 따른다. 그것들이 그녀를 성가시게 하고 그러면 그녀는 그것들의 본질 또는 빅U로 형태-변형하며, 그리고 그 버그들은 그녀의 스승이 된다. 그 버그는 죽지 않는 것처럼 보인다. 그래서 증상을 나타내는 것은 외부의 원인이나 내부의 알아차림의 결핍 때문만이 아니다. 그것들은 의식의 프로세스에서 당신이 우주이기 때문에 발생한다. 다시 말해, 옆으로 벗어남이 일어나며, 우리는 옆으로 벗어난 탈선이 필요하고 또 좋아한다. 어느 정도 보기에 따라서는 어쩌면 우리 안 깊은 곳의 무엇인가가 스스로를 알기 위해서 성가심을 받으며 옆으로 벗어나기를 원한다.

활기 있는 증상

　앞 장에서, 나는 증상이 문제가 되는 평행 세계들과 연관이 있고, 그리고 이 세계들의 본질은 건강 경험, 때로는 순간적 치유를 이끌 수도 있다고 제안하였다. 이제 나는 옆으로 벗어남을 탐구하고 평행세계를 활기 있게 하고 그것들을 합함으로써 빅U에 접근하고자 한다. 그것은 내가 당신에게 비록 당신이 현실에서는 아직 찾지 못했다 하더라도, 가장 훌륭하고 상상 가능한 치유의학의 세계를 포함하여 이 세계들의 각각을 상상해 보라고 요청하는 것을 의미한다. 나는 당신에게 그 의학을 그리고 그것에 활기를 주라고, 그것에게 사는 힘인 활력(活力)을 주라고 할 것이다.

신화와 현대의학의 물활론적 및 예술적 능력

당신은 준비되었는가?

1. 당신의 매일매일의 자신은 어떤 것 같은가? 이 질문에 대한 답을 기록하고 그것을 '#1'이라고 하자. (예를 들어, 지금 나의 매일매일의 삶은 매우 바쁘다.) 당신의 가장 유별난 자신은 어떤 것 같은가? 역시 답을 기록하고 '#2'라고 하자. (내 경우, 나는 일반적으로 현재의 피곤함을 약간 유별나게 만드는 많은 에너지를 가지고 있다.)

2. 당신이 지금 느끼거나 또는 과거에 느꼈던 증상에서 탐구하고자 하는 증상을 지명하여라. 당신이 절대적으로 같은 증상에 초점을 맞추기를 원하는 것이 아니라면, 당신이 앞의 실습에서 선택했던 것과 다른 증상을 선택해 보아라. (예를 들어, 내 자신의 경우, 증상을 찾는 것은 쉽다. 몇 시간 전나는 물병의 물을 약간 마셨고 지금 아픈 것 같다. 식중독일까? 난 물병의 날짜를 보았고 유효기간이 수개월 지난 것을 알았다. 나는 그 물을 마시기 전에 날짜를 확인했더라면 하고 후회한다.)

3. 최악의—또는 최악이라고 생각되는—상황에서 증상을 느끼는 것을 느끼거나 기억하고, 그리고 증상의 가장 큰 교란 에너지 또는 상상적 교란 에너지를 묘사해 보아라. 그것을 기록하고 '#3'이라고 하여라. (나의 경우, 가장 큰 교란 에너지는 식중독의 결과로 설사가 예상되는 뱃속에서의 꾸르륵거리는 불편한 느낌이다. 이미 그곳은 꾸르륵거리고 있다!)

4. 증상의 에너지를 나타내기 위한 방법으로 손을 움직여 보고, 그리고 이 증상 에너지를 표현할 수 있는 꼭두각시 인형을 상상해 보아라(당신의 #3). 그 증상을 느끼고 그 에너지가 선 그림으로 그려지도록 하여라(나의 경우, 나의 소화체계가 어떻게 느껴지는지를 그리는 것은 쉬웠다([그림 14-1]).

5. 어떠한 실제의 또는 상상의 치료(또는 치료법)가 그 증상을 완화시키는 데 도움이 되는가? 만일 당신이 어떠한 치료도 택하지 않고 있다면 무엇이 가장

그림 14-1   설사 악마!

도움이 될 것 같은가? 그것을 묘사해 보아라. 예를 들어, 당신은 호흡, 요가, 항불안제 의약품, 근육이완제, 냉각치료법, 유사의학 의약품, 에너지 의약품 등을 상상할 수 있다. 이것을 기록하고, 치료 '#4'라고 하여라. 그것의 본질을 느끼고 당신의 손을 그 의학의 에너지를 표현하는 방법으로 움직여 보아라. 그리고 이 치료를 나타낼 수 있는 꼭두각시 인형이나 그림을 상상해 보아라. (내 증상에 대한 치료 요법은 간단하다. 시원하고 긴장을 풀어 주는 긴 샤워. 내 그림? 내 신체 체계에서 설사 악마를 씻어내는—머리가 있는—쓰나미(지진 해일). [그림 14-2])

6. 이제 당신의 증상(#3)과 치료법(#4)에 대해 당신의 꼭두각시 인형이 서로 대화를 하도록 해 보아라.[3]([그림 14-3]) 색연필과 종이 접시를 가지고 그들의 에너지를 느끼고 그리고 그 에너지들이 꼭두각시 인형을 만들게 함으로써 꼭두각시 인형을 만들어라. 만일 당신이 실제로 꼭두각시 인형을 만

그림 14-2   쓰나미(지진 해일)가 모든 것을 씻어낸다.

들지 못한다면 적어도 종이 위에 그것을 그려라. 종이접시 하나를 잡고 그것을 꼭두각시 인형처럼 사용해서 그것의 에너지를 표현하여라. 그러고 나서 또 다른 종이 접시로 똑같이 해 보아라. 이 두 종이 접시들이 잠시 동안 서로 대화하게 해 보아라. 그들은 문제를 해결할 필요가 없으며, 단지 서로 알면 된다.

(나의 경우, 그 쓰나미 '치료법'은 "조심하여라! 너의 시간은 거의 다 끝났다. 내가 너를 물에 빠지게 할 거야!"라고 말했다. 정당방위에서 내 설사 악마는 "공평하지 않다. 내가 원하는 모든 것은 벗어나는 완전한 자유다."라고 말했다. 그 쓰나미는 생각하기 시작했다. "음, 우리는 공통점이 정말 많다. 흐름과 자유")

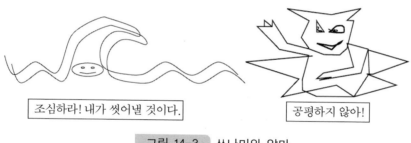

조심하라! 내가 씻어낼 것이다.

공평하지 않아!

그림 14-3 쓰나미와 악마

7. 이제 그러한 에너지의 느낌으로 이 경험에 움직임을 합해 보아라. 당신의 그림 또는 꼭두각시 인형들을 옆으로 놓고, 그리고 당신의 4개의 평행 세계—당신의 일상, 비(非)일상, 증상 그리고 치료법 자체들—의 방향을 찾기 위해 당신의 지기(地氣)가 느끼는 양자 나침반을 사용하여라. '#1'에서 '#4'의 경험을 기억하고, 그리고 출발점 '*'을 찾아보라.

그곳 출발점 '*'에 도착하면, 당신의 매일매일의 자신, '#1'을 느끼고, 당신의 신체 안에서 그것을 느끼고, 돌아서서 그것을 잡아당기는 또는 그것이 향하는 방향을 찾아보라. 그 방향으로 몇 걸음 걸어라.

그 점에서, 당신 신체에서 가장 평범하지 않은 자신, '#2'를 느껴 보아라. 그것이 당신을 돌리고, 그것의 방향을 찾게 하고, 그곳으로 몇 걸음 걸어라. 당신의 증상 에너지, '#3' 그리고 치료 또는 치유 방법, '#4'와도 똑같이 해 보아라. 당신의 도착점 '**'을 표시하여라. (만일 당신이 쉽게 걸을 수 없다면, 당신은 자신의 상체를 다양한 방향으로 움직이면서 그 경로들을 종이 위에 표시함으로써 이 단계를 실행할 수 있다.)

8. 당신의 모든 경로들의 중첩을 찾아보아라―당신의 빅U를 찾아라. 출발점 '*'으로 돌아가 보아라. 그리고 그곳에서부터 도착점 '**'까지 직선으로 가기 바란다. 천천히 걸으면서 이 빅U와 그것의 방향의 의미를 찾아라([그림 14-4]에서 짙고 굵은 선). 비록 비합리적인 것처럼 보이더라도 당신이 걸을 때 발생하는 문득 떠오르는 당신의 경험과 직관을 신뢰하여라. 그것을 다시 걸으며 이 빅U의 리듬을 탐구하기 위해 당신의 알아차림과 당신의 경이로움을 사용해 보아라. 그것이 당신을 움직이도록 해 보아라. 이제 다시 그 경로를 걸으며 그것의 리듬을 노래하거나 흥얼거려 보아라. 당신의 빅U의 경로가 일종의 춤으로 당신을 움직이게 하고, 그것에 관한 이야기가 생기도록 해 보아라. 이 빅U를 노래하고, 느끼며 움직이는 동안 그것의 신화적인 인도 능력을 느껴 보아라. 심지어 그것의 꼭두각시 인형 같은 그림을 그려 보아라. ([그림 14-5]는 나의 빅U 그림이다.)

9. 특히, 빅U의 관점에서, 모든 4개 경로가 어떻게 중요할 수 있는지 탐구해 보아라. 당신의 빅U가 어떻게 당신의 매일매일의 자신, 당신의 가장 평범하지 않은 자신, 당신의 증상 에너지 그리고 치료법을 포함하는가? (결국, 당신의 최종 모습은 다양한 벡터들과 느낌들의 중첩의 곱이며, 원칙적으로, 그 모든 것을 포함한다.) 특히, 그 증상이 어떻게 필연적인가? 빅U의 관점이, 어떻게 증상 에너지와 그것의 치료를 포함하고 이해하고 평가하는지 탐구해 보아라. 이 빅U가 당신의 매일매일의 삶, 당신의 우정, 당신의 직업 그리고 당신 경험의 다른 측면에 얼마나 원했던 것인지 탐구하여라 ([그림 14-4]의 나의 빅U 벡터는 한밤중에 세계의 꼭대기인 북극을 향하고 있다. 나의 빅U 경험의 그림([그림 14-5])은 삶의 개요에서 일종의 치료적 모습인 그 북극의 느낌을 포함한다. 그 모습은 자신에게 '음음음' 하며 흥얼

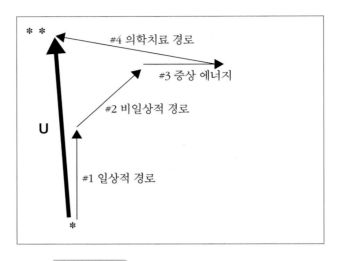

그림 14-4   내 설사의 경로와 평행세계들

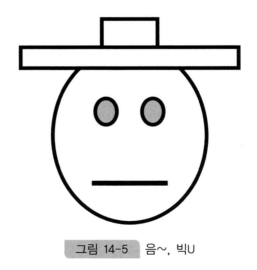

그림 14-5   음~, 빅U

거린다. 나는 이 빅U 모습이 증상의 날카로운 눈의 성질, 일자 선형의 입과 모자로 나타나는 설사 악마와, 그리고 또한 쓰나미의 유연성의 동글함, 바로 나의 '치료'를 포함한다는 것을 알아차렸다.

10. 가능하다면, 중상 영역에서 당신의 빅U를 느껴 보아라. 그 빅U의 에너지

는 대증(對症)요법의 느낌에서 치유일 것이다. (나의 것이 그랬었다. 나
는 화장실에 한번 다녀와서 그것으로 끝이었다.) 아마도 당신의 증상은 자
신이 종종 싸우고 있지만, 그러나 더 많은 알아차림을 이용해야 할 필
요가 있는 에너지를 당신에게 상기시켜 주고 있다. 그 역광 에너지, 그
옆으로 벗어남(이 장 앞의 노자의 인용을 이용하면)은 어쩌면 당신의 신
체에서뿐만 아니라 당신이 별로 좋아하지 않은 사람들에게도 반영되
거나 발견될 수 있다. 이것은 모든 사람들이 공유하는 비국소적 에너
지다. 당신의 한 부분의 본질은 비국소성 때문에 원칙적으로 모든 것
의 본질이다.

11. 마지막으로, 당신의 치료를 받아들여라! 만일 그것이 당신의 진짜 의약품
이라면 약품 상자나 병에 그 모습을 그려 놓아라. (모든 건강 보조제에
똑같이 하여라). 한 면에는 치료 정령을 그리고, 다른 면에는 보조제가
대항하는 악마를 그려 보아라. 병의 뚜껑에는 당신의 빅U를 그려 넣어
라([그림 14-6]). 당신의 치료를 받아들이는 것은 이제 명상이며 당신 자

그림 14-6 새로운 의약품 용기

신, 당신의 모든 다양한 방향을 기억하는 훌륭한 방법이다. 만일 당신이 제약회사에 속해 있다면 기록해 두어라. 의약품 용기에 그들의 모습을 그려 넣을 공간을 남겨두어라.

증상은 의식으로 가는 가장 빠른 경로일 것이다. 그것은 비록 필연적으로 아주 가렵지는 않을지라도, 가장 노력을 적게 필요로 한다는 것을 의미한다.

생각해 봐야 할 것들

- 어쩌면, 우리 내부의 무엇인가는 옆으로 벗어남을 좋아하거나 또는 어쩌면 필요로 할지도 모르겠다.
- 당신을 성가시게 하는 신체 문제는 당신의 치료의 근원일 수도 있다.
- 모든 비타민과 의약품 병에 그림을 그려 보아라.

Chapter **15**
스트레스 장, 수학 그리고 신화

모든 개인사는 지우는 것이 최선이다. 그렇게 하는 것이 방해되는
다른 사람들의 사고(思考)로부터 우리를 자유롭게 하기 때문이다.
- 돈 후안[1]

　신체 문제는 의학 분야에서 스트레스라고 하는 것, 심리상담사가 콤플렉
스라고 하는 것 그리고 물리학자가 장(場, field)으로 정의하는 것과 연관되어
있다. 나는 9장에서 양자전기역학(QED)에서 전자가 장을 통해 움직이는 다
양한 방법에 대해 논의하였다. 이러한 다양한 방법은 심리학적 장들과 물리
적 장들 모두에서 전형적인 생성과 소멸의 순환에서 벗어날 수 있도록 해 줄
수도 있다. 나는 적어도 초자연치료사는 이를 선택할 수 있다고 말했다. 그
녀는 자신의 고정된 정체성에 남아 있을 수도 있고, 자신의 반(反)물질적 상
대에 의해 소멸될 수도 있다. 또한 그녀는 자신의 정상적인 정체성과 시간으
로부터 이탈하고, 자의적(恣意的) 알아차림을 사용하고, 그리고 스트레스 장
을 벗어나서 자유롭게 움직일 수 있다.
　앞 장에서, 우리는 벡터 작업이 또 다른 가능성을 창조한다는 것을 보았
다. 당신이 증상을 대할 때, 당신은 자신의 보통의 정체성을 완화하고, 자신
의 경로 알아차림을 사용하고, 그리고 문제가 있는 에너지들을 마주하기 위

한 자신의 빅U를 찾는다. 당신이 자의적 알아차림을 따르고 문제가 있는 에너지들의 본질을 따름으로써, 시간에서 벗어나거나, 또는 빅U를 찾기 위해 경로 알아차림과 벡터를 사용하거나, 신체 문제와 스트레스의 세계는 도리어 꿈같은 기회의 세계가 된다. 당신은 자신의 빅U를 따라 부상과 부담 없이 앞으로, 뒤로 그리고 시간에서 벗어나서 움직이는 것을 선택할 수 있다. 이제 나는 장의 본성으로 더 깊이 들어가서 그것이 심리학자가 콤플렉스라고 하는 것과 어떻게 연관되는지 보여 주고자 한다. 자신의 깊은 방향을 따름으로써, 초자연치료사는 문제가 있는 장을 비난 대신에 수용하고, 그것과 함께 흐를 수 있다. 콤플렉스와 그것의 장과의 연결을 연구하는 것은 우리를 스트레스로부터 벗어나도록 하는 고전적 방법일 뿐만 아니라, 한편 전혀 새로운 방법으로 우리를 이끄는 것이다.

화학과 콤플렉스

양자이론이 등장하기 전, 즉 최소작용과 양자 장에 대한 파인만의 설명

그림 15-1   콤플렉시티(Complecti)

전에, 심리학자는 가장 강한 심리학적 장을 **콤플렉스**라고 불렀다. **콤플렉스**(complex)라는 단어는 라틴어 'complecti'에서 유래했는데, 그것은 '땋다(braid)' 또는 '짜다(weave)'라는 의미를 가졌다([그림 15-1]). 그러나 지난 세기의 초기 심리학자들은, 이 용어를 18~19세기의 화학자들이 서로 약하게 결합하고 있는 한 무리의 이온들을 뜻했던 복합체(complex)라는 용어에서 빌려 온 것으로 보인다.

이온이란 전자를 한 개 또는 여러 개 얻거나 잃어서 전기 전하(電荷)를 갖게 되는 원자 또는 원자들의 집단이다. 원자를 기억하는가? 원자는 원래보다 많거나 적은 전자를 가짐으로써 전기적으로 양전하와 음전하를 띠게 되고 다른 원자에 의해 서로 반발하거나 끌리게 된다. 예를 들어, 소금(NaCl)은 이런 방법을 통해 Na^+와 Cl^- 이온으로부터 형성된다. 정리하면, 화학에서의 복합체(complex)는 전기 전하에 의해 서로 결합된 이온 다발이다.

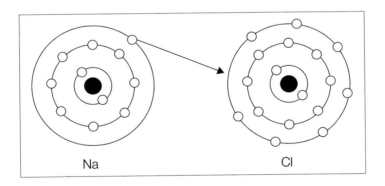

그림 15-2 소금

이온 결합에서, 전자들은 궤도에서 너무 많이 또는 너무 적게 가진 원자들 사이에 공유된다.

심리학적 콤플렉스

19세기 말 프로이트(Freud), 융(Jung), 아들러(Adler) 등은 콤플렉스에 관한 개념을 발전시켰고 그것을 심리학의 은유로 사용하였다. 융은 **콤플렉스**를 과장된 감정(exaggerated feelings)이나 감정-강조된 연상(feeling-toned association)을 의미하는 데 사용하였다. 그는 콤플렉스를 초시계(거짓말 탐지기 시험의 전신)로 측정할 수 있다는 것을 발견했다.[2] 어머니(mother)나 아버지(father)와 같은 단어들이 '지연된 연관(delayed association)'으로 추적될 수 있었다. 후에 융은 콤플렉스가 기본적 이미지나 형태로 나타나는 원형(原型)에 의해 구성되었다고 설명하였다. 전기장에 의해 결합된 화학자의 복합체와 마찬가지로, 융의 콤플렉스도 원형에 의해 결합된 기억, 느낌, 해석들의 집단이었다(예를 들면, 아버지 콤플렉스).

콤플렉스는 장의 민감도다

의학을 공부했던 융과 프로이트는 둘 다 **콤플렉스**라는 단어를 화학, 전기 전하 또는 전기장과 연관시켰던 것 같다. 어떤 면에서 심리학적 **콤플렉스**는 분극(分極), 전기 같은 장에 대한 민감도다. 나는 장이 물리학과 심리학처럼 실제 본성과 비국소성 본성 모두를 가지고 있다고 생각한다. 마치 화학의 복합체나 이온성 그룹 주위에 전기장이 있는 것처럼, 사람들 주위에도 장이 둘러싸고 있다. 장은 콤플렉스가 유래하는 이미지인 땋아진 끈과 같은 구조적 패턴과 연관되어 있다([그림 15-1]).

많은 심리상담사들은 콤플렉스들이 강력한 과거 사건들로부터 유래했다고 가정하며, 콤플렉스를 국소적 장(場) 효과로써 다루고 있다. 어머니 콤플렉스이나 아버지 콤플렉스(엘렉트라 콤플렉스 또는 오이디푸스 콤플렉스) 개념은 주로 개인적 경험에 기인한다. 이러한 관념은 자체의 수학적, 구조적 그리고 우주적 본질을 숨기고 있다. 콤플렉스에 대해 상담한다는 것은 분명 그것을 이해한다는 것을 의미하지만, 그러나 그들의 강도와 분극화 본성의 무엇인가는 종종 그 본인, 즉 개인 주위에 남아 있다는 것처럼 보인다.

어쨌든, 물리학적 장과 심리학적 장 둘 다는 모두 국소적이며 비국소적이다. 그것들은 개인적이고 어느 주어진 장소에 있으며, 동시에 떨어져 있는 위치들 사이의 연결을 가지고 있다. '콤플렉스를 가지고 있다'고 말하는 대신에 나는 '입자 장에 민감하다'는 관점에서 말하는 것을 더 선호한다. 이것은 자기 자신에서, 그리고 타인에게서, 공중에서 장을 알아차린다는 것을 의미한다. 장은 실제다. 즉, 그것은 힘의 관점에서 측정가능하다. 그러나 장은 또한 상상이기도 하다. 즉, 그것은 입자들과 강력한 모습들로 꿈꿀 수 있다. 장민감도는 하나의 관점에서의 문제이며 더욱 온정적인 (또는 빅U) 관점에서는 선물이다. 어떤 사람들은 특정 장에 민감하게 태어난 것으로 보인다. 한때, 우리 모두는 중력, 전자기 그리고 영적 요소들의 결합인 지구의 장에 민감했었다. 우리는 위험을 피하고 식량을 찾기 위해 그러한 민감성이 필요했었기 때문인 것 같다.

융의 콤플렉스

장에 대해 작업하는 것—즉, 투사를 돌려받는 것—과 그리고 또한 장과 함께 춤을 추는 것을 배우는 것은 중요하다. 융 자신은 그러한 춤을 추는 사람이었다. 취리히 분석파(Zurich analysts) 중 한 사람인 해나(Barbara Hannah)는 나에게 한 일화를 이야기해 주었다. 융이 78세일 때 그는 바젤(Basel)에 있는 교회에서 종교의 심리학에 대해 자신의 마지막 강연 중 하나를 발표하였다. 그의 아버지가 성직자였기 때문에 융의 관심은 교회 신자들에게 신학(神學)을 강연하는 것이었다. 융은 '부정적 아버지 콤플렉스(negative father complex)'를 가지고 있었기 때문에, 그는 항상 자신의 아버지에 대해 작업하였다(부모가 있는 또는 부모 결손인 우리 모두와 같이).

해나는 융으로부터 가르침을 받고 있었고, 또 융이 몇 해 전에 심장마비가 왔었기 때문에 그를 돌보기 위해 그와 함께 바젤에 갔다. 융은 강연 후 집에 가서 쉬는 대신, 피곤함에도 불구하고 교회 계단에서 자신에게 동의하지 않았던 목사에게 신과 자아의 연결에 대해 설명하고 있었다. 해나는 목사가 떠나자 융이 그렇게 자신의 건강을 악화시키는 것에 대해 질책했다. "융 박사님, 지금 무엇을 하고 계시는 것입니까?" 그녀가 충고했다. "그 모든 세월 뒤에, 왜 당신은 아버지에 관해 그 많은 시간을 소비하고 있습니까? 당신은 이에 대하여 더 잘 알아야 합니다."

융이 의자에서 돌아앉으며 대답했다. "내 나이 이제 78세이고, 자네는 이러한 것들을 이해하지 못해. 이것들은 시간이 지나면서 더 무엇인가가 된다네." 융의 아버지 문제는 단순한 문제가 아니라 장 프로세스였던 것이다.

콤플렉스, 장 그리고 날씨/일기예보 시스템

장은 물리적 물체들에 영향을 주고 실제 신체를 황폐화시킬 수도 있는, 양극(兩極)화와 힘들을 창조한다. 그들에 대해 탐구해 보자.

어떤 무엇이 당신이 가장 피하고자 하는 최악의 장 상황이며, 어떤 것이 당신이 끌리는 장 상황인가? 그리고 어떤 것이 당신에게 가장 어려운 상황인가? 당신이 그러한 장들에 있을 때 당신은 어떤 종류의 상황 또는 신체 스트레스를 느끼는가? 당신의 신체에서 당신은 정확하게 무엇을 느끼는가? 보기에 따라서, 당신은 자연의 전기장 또는 전자기장에 의해 밀리고 당겨지는 전자와 같은 무엇일 수 있다.

당신이 그러한 상황에 처했을 때, 당신에게 어떤 일이 전형적으로 발생하는가? 당신은 어떻게 행동하는가? 몇몇 사람들은 과도함을 느낀다. 다른 사람들은 스트레스를 받고, 과중한 압력을 느끼며, 어지럽거나 얼어붙는다. 한 내담자가 나에게 자신이 쓸모없다고 느껴질 때, 죽고 싶다고 말했다. 다른 사람들은 사람들이 자신들을 좋아하지 않는다고 느낄 때 아프게 된다고 말한다.

어떤 장소에서나 어떤 사람들 주변에서는 장이 너무 강해서 우리는 그것들이 우리를 움직이고 있다는 것을 느낄 수 있다. 우리는 장을 보호적이거나 반발적 장벽으로서 느낄 수 있다. 장은 종종 분위기와 연관되기도 한다. 개인, 커플 그리고 전체 국가가 염세적 또는 낙천적인 분위기 또는 장에 있을 수 있다. 게다가, 장과 분위기는 종종 날씨 시스템에 투사된다. 흐린 날은 무거운 장이고 많은 사람들이 기분이 가라앉음을 느끼게 만든다. 화창한 하늘은 대부분의 사람들의 기분을 더 가볍게 느끼도록 만든다. 오리건과 북 캘리포니아의 해안은 안개가 자주 낀다. 이 특정한 지역의 미주 원주민들은 이러한 안개 장들로부터 나타나는 신들에 관해 이야기한다. 서해안의 유키(Yuki)족 사람들은 고독한 방랑자(solitude walker) 또는 그들의 윈투(Wintu) 언어로 타이코-몰(taiko-mol)이라고 부르는 창조자에 관해 이야기했다.[3] 그는 세계의 창조자였으며, 그리고 그의 이야기는 장이 어떻게 세상을 창조했는지를 보여 준다.

다양한 전설에 따르면, 처음에는 단지 물이 있었으며, 물 위에 안개가 있었다.[4] 물 표면에는 거품이 있었다. 무(無)는 둥글게 움직였고, 그리고 그것으로부터, 물에서 목소리가 나타났다. (알아차림이 일종의 진공 속에서 초기에 존재했다). 무엇인가가 물에서 빠르게 나타났으며, 그리고 그것은 '타이코-몰'이라고 불리는 경로방랑자(pathwalker)였다. 그는 물 위를 떠다니면서 노래를 불렀다. 이 이야기의 다른 해석에서 그는 거품에 서 있고, 거품을 녹였다. '타이코-몰'은 끊임없이 자신에게 이야기했다. 그는 말했다. "이렇게 하자!…… 아니야, 다르게 하자!" 경로방랑자는 지구와 지구의 방향을 확립하였다. 이것이 세계가 유키에 의해 물과 안개의 장으로부터 창조되는 방법이다.

중국에서 폭풍의 장은 여전히 용으로 의인화된다. 중국인, 일본인, 한국인은 모두 날씨를 용과 관련해서 말하는데, 용은 번개 이면에 있으며 용의 정령이 용이 떠오르는 강에 살고 있다고 한다. 중국의 황제는 용의 아들 또는 '용안(龍顔)'이라고 불려 왔다. 어린이들은 우리가 번개와 폭풍의 장을 두려워하는 것을 궁금해한다.[5] 그리고 어린이들은 우리가 화난 것 같은 사람들을 피하는 것을 궁금해한다.

그림 15-3　중국 용의 힘: 폭풍이 치는 날씨

날씨를 관장하는 신은 전 세계에 있다.[6] 번개는 강력한 스칸디나비아의 신들 중 하나인 토르(Thor)로 대표된다. QED(양자전기역학)의 물리적 장처럼 토르는 창조자인 동시에 파괴자다. 때로는 왕관을 쓰고 있는 모습으로 그려지며, 토르는 던졌을 때 시간에서 앞으로 갔다가 되돌아오는 특별한 망치를 가지고 있다([그림 15-4]). 고대 힌두교에서는 '마야 장(maya field)'이라는 전 세계를 둘러싸고 있는 불타는 영역에 대해 말한다. 불의 세계의 장의 가장 중심에서 돌고 있는 것은 나타라자(Nataraja), 춤추는 시바(Shiva)다([그림 15-5]). 때로는 남성이었다가, 때로는 여성인 나타라자는 우주를 창조하고 파괴하면서 행복하게 돌고 있다.

그림 15-4 토르의 망치

그림 15-5 창조자이며 파괴자인 춤추는 시바 나타나자

이 그림은 창조의 핵심 진언(眞言, mantra), 모든 존재에 대한 힌두교의 성스러운 근거의 첫 번째 발현이며, 신성한 단어인 아움(aum) 또는 옴(om)과 연관되어 있다([그림 15-6]).[7]

이 책의 앞에서 나는 어떠한 장에서도 창조와 소멸이 있고, 그리고 자의적 알아차림으로 시간으로부터의 해방과 벗어남에 대한 가능성이 있다고 지적했다. 이러한 아이디어는 오늘날

그림 15-6 성스런 근거 옴(OM) 또는 아움(AUM)

양자장 이론에서 표준인 파인만의 QED(양자전기역학)을 따라서 만든 것이다. 우리가 장(또는 콤플렉스와 그것이 만드는 분위기)에 대한 바로 그런 아이디어가 이온장 또는 전기장에서 나타난다는 것을 기억한다면, 우리는 나타라자가 매일매일의 실재에서 벗어난 시간에서 뒤로 앞으로 움직이는 파인만의 초(超)시간적인 전자의 초기 모습이라고 말할 수 있다. QED보다 훨씬 이전에도, 우리는 모든 장에 소멸의 가능성이 있으나, 그러나 그것 모두의 정수

또는 중심에 존재하는 그 이유로 해방의 가능성 또한 있다는 것을 알았다.

장의 빅U

지구 장의 이러한 본질 또는 빅U(개인, 세계, 또는 우주에서의)는 나타라자 또는 옴(OM)에 대한 그/그녀의 상징으로 의인화된다. 우리는 이러한 아이디어를 만일 우리가 고통받고 있는 힘의 희생양이라고 상상함으로써 가장 잘 이해할 수 있다. 그러나 만일 우리가 힘의 중심에 있다면 그리고 우리가 그러한 힘들을 창조하거나 필요로 한다고 느낀다면(개인, 세계 또는 우주에서의), 우리는 더 이상 나타라자에 의해서 파괴되고 있는 불타는 주변에 있는 것이 아니며 더 이상 창조와 소멸의 주기적 경험의 일부가 아니다. 대신에 우리는 세계를 창조하고 있으며, 우리가 중심에서의 빅U이며, 우리는 세계를 생명의 삶으로 이끌기 위해서 춤추는 것이다.

당신의 빅U는 반대 방향 벡터의 중심이거나 어려운 부분들과 장들의 본질일 뿐만 아니라 에너지의 창조자다. 이 장의 끝에서 당신은 자신 속에서 원형적인 초자연치료사를 경험할 기회를 가질 것이다. 그 원형적인 초자연치료사는 장의 중심으로 들어가고, 자신의 빅U를 찾고, 약간 변형된 상태에서 당신을 시간 이면의 경로 알아차림의 창조적이고 스트레스 없는 여행으로 데리고 가도록 그것을 사용한다.

콤플렉스와 스트레스의 장들은 우리의 상태−지향 사고(思考)와 리틀u에 대한 문제들이다. 그러나 빅U에 관해서, 콤플렉스는 우리를 운반하는 초(超)시간적 흐름일 수 있다. 초자연치료사에게 콤플렉스는 자신을 움직이는 지기(地氣)의 힘이다.

돈 후안의 가르침

물리학자들이 장과 반대 입자라고 하는 것은, 심리학자들이 콤플렉스와 갈등하는 꿈 인물로 언급하는 것과 같다. 카스타네다(Castaneda)의 초자연치료사 돈 후안은 이러한 장들을 나구알(Nagual)이라고 불렀는데, 그것으로 그는 미지(未知)를 통해 움직일 수 있는 미지(未知)의, 토템 정령인 스승 초자연치료사를 의미했다.[8] 돈 후안의 나구알은 본질과 꿈같음 개념의 전형이며, 그것들의 정확한 의미는 구체적인 문맥에서 사용되는 방법에 따라 다르다. 예를 들어서 내가 장에 대해서 생각할 때, 돈 후안이 나구알이라는 용어를 사용한 느낌으로 나구알을 상상한다. 즉, 그것은 경험될 수 있지만 쉽게 설명되지는 못한다.

돈 후안은 당신이 나구알을 통한 유체(流體) 경로를 따르기 위해서는 자신의 개인적 일상을 깨뜨려야 한다고 말했다. 우리의 고정된 정체성과 일상은 집들과 같아서, 그것들은 바람 폭풍에 의해 날아가 버릴 수 있다. 당신은 이러한 집단과 인종으로 태어난 여자다. 당신은 그러한 믿음과 이러한 건강문제를 가지고 태어난 남자다. 당신은 이러한 종교, 그러한 교육, 문화, 지식, 재능을 가졌다. 이러한 것들이 모두 고정된 정체성이다. 그러나 알아차림과 함께 한다면, 당신은 어려운 장에서 자신을 도울 수 있는 훨씬 많은 것을 가지게 된다.

나구알을 통한 초자연치료사의 빅U

당신은 오늘 당신 자신을 어떻게 묘사할 것인가? 그리고 당신의 평범한 일상적인 자아는 어떤 방향으로 갈 것인가? 잠깐 시간을 내서 당신의 일상적인 자아를 느끼고, 그리고 지기(地氣)가 당신에게 자신의 평범한 자신이 어느 방

그림 15-7

장의 얼굴 + 방향

향으로 향했는지 알려 주도록 해 보아라. 그것에 대해 기록해 보아라. 당신은 나중에 그것이 필요할 것이다.

요즘에 당신을 잡아당기는 가장 큰 힘의 장은 무엇인가? 잠시 시간을 가지고 지금 떠오르는 한 가지를 선택하고 당신이 할 수 있는 한 가장 잘 설명해 보아라. 그리고 이 장을 일기예보 시스템이라고 상상해 보아라. 그 시스템을 인간 얼굴처럼 보려고 시도해 보아라. 그것을 스케치해 보아라.

이러한 일기예보-장 시스템을 느끼는 것을 탐구하고 그 이면에 있는 몇 이미지를 상상해 보아라. 그것을 스케치해 보아라. 느끼고, 걷고 그리고 그것의 방향을 기록해 보아라([그림 15-7]). 이 방향으로 걷는 동안 그것의 리듬을 느끼고 그 방향이 당신을 이리저리로 움직이게 해 보아라. 이 춤 이면의 어떠한 이미지가 소멸시키려는 경향이 있으며 그리고 그것이 어떠한 것을 창조하려고 하는가? 그것의 방향과 춤을 기록해 보아라.

이제 당신의 개인적 역사, 당신의 순간적인 정체성이 그것이 무엇이든 떠나보내기 바란다. 당신이 자신의 가장 깊은 부분을 느끼도록 하는 느낌에서 초자연치료사가 되는 것을 탐구하고 당신의 신체가 그것의 방향을 찾도록 요청해 보아라. 이러한 빅U 경로가 향하는 곳이 어디인가? 그곳으로 걷고, 그리고 걷는 동안, 느끼고, 이 경로를 따라 당신 자신이 꿈을 꾸고 꿈꾸어지도록 해 보아라. 꿈꾸는 사람이 되는 것에서 꿈꾸어지는 대상이 되는 것으로 변화해 보아라. 빅U가 당신을 꿈꾸고, 소위 말하자면 당신을 움직이도록 해 보아라. 당신의 개인적 일상을 완화하고, 이러한 가장 깊은 빅U의 리듬과 그것이 당신을 춤추고 노래하는 방법을 느껴 보아라. 당신의 순간적인 정체성을 잠시 완화하고 빅U의 춤을 춤추도록 해 보아라. 명료하게 있으면서 당신의 꿈꾸기 춤을 알아차려 보아라.

　마지막으로, 이러한 빅U를 계속 경험하는 동안, 당신의 평범한 자신과 가장 힘든 장 또는 콤플렉스의 방향을 탐색해 보아라. 가능하다면, 당신이 꿈꾸어 왔거나 당신을 이리저리 밀었던 당신의 평범한 자신과 긴장된 장과 방향을 창조해 왔던 가능성을 경험하려고 노력해 보아라. 빅U처럼 당신이 그 춤에 대한 컴패션(compassion)과 신체적 이해를 가질 때까지 문제가 되는 장과 당신의 평범한 자신의 방향을 탐구하여라.

　그리고 꿈꾸기, 무엇이 일어나는지, 당신이 무엇을 배우는지를 명료하게 인식하는 것을 계속해 보아라. 그 문제가 있는 장이 가진 의미가 어떤 것인지 기록해 보아라. 당신은 그 순간에 신체적으로 어떻게 느끼는가? 그리고 당신은 누구인가?

　스트레스는 콤플렉스 때문에 생기는 것이 아니라 강력한 힘의 장에 저항하거나, 화내거나, 두려워하려는 우리의 고정된 정체성 때문에 발생한다. 초자연치료사의 잠재적 경로는 자연의 초시간적 흐름 중의 하나다. 또는 좀 더 단순하게, 이 장 앞에서 인용했던 돈 후안의 말처럼 "개인사는 모두 지우는 것이 최선이다." 그러면 우리의 여행, 빅U는 단지 인생 과정에서뿐만 아니라 가장 이상한 폭풍우 날씨를 통한 매 순간마다에서도 최소작용으로 작동할 수 있다.

생각해 봐야 할 것들

- 화학자들의 복합체(콤플렉스)에 대한, 공유된 전자들과 전기장에 대한 개념은 아마도 심리학자들의 콤플렉스와 장의 개념보다 선행된 것이다.
- 나타라자의 춤은 세계 장을 창조하였고, 또한 그것으로부터 자유롭다.
- 더 적은 개인사와 더 많은 빅U를 가질수록 스트레스 장의 정령은 강(江)으로 바뀐다.

어지러움 상태에서의 두 번째 훈련

당신의 도반(道伴)과의 회전(回傳)은 세계에 관한
당신의 아이디어를 변화시킬 것이다.
그 아이디어는 모든 것이며, 그리고 그것이 변화할 때, 세계 자체가 변화한다.
- 돈 후안[1]

　빅U는 당신이 아주 작은 양자 신호교환을 알아차리도록 인도함으로써 배경 방향으로 모든 순간에, 그리고 문제, 신체 징후, 절정 경험, 초자연치료사적 몽환 상태 그리고 큰 꿈을 통해 움직이는 여정의 전체적 방향으로 당신의 삶에서 나타난다. 이 장에서 나는 빅U가 어떻게 의식의 어지러움 상태들을 통하여 우주에 대한 우리의 관계에서 나타나는지 탐구할 것이다. 우리는 의식의 변형상태와, 회전(spinning)과 원형 댄스(circle dancing)로 작업할 것이다. 원형 움직임은 무예(武藝)나 수도사의 의식(儀式)에서 볼 수 있는 것처럼, 당신이 어려운 상황들에서 유용한 통찰력을 창조할 수 있는 새로운 종류의 중심을 느끼도록 긴 개인사를 제거한다. 우리의 가장 훌륭한 동맹 중의 하나는 회전하기(spinning)다.

신비주의 재검토

심리학 분야의 개척자인 미국 심리학자 윌리엄 제임스(William James)는 신비적 경험들은 말로 할 수도 없고 표현하기도 어렵다고 적었다. 그는 신비적 경험이 순간적이어서 당신이 그것을 유지할 수 없기 때문이라고 말했다. 그것은 순수 이성적이어서, 당신은 사물들을 알지만 그것들을 잘 말할 수 없다. 제임스의 이러한 통찰력에 대해, 나는 두 가지 추가적인 요소들을 이 책의 앞부분에서 제안했다. 첫 째는 빅U가 또한 비국소적(nonlocal)이며 중첩적(superpositional)이라는 것이다. 나는 그것이 온정적인 특별한 배려라는 것을 의미한다. 그것은 우리의 모든 부분들을 포함하고 포용한다. 빅U는 위대한 지기(地氣)에 근거한 스승이며 초자연치료사의 동맹이다. 온정적이기 때문에 빅U는 당연히 포용하고 둘러싸고 있다. 그래서 회전과 원형 댄스가 많은 사람들이 자연과, 우주와 연관하기 위해 이용되어 온 것이 놀라운 일은 아니다.

신화에서의 회전하기와 영적 전통

에이미 민델(Amy Mindell)은 『감춰진 댄스(Hidden Dance)』에서 원시 초기 사람들이 자신들의 어려운 문제들을 해결하기 위해서, 자신들을 자연과 일치시키기 위해서, 사냥할 때와 씨앗 뿌릴 때를 알기 위해서—일반적으로, 우주와 연관시키기 위해서—원형 댄스를 의식(儀式)화했다고 설명했다.[2] 이러한 원형 혹은 나선형 댄스는 계절과 우주를 반영하고, 그리고 그것에 참여를 함으로써, 조상들은 더 나은 삶과 공동체를 창조하기 위해서 장(場)과, 날씨와 좋은 관계를 만들려고 노력하였다. 여기에 그러한 의식화된 원형 댄스가 몇 가지 있다.

- **산토 다임(Santo Daime).** 우리는 마나후스(Manaus) 근처 숲속에 살고 있는 원주민들이 아마존에서 개인과 공동체를 치유하는 수단으로서 수행하는 원형 댄스의 능력을 경험했다. 산토 다임 종교 수행자로서 이러한 브라질 원주민들은 초자연주의, 기독교 그리고 요루바 수행의 요소들과 함께 자신들의 신성한 차, 아야후스카(Ayahuasca)의 영적인 혜택을 굳게 믿는다.

  수행자들은 공동체의 노인, 어린이 등 모든 사람들과 함께 치유의식을 만드는 집합적 공동체에서 모든 사람이 함께 계속 도는 원을 그리며 밤새 춤을 춘다. 나는 그곳에서 오늘날 아직도 나에게 도움이 되는 유용한 경험을 하였다.

- **회교 금욕파의 수도사(dervish).** 아마도 가장 잘 알려진 원형 댄서는 신비적인 이슬람교 그룹인, 루미(Rumi, 1207~1273) 추종자 수피(Sufi) 회교 금욕파의 수도사들이다. 수니(Sunni, 회교의 2대 분파 중의 하나)도 시아(Shia, 이슬람교 2대 분파 중의 하나)도 아닌, 그들은 수피교가 모든 종교의 본질이라고 생각한다. 그들에게 이슬람과 알라는 자연 질서의 형태다. 수피교는 신과 우주를 알기 위해서 회전을 수행한다. 그들은 회전하는 우주의 중심 골격으로서 메루산(Mount Meru)을 말한다. 그들의 철학에서, 인도양 자체가 이 산 주위를 원형으로 돌고 있다.[3] 그 상징은 헌신자(devotee)가 자신의 삶이(대양으로서) 자신 주변으로 흐르는 것을 허용하여 산이 되는 것을 의미한다.

  회교금욕파 수도사의 의식의 능력에 대한 나의 개인적 경험은 회전이 당신의 정상적 정체성을 방해하고, 내가 우주 자체로서 경험한 것처럼, 놀라운 경험으로 당신을 개방한다는 것을 알려 주었다. 당신이 회전함으로써, 당신의 신체는 마치 사건들이 주위에서 움직이는 산과 같이 다시 중심(re-center)을 잡는 길을 발견한다.

- **춤추는 시바(Dancing Shiva).** 앞 장에서 나타라자(Nataraja)를 기억하는가? 그 춤추는 시바는 마야(Maya) 세계로부터의 자유를 상징하면서 불의

원의 중심에서 회전한다. 시바는 평온하며 거의 축복이다. 이러한 그림과 아이디어는 또한 움직임에서 고요함과, 창조와 소멸의 중간에서 중심을 잡는 가능성을 표현한다.

- **양자 회전(Quantum spins).** 양자물리학에 따르면, 우주의 모든 입자들은 회전에 의해 특징지어진다.[4] 유사한 방식으로, 각각의 사람들도 또한 회전이나 존재의 방식을 가지고 있다. 이 장 뒤에서의 실습에서, 어떤 독자들은 단지 시계방향으로만 회전하며 다른 사람들은 단지 반시계 방향으로만 회전한다. 그리고 각각의 회전 속도도 다르다. 입자와 마찬가지로 사람들도 매우 다른 회전 특성을 가진다.

당신이 회전할 때, 당신의 프로세스 또는 신체 지혜가 스승이 된다. 우리 각각은 우주에 대한 우리의 특정 신체 및 우리의 관계가 연관된 특정한 회전을 가지고 있다. 그 관계가 우리가 이 장의 뒤의 실습에서 찾고자 하는 것이다.

중국 무예에서 회전하기

중국 무예 팔괘 장(八卦掌, Ba Kua Chang)에서 중심이 되는 것이 바로 우리와 우주 사이의 이러한 관계다. 일반적으로, 무예에서 고수가 되는 것은 가장 헌신적인 수련생에게만 가능한데, 이러한 무예들은 대결과 승리가 아니라 내가 빅U라고 하는 것과 접촉과 갈등을 포함하는 관계 안에서 그것의 사용에 관한 것이기 때문이다. 나는 최근 무예의 태극 형태 이전으로 거슬러 가는 팔괘장의 근원에 대해 큰 관심을 갖게 되었다.[5] 도교의 예(道藝)는 괘(trigram)들로 구성된 원 주위를 회전하는 걷기 명상에 근거한 것이다.

갈등 상황에서 원을 도는 일반적인 의미를 이해하기 위해서, 회전하고 있는 누군가와의 대결을 상상해 보아라! 준비가 되어 있지 않다면, 당신은 혼란스럽거나 어지러울 것이다. 은유적으로 갈등에서 회전이나 원을 도는 것을 상상해 보아라. 누가 어떤 일에 대하여 당신을 비난했다고 하자. 어느 순간에는 당신이 "예, 그래요, 당신이 맞아요."라고 말하고, 다음 순간에는 "아니요, 당신이 틀렸습니다."라고 말한다면, 즉 당신이 굴복하고, 공격하고, 굴복하고 한다면 당신은 빙빙 도는(spining) 것이다. 당신은 자신의 평범한 자신에 의해서만 동일시되는 것뿐만 아니라 끊임없이 변동하는 방향들과 회전들에 의해서도 동일시된다. 보기에 따라서는, 팔괘 대가들은 일어나고 있는 것과 함께 도(道) 안에 있다. 그는 존재하는 변화들과 함께 움직이는 우주와 같다. 그는 스트레스 장을 통해서 움직이기 위해서 자신의 빅U를 사용한다.

　팔괘 방식은 우주론과 철학의 고대 체계를 설명하며, 중국 고전 교재 중 가장 오래된『주역(역경) (I ching(Book of changes)』으로부터 8개의 괘를 사용한다. 내면 무예의 수련생이자 사부(師父)인 프랜치스(Bruce Frantzis)에 따르면, 팔괘 무예를 배우는 데는 두 개의 기본적인 접근―출생 전 방식(선천도)과 출생 후 방식(후천도)―이 있다고 하며 둘 다 괘를 포함한다.[6]

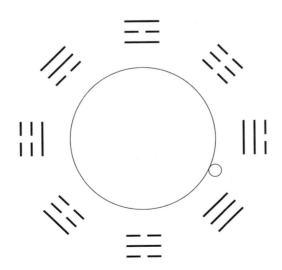

그림 16-1　팔괘장 수행자가 괘에 의해 둘러싸인 원 주위를 걷는다.

- **선천도 방식(The pre-birth method)**은 오로지 원형 걷기만을 포함하는 명상적 또는 내면적 방식이다. 이 방식의 목적은 당신의 본래의 에너지, 또는 당신이 자궁에 있는 동안에 가졌던 소위 최초의 배터리를 재충전하는 것이다. 이 에너지는 우주로부터 오는 것으로 상상되며 그리고 8개의 괘 주위를 명상하면서 걷는 동안에 느낄 수 있다(도교와 8개 괘에 관해서는 부록 8을 보아라.). 주위를 움직이는 동안에, 수행자는 지구와 우주의 다양한 방향과 에너지를 경험하며, 자신의 주위를 돌고 있는 우주를 시각화하거나 느낀다. 이 방식에 따르면, 원형 걷기는 우리가 우주로부터 받은 본래의 힘들을 최적화한다([그림 16-1]).

- **후천도 방식(The post-birth method)**은, 치아(Mantak Chia)에 따르면, "명상적 측면이 아니라 격투의 응용을 강조한다. 출생 후인 후천도 방식은 원을 걷는 것보다는 오히려 직선에서 이루어진다."[7] 이 방식에서 사람들은 특정한 괘와 연관 지어서 다양한 대결 자세를 연습한다. 출생 전 선천도 방식이 신체를 천체에서 나오는 본래의 에너지와 연결하는 반면, 출생 후인 후천도 방식은 그 에너지를 연습, 대결 자세의 수행, 휴식 그리고 적절한 음식섭취 등과 같은 다양한 물리적 수단에 의해 유지한다.

첫 번째 훈련과 두 번째 훈련

나는 첫 번째 훈련 그리고 두 번째 훈련에 관해서 다양한 방식을 생각해 보았는데, 교토의 선(禪) 스승 후쿠시마(Keido Fukuchima)의 대화 중에 얻은 아이디어다.[8] 나에게 있어서 출생 후 방식인 후천도 방법과 구조에 연관시키는 첫 번째 훈련이다. 이와 반대로, 출생 전인 선천도 훈련은 내면 작업과 영적 태도를 강조하고 있는 일종의 두 번째 훈련이다. 두 번째 훈련은 우주에 대한 우리의 근본적인 관계에 대한 것이며, 반면에 첫 번째 훈련은 인식적 학습, 사실 그리고 방법을 포함한다. 두 번째 훈련은 실제로 교육 이전이나 교육 도중 그리고 정규적인 교육을 마친 후에 필요하다.

두 번째 훈련에서 당신은 홀로 있는 동안, 세계에 나가서, 관계에서, 조용히 앉아 있는 동안, 하늘을 날거나, 땅에 착륙하면서, 당신을 움직이는 삶의 능력을 인식하고 연결하는 것을 배운다. 보통 당신은 아마 리틀u와 함께 동일시한다. 당신의 주의는 당신이 무엇을 하고 있는지, 시간과 공간에서 당신의 의무가 무엇인지를 향한다. 당신은 자신이 무엇인가를 해야만 한다고 느낀다. 그러나 밤에 우리는 우리 자신들을 우주로 보내 회전을 한다.

앞 장에서 우리는 냄새 맡기와 수면(睡眠) 걷기를 통해 해방의 이러한 느낌을 얻는 것에 대해 논의했다. 바로 앞 장에서, 우리는 우리의 방향감각을 사용했고, 신체안의 우리 자신의 가장 깊은 부분을 사용했다. 이제 우리는 회전하기(spining)를 사용할 것이다. 만일 당신이 서서 회전하는 것이 문제가 된다면 당신은 앉거나 누워서 당신의 머리만을 또는 심지어 당신의 눈만을 원모양으로 움직여도 된다. 실습의 요점은 어지러움을 얻는 것이 아니라, 조심스럽게 회전하면서, 명료함이 있는 어지러움의 순간에 도달하는 것이다. 당신이 균형을 잃을 것 같은 세계들 사이의 그러한 순간에 있는 동안, 나타나려고 하는 환상과 경험을 잡고 추적하도록 자신의 자의적(恣意的) 알아차림을 사용하여라.

이 실습을 할 때 주의하여라. 어떤 사람은 어지러움을 위해서 아주 조금만 회전해야만 하며, 반면에 다른 사람은 빠르게 여러 번 회전해야만 한다. 당신의 신체가 자신을 인도할 것이다. 당신이 우주와 어떤 연결을 느낄 때까지 회전하도록 하여라. 그리고 어지럽기 바로 전에, 움직이는 동안 가능한 한 맑은 정신으로 있고, 떠오르는 경험들과 같은 것들을 명료하게 잡아라. 당신은 깨어 있는 동안에 꿈을 꾸고 있을 것이다. 이 순간에 나타나는 환상들은 매우 중요하다.

우주와 회전하기

훌륭한 시작 방식은 오늘 당신의 평범한 자신을 당신이 어떻게 경험했는 지를 기록하는 것이다. 그 평범한 자신의 방향을 느껴라. 오늘 당신은 누구 인가?

그다음 스스로에게 당신의 마음에 있었던 중요한 핵심적인 질문을 물어보 아라. 아마도 당신은 다음에 무엇을 해야만 하는지 알기를 원할 것이다. 당 신 주변의 지기(地氣)를 느끼고 그리고 그것이 이 중요한 핵심적인 질문의 방향을 당신에게 말해 주도록 두어라.

지금 이 정보를 잠시 옆으로 밀어 놓아라. 그리고 가능하다면 일어서서 한 점 주위의 원을 준비해 보아라.

1. 당신의 왼쪽 발을 한 곳에 놓고, 그리고 당신의 오른쪽 발을 축으로 해 서 왼쪽 발을 주위로 움직여 보아라.
2. 당신의 눈을 조금만 뜨도록 하고, 그리고 처음에 천천히 회전하며, 거의 어지럽게 될 때까지 필요로 하는 만큼 빠르게 움직여 보아라. 당신이 너 무 어지럽게 되기 바로 전 바로 그 순간에 주의집중을 하고 있어라.
3. 당신이 움직이면서 우주를 느끼는 동안, 나타나려고 하는 모든 경험들 을 인식하면서, 명료하게 있어라. 아마도 당신은 자신이 어떠한 힘에 의 해 움직여지는 것을 느낄 것이다. 당신의 신체가 우주의 힘들과 어떻게 대화를 하는지 느껴 보아라. 움직이는 동안, 이러한 힘들을 느끼고 상상 해 보아라. 전체 상황을 염려하는 자신의 미묘한 신체 알아차림을 신뢰 하면서, 당신의 신체와 당신의 환상을 따르라. 당신의 기분을 좋게 하는 리듬과 동작으로 움직여 보아라. 당신의 신체와 발생하는 양자 교환신 호 같은 경험들, 환상들 그리고 감정들을 신뢰하여라.

4. 이러한 경험을 기록하고 그리고 그것들을 문장으로 기록해 보아라. 계속 회전하면서, 짧은 이야기가 나타나도록 허용하여라. 그 이야기를 몇 문장으로 당신 자신에게 말해 보아라. 그 이야기 속에서 춤추는 동안에, 당신의 평범한 자신과 당신의 문제에 대한 평행세계를 탐구해 보아라. 나타나는 어떠한 경험들과 통찰을 기록해 보아라.

5. 마지막으로, 당신의 매일매일의 삶에 도움이 되도록 자신의 알아차림 춤을 사용해 보아라. 계속 회전하는 동안, 당신이 이 실습의 시작에서 제시한 질문을 고찰하고 그리고 당신의 춤이 그 질문에 답하도록 하여라. 그다음에 춤이 원하는 대로 따라가면서 계속 춤을 추어라. 춤에 이름을 붙이고 그리고 당신의 미래 임무에 대해 그것에게 물어라. 당신의 몸은 춤을 멈추어야 할 때를 당신에게 알려 줄 것이다. 그 마지막 춤, 그 타이밍, 리듬, 공간, 느낌 그리고 이야기의 본성을 기억하여라.

한 중년의 내담자가 내게 삶의 다음 단계가 무엇인지, 그녀의 사업 문제를 어떻게 다루어야 하는지를 물었다. 그녀는 회전하기 시작했으며, 그리고 어지러움을 얻기 시작한 순간, 그녀는 자신을 움직이는 그러나 눈에 보이지 않는 힘을 느꼈다. 그녀는 처음에는 자신을 옆으로 밀어붙이는 힘에 화가 났으나, 힘이 그녀에게 복종하라고 말했다. 그래서 그녀는 그것에 굴복했으며 그리고 놀랍게도 다소 변형되고 있음의 경험을 즐기기 시작했다. 갑자기 그녀는 환상을 보았다. 그녀는 그녀가 사람들에게 대답을 줄 수 있는 일종의 예언자가 되었기 때문에 사람들이 자신을 방문하고 있는 동굴로 이끄는 힘을 보았다.

그녀의 프로세스 후 그녀는 자신이 사업을 그만두기 원했지만 아직 자신에게조차 인정하지 않았다는 것에 대해 전율을 느꼈다고 나에게 설명했다. 조금 더 내향적이 되는 것이 그녀의 다음 단계였다. 동굴에 귀를 기울이는 것이 그녀의 소명(召命)이었다.

꿈꾸기에 대한 비밀

땅을 기반으로 한 지기(地氣)와 우주의 힘을 느껴 보아라. 그것들은 많은 사람들에게 새로운 만큼 놀랍기도 한 것이다. 당신의 리틀u와 당신이 방금 배웠던 이야기를 기억해 보아라. 땅 위에서 당신을 움직이게 하는 것에 연결되어 있는 느낌을 기억해 보아라. 어떻게 이 이야기가 사전에 먼저 일어나려고 하는가? 그것은 어떠한 방식으로 당신에 대한 매우 기본적인 어떤 것, 아니면 당신의 개인적 신화적 특성인가? 한 가지 명백한 것은 우리의 순간적인 정체성이 완화되었을 때, 즉 우리가 어지러움과 더불어 꿈꾸기 할 때, 우리는 우리의 개인적 삶에서 우리를 움직이는 우주의 힘으로서 빅U를 더 잘 느낄 수 있다는 것이다.

회전의 경험이 당신의 매일매일의 자신의 세계를 어떻게 변화시키기 원하는지 기록해 보아라. 당신의 평범한 자신을 그 빅U의 이야기 속에 세우고, 그리고 빅U와 리틀u 모두를 포함할 때까지 그 이야기의 꿈꾸기를 멈추지 말라. 결국 힘에 복종했던 내 내담자의 경우, 동굴로부터의 지혜는 그녀가 하고 있었던 모든 것에서 더 내면에 있는 매일매일의 일상의 사람에 대한 소명이었다.

이러한 신체 경험에 대한 요점은 신체의 창조성을 탐구하고자 하는 것뿐만이 아니라 우주에 대한 당신의 관계를 탐구하고자 하는 것이며, 그리고 땅과의 관계를 사용하고자 하는 것이다. 빅U는 세계에 대한 그리고 매일매일의 일상적 삶에 대한 당신의 감각을 변화시킨다. 돈 후안은 다음과 같이 잘 표현하였다.

당신의 도반(道伴)과의 회전(回傳)은 세계에 관한 당신의 아이디어를 변화시킬 것이다. 그 아이디어는 모든 것이며, 그리고 그것이 변화할 때, 세계 자체가 변화한다.

생각해 봐야 할 것들

- 원형의 움직임은 어려운 상황에서 유용한 통찰력을 창조할 수 있는 새로운 종류의 중심을 충분히 느낄 수 있도록 가능한 긴 개인사는 제거시킨다.
- 빅U는 어지러움의 순간에서 나타나는 이야기, 춤, 땅을 기반으로 한 또는 우주적 경험이다.
- 두 번째 훈련은 빅U를 꿈꾸기하고 이야기를 삶으로 만드는 우주를 느끼기 위해 배우는 것이다.

제**3**부

관계의 근원

Chapter **17**

사랑의 기하학

> 준비 없이 동행자를 만나는 것은 자신의 방귀로 사자를 공격하는 것과 같다.
> – 돈 후안[1]

내 생각에 돈 후안의 말은 당신의 빅U 없이 관계들의 나구알(Nagual)을 다루는 것에 대한 언급인 것 같다. 당신은 준비되어 있어야만 한다. 이에 당신의 경로 알아차림을 이용해 보기 바란다. 원칙적으로 이것은 진정한 민주주의의 새로운 패러다임의 부분이다. 대표되는 민주주의는 모든 사람의 자유와 동등한 권리를 의미하는 것으로 보통 이해되는 중요하고 오래된 패러다임이다. 대표되는 심오한 민주주의는 모든 꿈들과 본질적 경험들의 자유와 동등한 권리를 포함하도록 민주주의를 확장한다.[2] 민주주의 그 자체로는 친밀한 우정이든 국가들 사이의 연결이든 모든 전쟁과 분쟁 관계를 감소시키기에 부족하다. 이에는 관계들의 꿈꾸기 배경의 인식 없이, 알아차림 대신에 힘이, 그리고 의식 대신에 규칙이 지배한다. 진정한 민주주의는 매일매일의 실재뿐만 아니라 변화, 양자 신호교환, 꿈에 대한 자의적(恣意的) 알아차림을 요구한다.

관계나 세계 문제들에 대해 작업을 하려는 것은 큰 도전의 하나다. 그러한 작업은 당신의 '동맹자', 즉 당신의 의식을 소멸시키려고 처음에는 위협하는 정령을 만나는 것과 같다. 그러나 자의적 알아차림으로 초자연치료사는 그런 문제들을 기회로 전환시킬 수 있다. 관계 문제들을 다룰 때에도 당신은 일상적 실재 CR 문제, 꿈영역 지도 그리고 전체 관계 방향의 본질적 수준 또는 빅U를 존중해야 할 필요가 있다. 빅U는 관계에 포함된 모든 역할, 감정, 벡터 그리고 사람 특성을 알아차리기 위해 필요한 연륜을 우리에게 제공한다. 이 장의 목표는 우리가 공유하는 빅U와 기하학 그리고 신성함을 찾는 데 있다.

관계 문제

관계 문제는 세계 문제의 축소판이다. 모든 이들은 모든 곳에서 커플, 팀, 그룹에서 비슷한 관계 문제로 고통을 받는다. 때때로 대부분의 사람들은 인정을 받지 못한다고 느낀다. 많은 사람들은 경쟁, 질투, 복수와 공격에 의해 괴롭힘을 당하고 있다. 비록 많은 사람들이 다른 사람이나 그룹에 의해 희생당하고 있다는 느낌을 알아차리고 있지만, 본인들이 바로 가해자라고 느끼는 사람은 거의 없다. 따라서 인간 세계는 희생에 의해 특징지어지며, 실질적으로 모든 사람이 본인들이 바로 가해자라는 것을 부정한다.

관계 문제는 무수히 많다. 그 문제들은 우리 개인의 삶과 역사적인 과거와 현재의 많은 부분을 차지한다. 지구에서 돌아다니면서 오랜 친구나 친척과의 문제를 해결하는 것보다 달을 걷는 방법을 깨닫는 것이 더 쉬울까? 물론, 이 질문에는 사람 수만큼이나 많은 대답이 있겠지만, 여기 한 대답이 있다. 우리는 달 탐사를 수행 중일 때, 달의 밖이나 우주선에서 우리 자신을 경험한다. 반면에, 우리는 관계에 대해 작업할 때 자신을 내부적으로 경험하며 우리 자신의 관점에서 분리되는 잠재성을 놓쳐 버리고 만다. 그럼 대안은 무엇인가? 우리는 사랑, 증오, 거절, 포기, 복수, 상처 그리고 분노에 대한 우리의 감정을 알아차려야 할 필요가 있으며, 그리고 다른 사람의 이야기나 감정을 존중할 수 있는 충분한 분리를 허용하는 제3의 관점을 찾아야 한다. 나는 이런 제3관점의 발견에 흥미를 가진 모든 사람들에게 이 장의 끝에서 나오는 경로 알아차림 실습을 강력히 추천한다. 한 번에 세계, 각 사람들을 바꿀 수 있는 것이 바로 이 관점이다.

관계 방법

관계를 다루는 것에 대해서는 서로 다른 많은 학파와 방법들이 있다. 어느 관점에 따라서는 모든 방법들이 모두 중요할 수 있다. 어떤 사람들은 관계를 작업하기 위해 자신들의 꿈을 살펴보거나, 어떤 사람들은 신과 대화를 나누듯이, 많은 사람들이 자신들의 정신적 또는 종교적 조언자를 찾기도 한다. 어떤 사람들은 심리상담사나 초자연치료사를 찾는다. 어떤 사람들은 인생의 모든 계층에서 도움을 찾는 사람들의 주제인 뒷담화에 의존하기도 한다. 케냐에 있었을 때, 우리는 마법사들을 찾아갔었는데, 그들은 사람들이 파트너들의 문제를 설명하는 것을 듣고, 자신들이 파트너에 관한 그 문제를 해결하는 동안 일단 집으로 돌려보낸다고 말했다. 그들의 작업 방법은 최근에는 거의 인정되고 있지 않지만, 모든 관계 방법 중에서 연관된 두 사람 사이의 공간에 비국소적 초점을 맞추는 가장 오래된 것이다.

접근법에는 개인 중심의 접근법, 정신 역학 및 분석적 접근법 그리고 다양한 시스템 접근법들이 있다. 어떤 것은 관계에 대한 다세대적 프로세스의 영향에 초점을 두고, 어떤 것은 개인의 자존감에 초점을 두며, 다른 것은 권력과 계급적 문제에 초점을 둔다. 페미니즘은 우리가 성별의 차이를 포함하는 관계 작업의 전체 영역에 대해 알아차리도록 도움을 주었다. 그리고 다문화주의는 또한 관계에 대해 다른 문화, 인종, 스트레스 요인의 영향을 다루었다. 이 모든 방법들은 어떤 특정한 갈등 상황에 포함된 사람, 문제, 프로세스, 타이밍에 따라 어느 정도 중요하다.

심오한 민주주의의 세 단계 접근법은 자의적 알아차림에 근거하고 있으며, 원칙적으로 다른 방법들을 포함한다. 문제를 해결하기 위해서는

- 개인의 말을 듣는다.
- 그 순간 그들의 꿈꾸기를 찾는다.
- 경험의 본질로 간다.

기본적인 아이디어는 관계들이 단지 둘 또는 그 이상의 사람들 사이에서뿐만 아니라 그들이 공유하는 평행세계들도 포함한다는 것이다.

적어도, 프로세스–지향 알아차림 작업은 관련된 사람의 실제 상황을 파악하고, 문제가 무엇인지, 개인이 어떻게 자신들과 동일시하는지를 포함한다. 참가자들이 돈에 대해 또는 인정받지 못함에 대해 이야기하고 있는가? 그들은 자신들을 이성애자, 양성애자, 성전환자, 남성동성애자 또는 여성동성애자로 동일시하는가? 인종, 종교, 건강, 나이, 성별의 관점에서 어떠한 차이가 있는가? 아직 말로 표현되지 않았던 신호들에게서 당신은 어떠한 감정을 볼 수 있는가? 누가 어떠한 주어진 상황에서 최고의 계급과 최저의 계급을 가지고 있는가? 사람들이 자신들의 가장 깊은 감정들에 대해 이야기할 때, 그 감정들은 비국소적이며 당신을 포함한 모든 사람들에게 속한다는 것을 기억하기 바란다. 고립되고 격리된 개체로서의 개인뿐만 아니라 개인 주위의 장과도 작업해 보아라. 본질 수준을 찾기 위해서 각 개인들이 거의 전적으로 비인간적이며 말로 표현할 수 없고 형성하기 어려운 배경을 그들의 가장 강한 경험으로 경험하고, 추측하고, 또는 느껴 보기 바란다.

저서『관계치료: 과정지향적 접근(Dreambody in relationships)』에서 나는 사람들 사이의 신호 교환이 어떻게 꿈에서 보이며, 관계에서 첫 번째 꿈이나 첫 번째 큰 경험이 어떻게 그러한 관계에 대한 전체적 장기적 패턴을 형성하는지에 대해 초점을 맞추었다. 나는 또한 관계에서 우리가 높은 꿈과 낮은

꿈, 서열, 역할, 유령 역할이라고 부르는 것에도 초점을 두었다. 이런 방법들 모두는 앞에 언급한 저서의 마지막 장에 내가 첫 번째 훈련이라고 부르는 것에 속한다. 그 훈련은 관계에서 가시적 수준이 어떻게 꿈의 세계들과 연결되는지 이해와 기술을 요구한다.

그러나 두 번째 훈련 없이—빅U에 대한 동일시와 직접적인 접근 없이—당신은 어느 한순간에 관찰자이거나 관찰 대상이며, 자의적 제3자는 아니다. 우리는 빅U 없이는 긴장된 상황의 한 편이나 다른 한 편이며, 관계의 의미나 우정을 쉽게 잊는다.

지도: 우리 사이의 신성한 공간

비국소성의 감각을 얻기 위해서, 우리는 땅에 근거한 방향의 미묘함에 관한 자의적 알아차림으로 초점을 맞출 필요가 있다. 미묘하게 공유된 경험과 연륜—우리 사이의 벡터나 신성한 공간—을 찾기 위해서 우리는 우리의 매일매일의 일상적 알아차림뿐만 아니라 우리의 가장 자의적 능력도 사용해야만 한다. 만일 당신이 스스로에게 상황에 맞는 배경 공간을 알아차리도록 한다면, 도움이 될 수 없는 문제는 거의 없다. 그 공간은 청사진으로 채워져 있다.

관계 지도를 보자([그림 17-1]). 실제 매일매일의 일상적 삶에서, 우리는 둘 또는 그 이상의 사람들이다. 그러나 우리가 공유하는 꿈영역 공간에는 우리의 꿈 형상도 있다. 실제로 형성될 수 없는 본질적 세계의 경계에는 땅에 근거한 방향에 의해 조직되는 (우리 주위의 영역 또는 동서남북과 일치하거나 투영되는) 자의적 지기(地氣), 양자 나침반이 있다. 본질적 세계는 스스로를 빅U로 나타내거나, 그것의 다양한 방향, 꿈, 궁극적으로 당신과 나로서 나타난다.

본질과 꿈 세계는 비국소적이며 말로 나타내기가 쉽지 않다. 아마도, 그것

일상적 실재 CR: 당신과 나	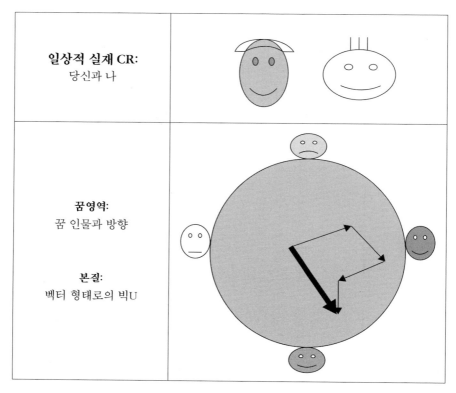
꿈영역: 꿈 인물과 방향 **본질:** 벡터 형태로의 빅U	

그림 17-1 　관계 지도

은 수학적, 패턴이 있는 신성한 공간이다. 내가 할 수 있는 최선은(미래는 이런 공간들을 더 차별화된 방식으로 나타낼 것이다.), 빅U를 파동/입자 또는 우리가 공유하는 공동 근거, 본질 세계의 진동성/지향성 지성으로 부르는 것이다. 물리학에서의 안내 파동이나 양자 파동함수처럼, 빅U는(일반적으로) 자발적인 소리, 노래, 방향, 꿈 이미지에서 나타나는 지성의 감춰진 패턴이거나, 작업 중인 관계에 연관된 모든 사람들의 일상적 행동 이면이다. 우리가 개인의 삶에서 살펴보았고, 이제 관계에 대해 알아보면, 빅U는 비국소적이고, 지성의 특징을 가지고 있다. 원칙적으로, 그것은 관계에서 모든 사람과 모든 것을 포함하고 사용한다. 그것은 상대성의 느낌과 알아차림 및 의식의 가능성을 창조하는 세계와 인물의 다양성을 필요로 한다.

배경의 빅U는 여러 이름으로 불린다. 몇 사람들은 그것을 사람, 문화, 시대에 따라 신, 사랑 또는 '수만 개의 이름을 가진 존재'라고 부른다. 2장에서 나온 휠러(John Wheeler)의 우주를 기억해 보아라([그림 2-2]). 그의 우주는 자신의 꼬리를 보려고 하는 고래, 스스로에게 반영하는 고래와 같은 모습이다. 단지 두 사람만이 있는 우주에서, 빅U는 한 사람이 다른 사람을 바라보고 그리고 반대로 다른 사람이 한 사람을 바라보는 것을 사용하는 지성으로 나타난다. 이러한 반사(反射)기능은 관계, 알아차림 잠재력의 본질이다. 관계는 전체 세계처럼 느낄 수 있으며, 그리고 그것이 매우 심각한 문제가 있다면, 많은 사람들은 세상이 조각나고 있다고 느낄 것이다. 반면에, 빅U에 대한 느낌으로 있다면, 심지어 이별마저도 온유하게 동의된 관계 경험일 수 있다.

모든 것은 변한다. 초기 도교 신자들은 우주의 시작이 사람과 벌레로 나타나는 음과 양으로 상상하였다는 것을 기억하는가?(3장) 물리학자들은 심지어 진공의 무(無)도 실제를 창조할 준비가 되어 있는 잠재력의 버그(bug)라고 간주한다. 따라서 관계에서 가장 행복한 상태조차도 영원히 지속될 수 없으며, 무엇인가는 항상 다른 사람에 관해 우리를 괴롭히려고 하고 있다. 고래의 꼬리가 간지럽거나, 눈으로 양자 신호교환을 한다. 빅U는 스스로를 알기 위해 간지럼을 태우고 있다. 그것이 아마도 혼자 있거나 다른 사람과 함께 있거나 간에 모든 경험, 스스로를 알려는 알아차림에 대해, 스스로를 알기 위해 우주를 돕는 큰 이유 중 하나일 것이다. 어쨌든, 관계 작업에 대한 가능한 창조 이론은 "태초에, 버그(bug)가 있었으며……"이다.

모래 그림

나바호 부족이 우주 기원을 모래 그림으로 표현되었다([그림 17-2]). 이 그림에서 또다시 그림의 한쪽 끝에서 다른 끝까지 연결하는 아치 모양의 가장 뚜렷한 빅U뿐만 아니라 벡터와 같은 방향성 형상과 구조를 볼 수 있다.

나바호 부족뿐만 아니라 아프리카와 티베트 사람들 그리고 다른 사람들 역시 치유와 그리고 우주의 청사진을 이해하기 위해 모래 그림을 사용했다. 케냐식 치유에서, 초자연치료사들은 먼저 땅 위에 꿈꾸기 우주에 대한 그들의 느낌을 그리는 데 몇 시간을 보냈다. 이후 우리는 그들이 그린 복잡한 그림 위에 앉아야만 했다. 우리는 그 꿈꾸기 속에 있었어야만 했다. 그리고 치유 후, 그들은 그림을 지워버렸다.

나바호 언어에서 모래 그림에 대한 단어는 신이 오고 가는 장소를 의미한다. 본질과 꿈의 세계에 대한 어느 하나의 그림, 그리고 어느 하나의 벡터 지도는 일시적이다. 거기에 집착하지 말아야 한다. 땅에 의해 움직여지는 예술가의 감정이 중요한 것이다. 모래 그림을 그리는 세계의 사람들은 "매일 모래 그림을 지우고, 재창조하여라."고 말한다. 비록 빅U, 그들 이면의 우주적 보편적 능력이 불변이라고 해도 청사진은 변화한다. 평행세계는 변화하고 다른 상황을 만나기 위해 이동하지만, 그러나 기본 패턴과, 안내 파동은 남아 있다. 마찬가지로, 개인, 커플 그리고 그룹으로서 우리가 누구인지의 이면에 놓인 그림은 항상 고정된 것이 아니다. 벡터 그림은 매일 재창조되어야 할 필요가 있다. 모래 그림의 가운데 앉아 보아라.[3] 지도를 창조하고 그곳에 앉

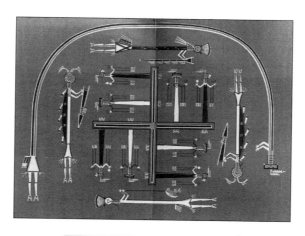

그림 17-2   나바호 모래 그림[4]

아라. 그러면 땅 구조는 당신에게 큰 그림, 빅U와 함께 정체성의 느낌을 줄
것이다.

관찰자와 관찰 대상은 평행세계다

각각의 관계는 많은 세계들의 합이다. 4장에서 우리는 관찰자와 관찰 대
상이 어떻게 평행세계들이 되는지에 초점을 맞추었다. 당신의 관심을 끄는
것은 당신의 어느 부분이 바라보고 있는지에 의존한다. 관계에 대해 작업하
는 데는 많은 방법이 있다. 다음에서 나는 관찰자/관찰 대상 방법을 제안할
것인데 그것이 비교적 간단하기 때문이다. 다른 사람에 대해 당신의 관심을
끄는 것은 그 주어진 순간에 그 사람과 당신 자신의 마음 상태에 달려 있다.
관찰자와 관찰 대상은 관계에서 두 개의 평행세계이며, 그것은 모든 사람이
쉽게 경험할 수 있는 것이다.(다음 장에서 나는 더 많은 평행세계들을 이용한 더
복잡한 방법을 제안할 것이다.)

예를 들어, 직장 동료에 대해 당신의 주의를 끄는 것이 그 사람의 사랑스
런 성격이나, 냉정함 또는 계급주의 행동일 수 있다. 그때 당신 속의 누가 보
고 있는가? 명상을 하면, 당신은 냉정함의 관찰자는 사랑이 필요한 사람이라
는 것과, 계급-의식적 행동의 관찰자는 학대받은 느낌을 가진 사람일 수 있
다는 것을 알게 될 것이다. 냉정함과 사랑 또는 계급과 학대는 주어진 관계
에서 가능한 평행세계들이다. 관계는 이런 저런 경험들의 하나가 아니라, 그
모두의 합이다.

빅U

우주에 있는 다른 모든 것과 마찬가지로, 행성과 나무, 개인과 그룹, 모든

관계는 그것의 평행세계들의 합이다. 기억하여라. 세계는 그들이 서로 연결
되어 있지 않다는 느낌에서 평행이다. 말하자면, 그들은 한 마을의 서로 반대
편에 살고 있는 것일 수도 있다. 따라서 어느 한순간에, 한 사람이 냉정하게
보이면 다른 사람은 사랑스러워 보이고, 한 사람이 강력하면 다른 사람은 상
처를 받고 있다. 당신이 하나의 세계에 있을 때, 다른 사람은 자신만의 세계
에서 양극화되어 있는 것처럼 보인다. 그러나 핵심은 이런 세계들이 공유되
고 있으며 비국소적이라는 것이다. 이것이 역할이 갑자기 바뀌어 당신이 다
른 사람이 되고 다른 사람이 당신의 예전 역할을 맞게 되는 이유다.

　앞서 말했던 평행세계 실습(즉, 물체나 당신 자신의 신체를 향해 자신의 손을
움직이는 동작)을 하는 동안, 당신은 아마도 모든 종류의 평행세계들이 튀어
나옴을 알아차렸을 것이다. 당신이 한 것은 단지 자신의 손을 알아차림과 함
께 천천히 움직인 것뿐이다. 당신도 알아차렸겠지만, 나는 어떤 형태의 알아
차림은 바로 그곳에 있으며 사물들을 알아차릴 수 있다고 가정한다. 다시 말
해, 당신 속의 무엇인가가 사물, 관계 또는 심지어 당신 자신의 자아에 대한
당신 관계의 세부적인 것을 알아차리고 있는 것이다. 어떤 사람들은 알아차
림이 모든 조각들을 알아차리는 사람인 꿈을 만드는 드림메이커에 속한다고

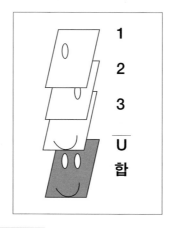

그림 17-3　관계는 평행세계들의 합이다

말할 것이다. 리틀u는 사물을 알아차리고, 하나의 관점에 고정되지만, 빅U는 사물의 모든 면을 바라보고, 순수 이성적, 즉 알고 있음(knowing)이다. 그림으로 설명하면 빅U는 부분들과 수준들의 합이다. [그림 17-3]에 나타낸 얼굴 그림에는 세 개의 세계가 있으며 그것들은 왼쪽 눈, 오른쪽 눈 그리고 입이다. 그 합은 얼굴이고, 이 비유에서 빅U(회색 부분)이다.

누가 그 관계를 바라보는가

지도나 관계 청사진은 각각의 이러한 세계들과 연관된 방향들로 구성되어 있다. 당신의 평상시 관점이나 리틀u 관점은 단지 하나의 세계, 관계 지도의 한 부분하고만 동일시되어 있다. 우리는 보통 사물을 다른 평행세계를 바라보는 하나의 평행세계로서 바라본다. 우리가 관계에서 하고 있는 것에 대한 깨달음 없이, 우리는 단지 다른 꿈 형상을 바라보는 한 형상이 된다. 그것이 바로 관계에 있는 장점이며 어려움이다. 역할 전환에는 계속적인 프로세스가 있다. 먼저 당신이 하나의 역할을 하면 나는 다른 역할을 맡는다. 일주일 후에 우리는 역할을 바꾼다.[5]

나는 에이미(Amy)와 작업한 이러한 역할-전환 실습을 보여 주고자 한다. 나는 에이미가 내 건너편에 앉자 그녀에 대해 명상을 시작한다. 이 순간 우리는 어려운 외부 프로젝트를 다루고 있다. 나는 심각하고, 그녀는 매우 합리적이며 직선적으로 보인다. 이제 나는 내 매일매일의 일상적 마음을 완화시킬 것이다. 그러면서 나는 시선의 긴장을 풀고 반쯤 감긴 눈으로 그녀를 바라본다. 나는 나의 주의를 끌기 위한 그녀의 노력 또는 양자 신호교환에 관해 무엇인가를 알아차린다. 그것이 무엇인가? 반짝이는 그녀의 귀걸이 한쪽이다([그림 17-4]). 그 귀걸이는 그녀에 관한 무엇인가를, 그녀의 눈부시게 아름다운 모습으로 내가 느끼는 무엇인가를 떠올리게 한다. 이제 그것에 대해 더 이상 말하지 않고, 나는 그 귀걸이의 땅에 근거한 방향을 느끼기 원한

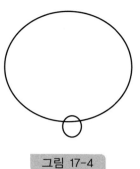

그림 17-4

에이미의 귀걸이

다. 나는 그 귀걸이를 남쪽으로 향하는 땅에 근거한 방향으로 연관시키거나 느낀다. 어쩌면 그 귀걸이는 멕시코나 태양에 속한다.

나는 스스로에게 묻는다. 누가(내 안에) 그 양자 신호교환의 관찰자인가? 대답은 비(非)인식적인 것이다. 내가 에이미의 귀걸이를 탐색할 때, 나는 그 귀걸이를 사랑하는 나의 한 부분을 느끼며, 그것은 귀걸이의 따뜻함을 필요로 하는 나의 직선 부분이다. 나는 그녀의 귀걸이를 본다. 말하자면, 나의 직선 부분이 그 귀걸이에 끌린 것이다. 아하! 따라서 나는 합리적이고 직선적인 사람이다. 어쨌든, 나의 직선 부분은 북동쪽과 연관되어 있다. 왜? 그 방향이 내가 직선성의 경험을 느낄 때 내 몸이 움직인 곳이기 때문이다. 어쩌면 그것은 내가 처음 대학 공부를 시작한 미국의 북동쪽이었을 것이다. 만일 내가 '*' 지점에서 시작해서 관찰된 귀걸이의 방향인 남쪽으로 걷는다면, 나는 관찰자의 경로, 그것은 북동쪽으로 가는 나 자신의 선형 부분을 걷는 것이다([그림 17-5]).

이제 나는 우리 관계에서 빅U를 찾기 원한다. 나는 출발점으로 다시 되돌

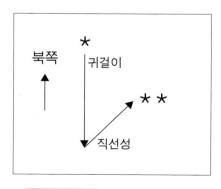

그림 17-5 관찰자와 관찰 대상

아가서 도착점 '**'까지 그 빅U 선을 걷는다([그림 17-6]). 이러한 빅U의 경험
은 에이미에 대한 나의 관계에서 매우 독특한 것이다. 나에게 그 빅U 벡터는
케냐, 공동체 온기의 세계, 초자연치료적 통찰력의 냉정한 명확성을 향하고
있다. 그 초자연치료사들은 마법적이었지만, 그들은 매우 온화하고 합리적
이었기 때문에 성공적이었다. 나는 이런 연관성을 느끼고 깨닫기 위해서 빅
U 선을 여러 번 걸어야 했다. 당신이 이 실습을 할 때도 당신이 이 의미를 깨
닫기 위해서 빅U 선을 여러 번 걸어야 할 필요가 있을 수 있다.

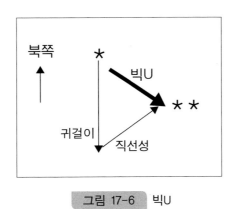

그림 17-6 빅U

어쨌든, 그 빅U는 에이미에 대한 나의 접촉을 깊게 했다. 그 양자 신호교
환의 순간에 나는 그녀가 선형이며 합리적인 분위기에 있었다고 생각했다.
나는 우리가 포함되어 있었던 외부의 실제 상황을 다루기 위해 다른 종류의
분위기가 필요했었다고 생각했다. 우리의 빅U의 초자연치료적 본성은 내가
어떻게 그 선형이며 합리적인 분위기에 있었는지 이해할 수 있도록 도와주
었다. 더군다나, 나는 갑자기 우리 두 사람이 해결하려고 노력하고 있는 실
제-세계의 상황을 다루기 위해 그 분위기가 얼마나 중요한지 깨닫게 되었
다. 나는 웃으며 에이미에게 나의 통찰을 말해 주었다. 내가 경험한 빅U에
대해 직접적으로 알지 못한 채, 에이미는 "케냐에서 온 초자연치료사들을 기

억하나요? 어떤 상황에서는 그들의 합리적인 행동이 꼭 필요했던 것이었습니다."라고 말했다. 온화함과 합리성은 비국소성이었으며, 두 가지 다 우리의 프로젝트에 필요했었다.

　어느 경우에라도, 적어도 일시적으로라도 그 빅U의 분위기와 의미로의 형태-변형이 목표이며, 그 경험은 당신이 다른 사람과 함께 무엇을 하든 당신이 그것을 다루는 데 도움을 줄 것이다. 당신이 빅U를 찾을 때, 당신의 기분과 세상은 변한다. 당신은 관계 프로젝트 또는 문제와 작업하기 위해서 매우 독특하고 개선된 곳에서 당신 자신을 찾을 수 있다. 그 빅U는 다양한 부분들에 대한 컴패션(compassion)을 가진 훌륭한 중재자, 인도자 또는 안내자다.

관계 실습과 평행세계들

　관계 작업(그리고 당신이 누군가와 접촉하기 전, 동안 또는 후에 그것을 빠르게 하기 위해)에서 빅U를 가정하기 위해서, 우리는, 비록 원칙적으로, 무한한 평행세계가 있지만, 단지 두 개의 평행세계만을 사용할 것이다. 그러나 빅U의 접근은 매우 유용할 수 있으며, 빨리 해결할 수 있다.

1. 당신이 준비가 되었으면, 같이 작업을 할 누군가를 상상하거나 실제로 찾아 보아라. 그 사람을 상상하거나 이야기를 한 후에, 잠시 동안 침묵하면서, 당신의 자의적 알아차림을 사용하며, 자신에게 긴장을 풀 수 있는 공간을 주어라. 당신은 그 사람과 잠시 동안 이야기할 수 있다. (다른 사람과 이렇게 하는 것을 배우는 동안에, 당신은 그 사람에게 같은 연습을 하도록 요청할 수도 있다.) 어쨌든 반쯤 뜬 눈으로 실제 속의 (또는 당신의 상상 속의) 그 사람을 응시하고, 그리고 당신과 양자 신호교환을 하는 무엇인가를 알아차려 보아라. 응시하거나 눈을 깜박거리면서, 당신의 주의를 빠르게 끄는 무언가를 알아차려라. 당신은 몇 가지 서로 다른 것들을 발견

할 수도 있다. 당신의 내부 마음이 초점을 맞춰야 할 것을 선택하고 그
것을 관찰 대상이라고 불려라. 당신은 무엇을 보았는가? 당신은 무엇을
관찰했는가? 그것이 당신에게 어떠한 의미인가? 그 양자 신호교환에 대
해 기록하거나 빠르게 스케치를 그려 보아라. 이제 그 관찰된 양자 신호
교환을 느끼고, 그것과 접촉하고, 그리고 당신의 신체가 그 관찰된 경험
에 적당한 것으로 보이는 방향을 찾도록 여러 방향으로 회전하도록 하
여라([그림 17-6]에 나타난 나의 귀걸이 선이 관찰된 양자 신호교환이었다.).

2. 당신이 벡터를 추가하고 꿈영역의 청사진을 찾을 준비가 되었을 때, 무
   엇인가로 당신의 출발점 '*'을 표시하여라. 그리고 관찰 대상의 방향을
   느끼고 그 방향으로 몇 걸음 걸어라. 아마도 당신은 그 방향에 관해 무
   엇인가를 더 이해하게 될 것이다. (당신이 걸을 수 없다면, 앉아 있는 자세
   에서 그 방향으로 자신의 상체를 움직이기만 해도 된다.) 당신은 그 방향이
   어떻게 비국소성인지 느낄 수 있는가? 그것을 어떻게 당신 및 어떤 방법
   으로든 함께 작업하고 있는 사람과 공유하고 있는가?

   관찰자에게 주는 유의점: 당신의 어떠한 부분이 그 신호교환, 그 '관찰
   대상'을 봐야 할 필요가 있었는가? 당신은 그 관찰 대상을 봐야 할 필요
   가 있었던 당신의 관찰자 부분을 감지하거나 느낄 수 있는가? 당신이 그
   관찰자가 누구인지 느끼고 알 때, 관찰자의 방향을 느끼고, 몇 걸음 걸어
   서 도착점 '**'을 표시하여라.

3. 출발점 '*'으로 돌아와서 도착점 '**'의 방향으로 걸어라([그림 17-7]). 당
   신이 빅U 선을 따라 걸을 때 당신에게 일어난 것을 걷고 느껴라. 그 경
   로의 의미를 나타내는 환상과 감정이 발생할 때까지 걸어라. 당신의 신
   체와 경험을 믿어라. 당신 마음의 그 경로에 관한 이야기나 감정이 있는
   가? 당신의 경험들이 짧은 이야기를 만들도록 하여라.

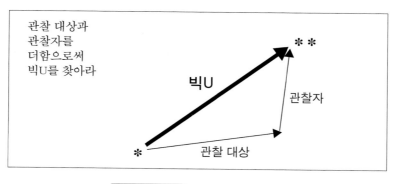

관찰 대상과
관찰자를
더함으로써
빅U를 찾아라

빅U

**

관찰자

*

관찰 대상

그림 17-7 관계 벡터의 추가

4. 어떻게 이 이야기와 감정이 가능한 안내자가 될 수 있는가? 당신은 자신과 함께 있는 사람 또는 생각하고 있는 사람과의 관계에서의 그 감정을 어떻게 이용하겠는가? 빅U의 관점에서, 당신은 어떻게 이 모든 서로 다른 경로들이 얼마나 비국소적인지, 얼마나 필요한 것인지, 그리고 당신 두 사람 모두에게 속하는지 알 수도 있다. 빅U는 원칙적으로 당신 지도, 당신의 모래 그림의 본질이다. 그것은 스스로를 알기 위해 관찰자와 관찰 대상의 두 관점을 필요로 하는 일종의 지성이다. 어쨌든 그 빅U는 그 상황을 해결할 수 있는 지성이다. 만일 당신이 옆에 앉아 있는 살아 있는 친구와 작업한다면, 그 친구에게 관계에 대한 자신의 모래 그림을 그리고 그것을 당신과 공유하자고 요청하여라. 관계의 빅U에 대한 당신의 다양한 경험들을 비교하여라.

이 작업이 모래 그림인 것을 기억하여라. 시간이 지나면 없어질 것이다. 이 그림은 오늘을 의미하는 것이다. 그것의 바닥에 앉아 보아라. 그것은 당신 사이의 신성한 공간이다. 내일은 그 공간을 재생하여라. 그 빅U는 아마도 항상 가장 쉬운 방법, 최소작용, 우정 또는 사랑의 가장 위대한 느낌일 것이다. 관계에서 첫 번째 훈련은 청사진을 찾는 것을 배우는 것이다. 관계에서 두 번째 훈련은 온전한 전체 인간, 형태 전환하는 빅U로서 연결하는 것이다.

생각해 봐야 할 것들

- 한 수준에서 관계들은 모래 그림들이며, 그것들은 기하학이다.
- 관찰자와 관찰 대상은 비국소적인 평행세계들이다.
- 빅U 또는 관계의 본질은 세계들의 합이다.
- 빅U 없이 관계를 해결하는 것은 방귀로 사자를 공격하는 것과 같다.

Chapter **18**
행동에서 사랑으로의
컴패션(compassion)

당신에게는 이미 추상적인 선물이 주어져 있다.
이는 의지의 날개로 날아갈 수 있는 가능성이다.
– 돈 후안[1]

관찰자와 관찰 대상 사이의 이야기는 우리가 평소에 느끼는 것보다 훨씬 놀라운 것들이다. 빅U의 알아차림 없이, 나는 나 자신을 내가 보는 것 그리고 내가 하는 것 이면의 힘이라는 존재로 생각한다. 그러나 나는 자의적(恣意的) 알아차림으로 리틀 나, 리틀u가 있기 전에 비국소성이 있었다는 것을 알아차린다. 심리학의 일상적 실재 CR에서, 우리는 다른 사람에 대한 우리의 반영에 대해 이야기하지만, 그러나 진실은 어느 누구도 실제로 반영이 어디서부터 나타났는지 알지 못한다는 것이다. 비슷하게, 관찰자, 관찰된 양자 신호교환, 벡터, 빅U의 경험들 등, 이 모든 것이 관계의 근원적 청사진 때문에 일어나는 만큼 우리들 사이에서 일어난다. 배경에서 빅U의 이야기는 우리가 반영의 문제 측면들을 극복하도록 돕는다. 내가 이 장에서 보여 주겠지만, 이것은 가장 과격한 관계 상황에서조차 도움이 될 것이다.

관계에서의 두 번째 훈련

우리의 관계는 대부분 비밀들과 우리가 말하지 않는 것이 좋다고 생각하는 것들 위에 놓여 있다. 그러나 가장 중요한 비밀 중의 하나인 빅U와 각 개인의 꿈꾸는 마음에 대한 느낌은 절대로 비밀로 지켜서는 안 된다. 어떤 사람과 첫 번째의 중요한 만남 후에, 세속적인 일상적 삶만을 계속하는 것을 동의하는 것은 빅U를 비밀로 하는 것이다. 그 비밀을 지키는 것은 더 나빠지지는 않는다 해도 결국 짜증나고 지루해진다. 빅U를 다른 사람과 공유하기 바란다. 관계의 전체적인 빅U 방향을 알도록 하고 그것에 관해 친구에게 말하기 바란다. 당신은 자신과 다른 사람에 대해 더 확실하게 느낄 것이다. 첫 번째 훈련의 어떠한 형태를 행동해 보아라. 신호와 역할, 벡터와 양자 신호 교환에 대해 배워 보아라. 두 번째 훈련의 어떠한 형태에 대해 작업해 보아라. 형태-변형을 하고 스스로를 나타내는 데 당신들을 필요로 하는 관계의 지성이 되어 보아라.

나의 동료 윌더(Waynelle Wilder)는 심각한 교통사고로 뇌가 손상되었으나, 사고 몇 개월 후 그 사고에 대해 기록할 수 있을 정도로 회복되었다. 다음은 자신의 차를 그녀의 차와 부딪히게 한 사람과 그녀의 연결에 대한 설명이다.

쉬, 쉬, 쉬, 나는 그의 머리를 톡톡 두드리며 속삭이고 있었다. 나는 비록 그 모자 아래에서 그의 머리카락이 느껴진다고 확신하였지만, 실제로는 그것이 그의 머리가 아니며 그의 머리에 있는 모자였다. "아, 아니요, 아, 아닙니다." 그는 울면서 신음하고 있었다. 그리고 부르고 답하는 만투라(mantra)로 나는 쉬, 쉬, 쉬로 화답했다. 우리는 이상한 자세의 포옹을 하고 있었는데, 내가 그의 머리 모자를 부드럽게 두드릴 때 그는 내 차 창문 밖에서 웅크리고 있었다. 나는 아직도 차 안에 갇혀 있었다. 나는 지금까지 그런 강력한 컴패

션(compassion)을 느껴 본 적이 없었다는 것을 깨달았다. 그가 흘리는 눈물
이 나의 시선을 끌고 내 자신의 눈물처럼 느껴졌다. 나는 그가 고통 속에서
울면서 신음하고 있다는 것을 알고 있지만 그러나 바로 내가 피를 흘리는 사
람이다. 어쨌든 부조화는 나타나지 않았다. 우리의 관계는 자연적인 것처럼
보였다.

　나는 신체적인 고통을 느끼지 못하고, 단지 고통에 대한 괴로움만을 느꼈
다. 나는 내 차 운전석 쪽 창문 밖에 쭈그리고 앉은 나의 왼쪽에 있는 사람으
로부터 보고, 듣고 있었다. 그의 피부는 검은 다이아몬드처럼 반짝였다. 나
는 그가 왜 혼란한 상태인지 궁금했으나 그러나 나는 내가 그를 "쉬, 쉬, 쉬"
위로해야 할 필요가 있음을 알고 있다. 그의 눈물은 나의 것이며 이상한 황
홀감이다. "잘될 겁니다. 나는 잘될 것이라는 것을 알고 있습니다." 그는 다
시 "아, 아니요. 아, 아닙니다. 잘되지 않을 겁니다."라며 반박한다.[2]

　나에게 윌더(Waynelle Wilder)의 변형 상태, 컴패션(compassion) 그리고 시
(詩)는 그 상황의 동일성, 일어나고 있는 모든 놀라운 포옹에 대한 그녀의 느
낌에 대하여 이야기한다. 그것은 빅U 경험—컴패션— 즉, 선물이다. 빅U는
상황 이면의 패턴 또는 의도와 같다. 돈 후안은 그것을 다음과 같이 가장 잘
표현했다. "당신에게는 이미 추상적인 선물이 주어져 있다. 이는 의지의 날
개로 날아갈 수 있는 가능성이다."

곰과 관계 맺기

　빅U는 선물이지만 동시에 개발될 수 있다. 검은 곰과의 관계를 형성하는
또 다른 상황을 이야기해 보자. 컴패션은 이 초대하지 않은 손님을 대할 때
나를 도와주었다. 에이미와 나는 최근 오리건 해안의 그 곰 때문에 어려움을
겪었다. 그 곰은 밤에 자주 우리 집을 찾아와서 쓰레기통을 엎어버리고 우리

집의 일부분을 망가뜨렸다. 나는 신속하게 친구에게 사냥총을 빌렸으나, 다행히도 총을 사용하는 대신 다른 방법을 선택하였다.

우리 집은 국립공원 숲으로부터 약 100m 정도 떨어진 곳에 있기 때문에, 우리 집이 우리에게 속한 것인지에 관해 항상 논쟁이 있었다. 리틀u인, 인간의 관점에서 우리의 집은 명확하게 우리에게 속한 것이다. 그러나 곰의 입장에서는 그것은 곰의 것이다. 비국소적으로 말하면, 우리 모두는 함께 살아가며 그리고 어느 것도 누구에게 속하지 않는다. 그러나 우리 대부분은 이러한 관점을 수용하지 않는다. 그러나 땅이 어느 누구에 의해 소유될 수 없다는 명확함은 우리 미주 원주민 조상들은 잘 알고 있는 사실이다.

어쨌든, 곰과의 가장 과격한 만남은 에이미와 내가 부엌에서 대화를 하고 있던 어느 날 한밤중에 일어났다. 나는 에이미에게 그녀가 큰 능력이 있다고 생각한다는 말을 했다. 그 순간, 우리는 포효하는 소리를 들었다. 우리가 소리가 나는 쪽의 문을 쳐다봤을 때 우리는 얼핏 큰 소리를 내는 괴물 같은 것을 유리문을 통하여 보았다. 우리가 집 안에서 서 있는 곳으로부터 가까운 곳에 검은 곰이 상자들을 현관 계단 주위로 밀치고 있었다. 단지 유리문만이 곰과 우리 사이를 나누고 있었다. 겨울동면으로 들어가기 전에 우리 집의 여

그림 18-1 검은 곰[3]

러 곳을 파손하던 곰과 맞대면하면서 우리는 급히 평행세계들을 사용하기로 결정했다(이 장의 끝까지 내가 당신을 인도할 다양한 양자 신호교환을 포함하는 방법이다.).

나는 한 실습을 기억했는데, 그것은 우리가 그날 저녁, 아마도 한 시간쯤 전에 그것에 대해 작업했기 때문이다. 어쨌든 나는 그 장면을 관찰하고 이러한 상황에서 나의 관심을 끌려고 하는 무엇이든지를 알아차리는 데 어려움이 없었다. 곰의 이빨! 가까이서 몇 개의 상자들을 뜯고 있는 곰을 보았을 때, 처음에 볼 수 있는 것은 곰의 이빨이었다. 나는 곰이 공격하려고 했는지 확실하지는 않았다. 나의 근본적 본능은 내가 곰의 이빨들을 조심하고 주시해야 한다는 것이었다. 내가 쳐다보면서, 나는 또한 곰의 다른 경험들을 알아차리라고 나 자신을 격려했다. 나는 곰의 털이 나의 주의를 끈다는 것을 알아차렸다. 이러한 털은 비록 나를 겁나게 하면서도 동시에 이상하게 나를 편안하게 해 주는 것처럼 보였다. 이러한 상황에서, 양자 신호교환은 나에게 별로 의미는 없었지만 그것을 기억했다. 서로 응시하면서 서 있는 동안, 결국에는 세 번째 양자 신호교환이 나의 주의에서 갑자기 떠올랐다. 검은 곰은 갑자기 돌처럼 꼿꼿하게 섰다. 곰은 우리가 집 안에서 유리문을 통해 그를 쳐다보는 것처럼 우리를 눈과 눈으로 응시하면서 아주 조용히 있었다.

에이미의 도움으로 나는 방금 나의 주의를 끌었던 다양한 양자 신호교환들과 평행세계들을 빠르게 느꼈고 그리고 '걸었다'([그림 18-2]). 그 이빨들은 뜨거웠다. 그들은 플로리다로 갔다. 아주 소폭으로 걸은 후 나는 마이애미의 방향으로 걸었다. 그런 다음 나는 포근한 털을 느꼈고 그것은 라틴 아메리카를 향해 갔다. 멈춤은 약간 시간이 걸렸으며 나는 다시 내가 일본 교토에서 가졌던 선(禪) 경험을 향해 갔다.

나는 내 머리의 아주 작은 명상적 움직임을 이용하여 매우 부드럽게 이들 세 벡터를 걸었다. 그 결과의 빅U 벡터는 수년 전에 아야후아스카(Ayahuasca) 의식에서 우리가 참석했었던 중앙 브라질 아마존에 있는 마나우스(Manaus)를 향해 곧장 갔다. 여전히 곰 옆에 서 있으면서 아주 짧은 시

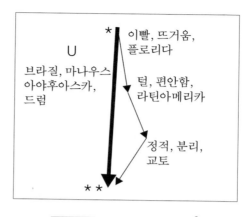

그림 18-2 곰과의 관계[3]

간에 나는 그 의식에서 드럼치기를 연상(聯想)했다. 드럼소리는 크고 강력했다. 순간적으로 나는 거실로 가서 벽에서 하이다(Haida) 드럼을 잡고 가능한 한 크게 두드리기 시작했다.[4] 드럼 옆의 화살표는 나의 빅U 방향이다([그림 18-3]).

나는 곰으로부터 단지 몇 미터 앞에서 드럼을 치기 시작했다. 처음에는 곰

그림 18-3 빅U와 하이다 드럼

은 단지 그곳에 서 있었다. 아마 곰은 놀라움으로 우리를 응시하고 있었을 것이다. 그는 듣다가 갑자기 돌아서서 멀리 달아나 버렸다. 다행이다. 우리는 행복하게 외쳤다.

　그러나 가슴 깊은 곳에서, 나는 안도감 이상을 느꼈다. 나는 땅과 깊게 접촉되어 있음을 느꼈다. 나는 그것을 말로 잘 표현할 수 없다. 나는 이빨의 흉포함, 남부의 열기를 느꼈다. 나는 곰의 털, 라틴 아메리카의 따뜻함을 경험했다. 그리고 나는 곰의 멈춤을 무엇인가 자연의 능력, 지기(地氣)의 감정, 하늘과 바다의 무엇인가의 느낌과 연관된 무엇임을 알았다. 마침내 이 모두가 합쳐진 것이 내가 빅U라고 부르는 것의 전체적인 감정을 내게 주었다. 그것은 이 순간 아마존과 하이다 과이(Haida Gwai)에 있는 마나우스(Manaus)와 가까운 놀라운 공동체들인 원주민적 삶을 의미했다. 내가 경험했던 하이다 동물 춤은 나에게 모든 존재들의 동일성을 상기시켜 주었다.

　드럼 또는 그 이면의 빅U 감정은 내가 말로서 소통할 수 없는 메시지들을 주었다. 그것은 사람과 자연에 대한 나의 사랑, 삶, 공포, 흉포함에 대한 나의 존중 그리고 보기에 따라서는 어느 정도 곰의 세계에 대한 나의 일체성 느낌에 대한 것들이다. 순수한 일상적 실재 CR 관점에서, 그 드럼소리는 아마 곰이 놀라서 도망가게 했을 것이다. 그러나 더 자의적 관점에서, 빅U의 감정에서, 곰은 나에게 일종의 절정 동일성 경험을 상기 또는 기억시켰다. 에이미의 도움으로, 결국 곰이 내가 삶에서 기억할 수 있는 첫 번째 꿈에서 중심적인 역할을 했음을 나중에 기억해 냈다.[5] 어느 정도, 나는 나 자신의 삶을 만나고 있었던 것이다. 에이미도 그녀 자신에 대하여 똑같은 것을 느꼈으나, 하지만 그것은 내가 다른 시기에 전달할 또 다른 이야기다.

　어쨌든, 드럼은 공포, 흉포함과 멈춤에 대한 일종의 컴패션을 표현하였다. 아마도 곰은 모든 토착 원주민들과 우리 자신들에 대한 우리의 연결과 은혜를 우리에게 상기시키기 위하여 왔던 것 같다. 나의 핵심은 빅U가 불가능한 것처럼 보이는 상황에서조차 창조자와 조상의 관계라는 것이다. 빅U의 힘은 보통 어느 누구도 해가 되지 않게 작용한다. 부분들의 합은 인도하는 힘이다. 우리가 오직 하나의 특성, 하나의 평행세계 또는 관계의 한 부분만 동일시하는 한, 우리는 당황하고, 불확실하게 되고, 끌어당기거나 밀치게 되며 그리고 상황의 다른 부분을 무시하게 된다.

관계의 안내

근본적으로, 모든 순간, 모든 관계, 그리고 모든 관계 상황은 안내자와 함께 온다. 7장과 8장에서 언급했던, 데이비드 봄(David Bohm)의 주어진 물질적 물체를 묘사하는 양자 파동 패턴에서 무엇보다 가장 중요한 아이디어를 기억하는가? 우주의 모든 물질적 물체—모든 입자, 모든 사람, 모든 의자, 모든 행성, 우주 자체까지—는 자신과 연관된 양자 파동 또는 안내 파동을 가지고 있다. 관계에서, 이러한 안내는 배경에서 종종 매우 깊다(윌더처럼, 당신이 정신적 쇼크 상황에서 그것에 갑자기 접근할 수 있도록 충분히 개발되어 있지 않은 한). 빅U는 안내자, 파동, 벡터 그리고 꿈 또는 관계 신화다. 당신은 7장([그림 7-4])에서 섬광의 다양한 벡터들을 기억하는가? 그것의 가능성 파동의 일부는 어떻게 거꾸로 가는가? 이렇게 뒤로 움직이는 파동들은 필요한데, 가능성 모두가 함께 가장 가능성이 높은 특성으로 합쳐지기 때문이다. 빅U는 언젠가는 이러한 모든 방향들을 따라 지그재그하기 위해, 삶의 변형을 조정하기 위해 관계의 일생 동안 당신을 돕고, 당신을 허용하고, 그리고 당신을 자극하기도 한다.

관계에서의 컴패션(compassion)

이 실습에서 우리는 관계의 배경과 다양한 평행세계들을 자세하게 탐구할 것이다.

1. 우선, 현재 또는 과거에서 누군가와의 긴밀한 관계, 문제가 있고 어려운 관계 또는 어느 순간 당신에게 나타나는 누군가와의 관계를 선택해 보아라. 우리는 빅U와 그 관계에서 빅U을 어떻게 사용해야 하는지 찾을 수 있을 것이다.

2. 그 관계에서 첫 번째 꿈, 경험 또는 인상을 기억하여라. 그것을 기록하여라. 나중에 당신은 그것이 필요할 것이다. 그리고 그 사람과 당신의 관계에서 어떠한 문제나 프로젝트들을 기록하여라.

3. 이제 관계에 관한 두세 개의 평행세계를 찾아라. 한 손을 인식수단으로 사용해서 당신이 다른 손으로 상상할 수 있는 관계를 향하여 천천히 움직여 보아라.

발생하는 순간 깜박하고 떠오르는 경험을 잡아 보아라. 이런 (그러나 거의 당신이 경험한) 경험을 평행세계 1, 2, 3이라고 해 보자. 그것들을 기록하고 이름(예로, 이빨, 열기 등)을 붙여 보아라. 스스로에게 이 평형세계들이 이미 그 관계의 명백한 또는 반복되는 특징이 되어 왔는지 물어보아라. 어떠한 양자 신호교환이 관계나 우정에 대한 당신의 느낌과 강력하게 연결되어 있는가? 그 사람이 친밀한 파트너라면, 어느 세계가 성적 관심의 관능성에 대한 당신의 느낌과 연결되어 있는가?

역광을 탐구해 보아라. 어느 평행세계가 역광, 즉 가장 문제가 되거나 놀라운 것이 될 가능성이 가장 높은가? 이 역광을 펼치고, 그것을 행동으로 표시하고 그것을 그림으로 그려 보아라. 그것의 신념체계는 무엇인가? (예를 들어, 곰에 대한 나의 관계에서 가장 문제가 되는 세계는 분명히 '이빨', 포악함이었다.) 어떻게 이 역광 세계가 그 사람에 대한 당신의 가장 강한(또는 가장 강한 것으로 상상되는) 관계 문제 그리고 그 관계에서 당신의 불확정성 느낌과 강력하게 연결되는가? 어떻게 이 역광 에너지는 비국소적인가? 즉, 어떻게 이 에너지는 당신 두 사람 모두에게서, 당신 주위의 나머지 세계에서, 어쩌면 당신의 신체 문제에서, 그리고 다른 사람에 대한 당신의 관계 문제에 존재하는가?

이제 빅U의 컴패션을 찾아보아라. 당신의 출발점을 표시하기 위해 바닥에 무엇인가를 놓고, 그리고 평행세계들을 더해 보아라. 이렇게 하기 위하여, 세계 1을 느끼고, 그것의 방향을 찾고 그곳으로 이동해 보아라. 그 출발점으로부터, 세계 2와 3에 관해 똑같이 실행하고, 그리고 당신의 도착점을 표시하기 위해 마루에 무엇인가를 놓기 바란다. 이제 출발점으로부터 도착점까지 느끼고 걸음으로써 그 세계들을 더해 보아라. 빅U의 리듬, 노래 그리고 의미를 느끼고, 그리고 그 경험에 이름을 붙여 보아라. 이 관계 빅U에 관해 기록해 보아라.

제이크(Jake)를 두려워했던 샘(Sam)을 생각해 보자. 실제로는 샘을 질투했던 사람은 제이크였다. 이러한 질투는 항상 제이크에게 샘이 두려워했던 부정적 비판을 하도록 유발하였다. 그래서 샘은 한 손에 제이크에 대한 자신의 관계에 대한 자신의 이미지를 올려놓고 그리고 두 가상적 인물들을 보았다. 그런 다음 그는 천천히 자신의 또 다른 손을 인물들이 있는 손을 향하여 움직였다. 그가 그렇게 할 때, 자의적 알아차림으로 그는 자신의 상상에서 불쑥 튀어나오는 칼을 보고 충격을 받았다. 칼은 찌르기가 일어나는 첫 번째 평형세계였다. 자신의 손을 가상적 인물들을 향해 천천히 움직이는 것을 계속하며, 샘은 두 번째 평형세계가 우울증이라고 말했다. 그는 제이크가 정말로 우울했다고 말했다. 그리고 세 번째 세계는 단순히 바람이었다. 샘은 이러한 평형세계들 각각과 연관된 땅을 기반으로 하는 방향들을 느꼈다. 칼(세

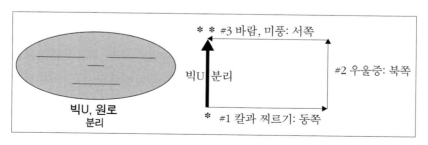

그림 18-4 질투하는 친구와의 관계

계 1), 우울증(세계 2), 동쪽에서 서쪽으로 불었던 바람(세계 3)([그림 18-4]). 샘이 빅U를 발견했을 때, 그것은 해방 또는 분리처럼 느꼈고, "무엇인가 북극을 향하여 북쪽으로 가고 있다!" 샘은 놀랐고 또한 매우 기뻐했다.

당신의 내면작업을 완성해 보아라. 당신은 다양한 벡터들을 걸어야만 한다([그림 18-4]). 그런 다음 다시 빅U 방향을 느끼고 상상해 보아라. 가능하다면, 빅U의 경험을 인간과 같은 존재로서 스케치 해 보아라. 경험의 느낌과 에너지를 사용하여 빅U를 스케치 해 보아라(아마 [그림 18-4]의 얼굴 그림이 당신 자신의 창조성을 어떻게 사용해야 하는지 알려 줄 것이다.). 마지막으로, 형태-변형을 해서 그 그림이 되어 보아라. 그것이 일어서서 움직이면 따라 일어나서 움직여 보아라. 당신의 신체 경험과 두 번째 훈련을 신뢰하기 바란다. 형태변형을 해 보아라. 빅U의 가능한 움직임과 소리를 만들거나 그의 언어를 말해 보아라. 말하자면 그것이 '숨 쉬는 대로' 내버려 두어라.

어쩌면 당신은 당신이 빅U처럼 이 관계에서 사람들을 어떻게 창조했는지를 경험할 수 있었을 것이다. 어쩌면 당신은 빅U가 누구인지의 일부분을 알기 위해 그들을 창조했을지도 모른다. 빅U로서, 당신은 가장 문제가 되는 평형세계를 어떻게 볼 수 있는가? 당신은 그것과 다른 평형세계들에 대한 포괄적 느낌을 가지고 있는가? 이 역광은 하나의 형태나 다른 이런 저런 형태에서 얼마나 필요한가? 당신이 상담해 왔던 사람과의 만남 후 당신의 첫인상 또는 감정 또는 꿈을 회상해 보아라. 당신의 빅U 경험이 어떻게 그 당시에 발생했던 것에 이미 존재했었는가?

당신이 두 번째 훈련에 들어갈 때, 당신의 빅U는 이 관계에서 다음에 무엇을 해야 하는가를 알 것이다. 그것은 당신과 다른 사람의 접촉과 거리, 신호, 이중 신호 그리고 계급 차이를 놀라울 정도로 아주 잘 다룰 것이다.

다음은 샘에게 일어난 것이다. 그는 제이크의 관계에서 자신의 작업을 완성했다. 샘의 분리된 빅U 경험은 제이크의 찌르기, 비판적 견해를 단순한 의견으로 보았다. 사실, 빅U의 인식에서 "제이크의 의견이 필요했어요."라고 샘이 말했다. "무례함이 전체적인 그림에 속하네요."

며칠 후에, 샘은 실제로 제이크를 만났고 그에게 그의 경험에 관해 말했다. 그는 제이크에게 그의 직접적인 성향이 정말로 얼마나 필요했었는지 말했고, 분리로서 샘도 또한 무례해질 것이라고 말했다. 제이크는 충격을 받고 놀라서 울었다. 어느 누구도 사물을 대할 때의 그의 직접적인 스타일을 좋아하지 않았다. 샘은 경고했다. "그러나 조심해요! 너무 자주 지적하지 말아요. 그렇지 않으면 나는 당신의 찌르기를 돌려줄 것입니다." 결국, 두 사람은 눈에서 눈물이 날 때까지 웃었다. 분명하게 그 두 사람은 자신들의 자발성과 자유에서 서로 만났던 것을 사랑했다.

빅U는 관계 상황들을 놀라울 정도로 매우 잘 처리한다. 윌더는 그녀에게 자신의 차로 돌진한 남자를 위로했다. 나는 곰에게 드럼을 쳤다. 샘은 제이크를 강하게 상대했다. 빅U는 가장 넓은 의미에서 컴패션적이다. 리틀u는 어느 방향을 알지 못하거나 좋아하지 않고, 관계에서 당황하고 불확실하게 남아 있지만, 빅U는 모든 방향을 필요로 한다.

빅U는 모든 사람들의 생득(生得)권이다. 이것은 놀라운 선물이다. 그러나 그것을 발견하기 위하여 우리는 우리의 매일 매일의 리틀u를 잠시 동안 완화시켜야 하며, 두 번째 훈련으로 변환하는 데 집중해야 한다. 이 장의 처음 부분에서 인용한 돈 후안의 말은 다음과 같다.

당신에게는 이미 추상적인 선물이 주어져 있다. 이는 의지의 날개로 날아 갈 수 있는 가능성이다.

생각해 봐야 할 것들

• 당신이 관계에서 빅U의 컴패션을 알기 전에는, 당신 자신을 잘 알지 못한다.

Chapter **19**
초자연치료사의 관계 회전

만일 경배받는 신들이 어디에나 있다면,
경배하는 자는 장막에 가려져 있다.
그러나 삶 그 자체가 친구로 일치될 때,
경배하는 자들은 사라진다.
– 루미[1]

    빅U를 감지하는 것은 당신이 관계에서 최소작용과 함께 흐르도록 해 준다. 그러한 시기 동안, 당신이나 당신의 파트너는 핵심이 아니다. 빅U는 실제 상황에 대해서뿐만 아니라 다른 사람들이 실제라고 부르는 것으로부터의 독립적 느낌에 대한 연결을 제공한다. 관계들은 최선을 다해 작업하는 훈련을 요구한다. 당신 스스로와 다른 사람들을 돕기 위해 어떤 형태들의 첫 번째 훈련과 두 번째 훈련을 수행하여라.

    17장에서 우리는 관찰자와 관찰 대상자의 관계에서 빅U의 인도를 탐구하였다. 바로 앞 장에서, 우리는 알아차림과 컴패션을 발전시키기 위해 빅U의 경로 알아차림을 사용하였다. 이 장에서, 나는 친구들이 자신들의 빅U를 찾도록 하기 위해, 관계의 연금술을 탐구하고 그리고 회교 수도사들의 회전 댄스를 설명하고자 한다.

지금까지 우리가 있는 곳

보통은 그것이 대부분의 사람들에 의해 무시되었기 때문에, 나는 빅U를 강조해 왔다. 그러나 심오한 민주주의 관점에서, 빅U는 단지 많은 관계 특성 중의 하나다. 일상적 실재인 CR 또는 CR 문제, 계급, 역사, 국소성, 나이, 국적, 인종, 성적 취향, 종교, 건강 상태 등의 알아차림은 중요하다. 꿈 이미지들과 꿈영역에서 역할들의 비국소적 본질의 의미와 다양성을 기억하기 바란다. 우리의 신화와 이야기들은 개인적인 것뿐만 아니라, 그것들은 전 우주에 걸쳐 비국소적으로 존재한다. 많은 사람들은 죽음이나 중요한 관계의 상실을 두려워하는데, 부분적으로 비국소적 경험의 실제가 충분히 의식적이지 않기 때문이다. 관계 문제의 표면에서 나타나는 신호, 이중 신호 그리고 신체 증상들은 우리 모두가 공유하는 꿈영역에 뿌리를 두고 있다. 만약 어떤 한 사람이 안녕하지 못하면, 모든 사람들이 어떻게든 안녕하지 못한 것이다.[2]

나는 기하학적 구조들을 밝히는 데 필요한 필수 초점과 알아차림을 강조하기 위해 꿈영역의 비국소성을 신성한 공간이라고 불러 왔다. 자의적 지기(地氣)를 기반으로 한 땅의 알아차림은 관계의 공통 근거인 섬세한 양자 신호 교환들과 벡터들을 알아차린다. 2차적 훈련으로, 이것이 순간적일지라도 빅U로 형태-변환할 수 있다. 빅U에 접근하는 것은, 신호, 계급 차이, 이중 신호, 그리고 개인적 사항들을 알아차리기 쉽게 만든다.

내가 모든 장들을 통해 제안해 온 실습들은 알아차림을 고취하기 위해 만들어진 것이며, 꼭 고정된 프로그램은 아니다. 그것들은 다양한 벡터들과 빅U를 찾기 위한 땅을 기반으로 한 훈련과 신체 알아차림의 형태다. 모든 관계 상황은 우주에 대한 어느 한 사람의 관계에 관해 더 많이 배우는 기회가 된다.

분위기와 장을 통한 당신 스승의 경로

잠시 당신 자신을 점검하여라. 그리고 편안하게 느껴지면 눈을 감아라. 일단 당신이 자신에 대해 알아차리게 되면, 당신의 가장 깊은 자신을 느끼고 그리고 당신의 신체에서 그것이 어디에 있는지 찾아라. 그리고 서서 당신의 안에서 자신의 가장 깊은 자신을 느껴라. 당신이 준비가 되었다면, 땅이 당신의 신체에게 그 가장 깊은 자신과 연관되어 있는 방향이 어디인지 말하도록 하여라. 땅이 당신의 가장 깊은 자신과 연관되어 있는 방향으로 돌리도록 하고 그리고 그곳으로 움직여 보아라. 당신이 그렇게 하는 동안, 그 방향과 연관된 어떠한 느낌 또는 비이성적인 생각들, 그리고 그 경로의 리듬과 움직임을 알아차려라. 그 리듬을 느끼기 위해, 당신은 그 방향으로 걸어야만 하며, 단지 땅만이 그것에 관해 당신에게 가르칠 수 있다. 당신의 가장 깊은 부분의 리듬과, 당신의 빅U와 그것의 의미들을 느껴라. 이 경험에 대해 기록하여라. 그 방향과 그러한 땅을 기반으로 한 느낌들을 당신의 스승이라고 생각하여라.

책의 초반부에서 이미 언급한 바와 같이, 우리는 관계에 있어서 분위기와 장에 관해 작업하기 위해 그 스승을 어떻게 사용할 것인지 탐구할 것이다. 모든 사람이 관계의 분위기에 대해 알고 있다. 단지 당신의 가족을 방문하거나 친구의 아파트를 가 보아라. 상점과 교육적 강의실 주위의 분위기와 장을 느껴 보아라. 그곳에는 우울하고 조울병적인 장들이 있다. 격렬하고, 중압적이고, 침체되어 있으며 긴장된, 또는 매우 황홀하며 의기양양한 장들이다. 우리는 이전 장에서 분위기는 소멸, 창조 그리고 지그재그 분리과정에 의한 것뿐만 아니라 배경 형상들에 의해서도 구성되는 장이라는 것을 알고 있다. 그러나 여기에서는 이러한 장들의 땅을 기반으로 한 본성 그리고 꿈같은 본성을 강조하기를 원한다.

문제 안에 답이 있다

모든 장에서 가능한 빅U의 초시간적 움직임 덕분에, 문제 장들은 그 안에 자신의 답을 가지고 있다. 물질이 여전히 살아 있다고 여겨졌던 화학의 초기 형태인 연금술은 모든 물질적 프로세스의 시작단계 또는 원초적 물질(prima materia) 단계를 잠재적 전환을 포함하는 것으로 묘사하였다. 답은 말하자면 과정 안에 있었다. 이러한 과정들의 중심에는 기본 물질들을 금과 모든 것을 치유하는 만병통치약으로 변환하는 것을 촉진하는 머큐리(Mercury, 수은) 정령이 있었다. 이러한 특별한 목표들에서 연금술이 성공적이었다는 증거는 없지만, 그러나 융과 그의 제자들 덕분으로 우리는 연금술이 물리학이 생성하려고 했던 것(예로, 한 물질을 다른 물질로의 변환)뿐만 아니라 또한 더 큰 위대한 전체성(wholeness)을 위한 인류의 변환에 대한 상징이었다는 것을 깨달았다.[3]

그림 19-1 머큐리 정령
(Spirit Mercurius)

때때로 머큐리 정령은 살아 있는 물이나 마법적 요정으로 불렸다. 가끔 그것은 꿈에서 나이가 든 현명한 남자나 여자로서, 자신으로서, 마법사로서, 몇몇의 매우 특별한 마법의 정령, 또는 어릿광대로 보이기도 하였다([그림 19-1]). 융은 머큐리 정령을 무의식적 신이라고 불렀다. 어쨌든 나는 뱀들이 있는 머큐리 정령의 지팡이, 카두세우스를 안내 파동 또는 빅U를 의식적으로 만드는 자기-반영 파동의 상징으로 이해했다.

초기 연금술사들처럼, 나 또한 머큐리 정령을 경직되어 있고, 정적이며, 그리고 움직이지 않는 매일매일의 일상적인 마음을 바꾸는 장 프로세스들을 통해, 흐르고 그리고 지그재그하는 빅U 경험, 만병통치약을 창조하는 자연 속의 정령 이미지로 볼 수 있다.

융은 관계와 전환에 관한 연구에서 연금술사들이 어떻게 자신들을 '변환 (transforming)'이라고 생각하는지를 보여 주었다. 그 변환은 분리된 개인들로 서의 시작, 자신들의 근원적 관습적 자세와 정체성의 상실의 감각에서의 '죽음(dying)', 자웅동체(hermaphrodite)로의 진화다([그림 19-2]).[4] 또한 다시 그 그림에서 우리는 빅U, 모든 형상들과 심지어 평행세계들조차도 포함하는 단일체(unity)의 상징을 볼 수 있다.

그림 19-2 자웅동체(Hermaphrodite).
빅U의 상징

괴물과 장(場)을 기대하며

분위기와 장(場)은 때때로 (지구를 둘러싸는) 날씨 체계 또는 대기(大氣)처럼 보인다는 것을 기억하여라. 보통 우리는 그것들이 우리를 성가시게 할 때 알아차리게 된다. 알아차림 없이, 우리는 보통 어떤 사람을 그 분위기의 비국소적 본질을 느끼는 대신 문제와 동일시한다. 그러나 분위기는 말하자면 공기 안에 있다([그림 19-3]).

만약 당신이 주의하지 않는다면, 당신도 장(場)에 의해 영향을 받을 것이다. 그것은 당신이 그 안에서 자유롭게 움직일 수 없다는 것을 의미한다. 당신은 창조와 소멸 사이를 왔다 갔다 하는 속담의 전자(electron)와 같은 것이다. 그것들 사이에서 존재하는 동안 그러한 장(場)안에서의 변환을 촉진하는 것은 2차적 훈련을 요구한다. 우리들 대부분은 장과 관계 문제의 희생자가 되는 것에 더 친숙해 있다. 우리는 역할, 계급, 유령 그리고 다른 가능성들의 중요성을 부정하는 우리의 보통의 리틀u에 남아 있기 위한, 우리의 고집에 의한 계속되는 어려움을 거의 깨닫지 못한다.

그 빅U와 접촉하기 위해서는, 이 책 전체를 통해서 당신이 해 온 것처럼 벡터 산책을 사용하거나 또는 단순히 당신 신체에서 자신의 가장 심오한 부

그림 19-3 침울한 날씨

분을 느끼고 그것의 방향을 찾아보아라. 그러나 장(場)과 작업하기 위한 가장 강력한 방법은 아마도 그것의 우주 보편적 방향, 즉 우주에 대한 그것의 방위에 연관시키는 것이다.

원형 댄스는 관계를 개선한다

나의 경험에서 어떠한 다른 신체 방법보다도 회전하기(spinning)는 리틀u의 지배를 완화하는 가장 신속한 수단이다. 회전하기는 당신을 개인적 역사로부터 분리한다. 나는 앞에서 많은 문화들이 우주를 반영하고 그리고 회전하는 별들과 우주의 움직임과의 접촉을 느끼기 위해 원형 댄스를 창조했다고 언급하였다. 내가 말했던 회교 수도사 댄스는 예전에 이 세계의 결속으로부터 춤추는 사람을 해방시키기 위해 공연되었고 지금도 여전히 공연되고 있다. 회전하기의 효과는 개인사를 제거하는 것이다. 회교 수도사들이 착용하는 큰 원기둥 모자는 평범한 자신의 묘비를 상징한다([그림 19-4]).

그림 19-4 회교 수도사(Dervish)

　　회전하기는 모든 어린이들이 아는 것처럼 황홀한 상태일 수 있다. 회전하는 어른들은 자주 전체 세계의 일부분으로서 그리고 신과 직접 소통하고 있는 스스로를 경험한다. 지도자로서, 사람들을 돕기 위해 회전하기를 사용하는 나의 가장 큰 경험은, 결과로 초래되는 의식의 변형 상태에서 명료함의 개발을 강력하게 독려하는 것이다. 회전은 관계에서 정지하고 있는 것과 매우 다르다. 정지하고 있는 것과 말하는 것은 우리가 정상적으로 하는 것과 관련되어 있다. 우리는 한 위치에 고정되어 있는 것이다. 우리는 정지 상태로부터 질문을 한다. 답을 찾기 위해 우리는 다른 사람들을 최면 상태에 들어가도록 요청하거나 동전 던지기를 한다. 그러면 우리는 답을 알아차린다. 그것은 한 면 또는 다른 면이다. 그러나 답을 만들어 내는 프로세스는 회전하기를 통해 일어날 수 있다. 회전은 동전이 당신의 손을 떠나 자유로워질 때 일어나는 뒤집히기 프로세스이며, 공중에서 회전할 때 최소작용의 프로세스를 따를 수 있기 때문이다.

　　때때로 하나의 답을 얻으려는 대신, 회전하기는 우리가 답이 나올 수 있는 빅U와 접촉하는 것을 가능하게 해 준다. 회전하기는 우리가 중력에 대한 관계에서 발생하는 변화의 자의적(恣意的) 알아차림과 접촉하는 것을 도와준다. 우리가 회전을 할 때 우리는 특정한 답으로부터 우리 자신을 자유롭게 하고 변화의 프로세스로서 우리 자신을 알게 한다. 그래서 우리는 모든 가능성 중의 상대적 중요성(혹은 비중요성)을 이해하게 되는 것이다. 우리는 어떠한 답, 어떠한 상태도 단지 순간적이라는 것을 안다. 회전하기는 어지러움을 만들기 때문에, 그것은 우리를 중력의 상태에 있게 하며 꿈꾸기와, 땅에서의 일상적 위치로부터의 세계를 열어 준다.[5] 리틀u가 더 이상 통제하지 않기 때문에 회전하기 체험은 꿈꾸기, '최소작용'의 형태와 같다. 당신이 경험한 것은, 그것이 마치 우주로부터 오는 것과 같이 보일 수 있다.

　　설명을 해 보자. 회전하는 동안, 어지러움의 경험은 내가 언급한 대로 리틀u의 통제를 방해한다. 이러한 의미에서 신체의 운동 에너지는 마치 자유낙하하는 것처럼 중력의 본질에 의해 나타나는 잠재적 에너지와 비슷해진다. 마치 자유낙하 운동처럼 중력의 법칙이라는 미덕에 의해 잠재적 에너지로 주어진 것과 가깝다. 이러한 최소-작용(운동 에너지가 잠재적 에너지와 비슷해지는) 자유낙하 현상 때문에, 우리는 보통일 때보다 더 분명하게 중력을 느낀다. 당신의 꿈 세계, 당신의 은유적인 잠재적 에너지는 당신이 살고 있는 장들 때문이며, 그것들을 땅과 세계에 대한 당신의 관계라고 불러라. 나의 잠재적 에너지는 부분적으로 당신과 당신의 심리학 그리고 그 시대에서 나타난다. 그것은 세계 상황 그리고 바다, 땅 그리고 우주로부터 나타난다. 간략하게 말하면, 당신의 잠재력은 전체 우주와 연결되어 있고, 그 장과의 상호작용을 통해 당신은 자신의 개인적 신화, 우주에서의 당신의 위치를 알게 된다. 심리학에서 최소작용은 내 삶에서 내가 역학적으로 무엇을 하든, 내가 어떤 움직임을 만들었든, 나의 신체는 나의 잠재적 에너지, 우주 또는 내가 살고 있는 장들과 가능한 한 비슷하게 사는 것을 추구한다는 것을 의미한다.

함께 빙글빙글 돌기

당신이 이 실습에서 회전할 때 조심스럽게 하여라. 그리고 당신의 신체를 따르라. 단지 당신이 편안하게 느낄 수 있는 정도로 빠르게 회전하여라. 매우 느리게 시작해서 모든 다양한 경험을 알아차려라. 당신은 왼발을 회전축처럼 한 지점에 놓고 오른발로 돌 수 있다. 당신이 회전함에 있어 오직 어지러움이 일어나기 직전 상태까지만 움직여라. 약간의 방향 상실이 일어나는 그 순간, 당신의 신체는 당신에게 발생하는 그것의 움직임과 환상으로 당신의 관계 상황을 다루는 그것의 능력에 관해 가르칠 것이다. 많은 사람들이 땅과 우주가 어떻게 그들을 움직이는지 말한다. 이 실습은 우주, 즉 당신의 빅U에 대한 당신의 연결을 밝혀 줄 것이다.

당신은 관계에 관한 이 실습을 혼자서, 둘이서, 셋이서 또는 공동체에서

할 수 있다(이 책의 뒷부분에서 나는 팀과 큰 공동체에서 이 실습을 어떻게 하는지 논의할 것이다.). 다른 사람과 원형 댄스를 하는 것은 항상 공동체를 만드는 방법이 되어 왔다. 내가 추천하는 방법은 관계를 위한 맞춤이다. 이미 언급한 바와 같이, 당신은 이것을 혼자서도 할 수도 있지만, 이것을 친구나 파트너와 함께 할 수 있다면 더 좋다.

준비가 되었는가?

먼저, 당신이 더 잘 알기를, 만나기를, 당신과의 관계를 새롭게 하기를 원하는 누군가와의 관계에서 어떠한 흥미, 문제, 어려움 등의 영역을 기록해 보아라. 이 작업의 초반부에서는 다른 사람이 함께 있어야 할 필요는 없으나, 그러나 어느 순간부터는 내가 간단히 설명할 바와 같이 함께 회전하는 것은 중요하다.

만약 당신이 다른 누군가와 함께 있다면, 당신들 각각은 관계의 평행세계를 찾기 위해 한 쪽으로, 각각 자신의 내부 공간으로 움직여라. 한 손으로 관계에 관련된(당신 상상의) 다른 사람을 향해 움직여 보아라. 당신이 자신의 손을 그 관계를 향해 천천히 움직일 때, 떠오르는 두세 개의 평행세계를 알아차려 보아라. 그것들에 대해 기록하고 그것들의 방향을 찾아보아라. 그 각각을 느끼고 그저 그것들의 방향을 기록하여라. 지금 이 순간에 당신이 그 방향으로 걸을 필요는 없다.

이제 당신의 왼발을 제도용 컴퍼스의 회전축처럼 중심에 놓고 오른발이 그 주위를 움직이도록 해서 회전하고 춤추고 자신의 빅U를 찾아라. 당신이 움직일 때, 우주가 당신을 당신이 편하게 느끼는 방법과 속도로 회전시키는 것을 느끼도록 노력하여라. 당신이 거의 어지럽게 될 때까지 명료한 주의 집중을 사용하여라. 그리고 당신이 올바른 적당한 리듬과 경험과 이야기를 찾았다고 느낄 때까지 계속 움직이면서 떠오르는 어떠한 변형경험을 기록해 보아라. 이야기가 이러한 경험들을 펼치도록 하여라. 앞에서 당신이 했던 것처럼 이 이야기의 에너지를 스케치하고 그것에 이름을 붙여 보아라.

당신의 파트너와 상호작용하기 전에, 관계의 다양한 평행세계들을 탐구하기 위해 빅U 움직임과 이야기를 사용해 보아라. 회전하기와 움직임과 이야기하기의 경험에서 머무는 동안에 관계의 다양한 방향들을 탐구하고 느껴 보아라. 나는 당신에게 이것들을 정확하게 어떻게 하라고 말할 수 없다. 만일 당신이 자신을 그 이야기의 느낌 속으로 움직여서 머물도록 허용한다면, 당신이 관계의 방향들을 깊이 생각할 때, 당신의 신체는 당신에게 사물에 관해 당신에게 적절하게 설명할 것이다. 이러한 당신의 통찰에 관해 바로 기록하도록 하여라.

당신과 당신의 파트너(들)가 준비가 되었다면, 아직 서로 자신들의 경험들을 이야기하거나 공유하지 말기 바란다. 우주가 당신을 개별적으로 움직이도록 내버려 두어라. 함께 회전하고 춤추어라! 움직이는 동안 당신들의 이야기를 간단하게 나누어라. 당신의 움직임을 계속하면서 동시에 파트너의 회전 댄스의 경험을 따라 보아라. 당신 자신의 신체를 따르고 그리고 당신의 움직임이 어떻게 상대방에게 접근하고 물러서는지 알아차려라. 당신의 빅U가 당신에게 그것이 당신들 서로가 독립적으로 상호작용, 합침 또는 움직임을 가르치도록 당신 자신의 빅U를 따르라. 이 프로세스는 당신의 신체 느낌과 상대방의 느낌의 조합이기 때문에 정확하게 묘사될 수는 없다. 단순하게 당신이 자신의 빅U와―삶 그 자체와―그리고 또한 다른 사람(들)과 춤추고 있다는 것을 알아라([그림 19-5]).

우주에 대한 당신과 당신의 빅U의 관계는, 당신에게 함께하는 마지막 춤을 찾는 방법을 알려 줄 것이다. 움직이는 동안 당신은 술은 마시지 말고 명료하게 있어라. 당시의 신체는 마지막 형태가 나타날 것 같은 때를 알 것이다. 그 순간에, 여전히 그 패턴을 춤추는 동안 당신 둘 사이에 나타나는 이야기를 허용하여라. 이번에는 당신이 상대방에게 이야기하기를 할 것이다. 예를 들면, 당신 중 한 사람은 이렇게 말할 수 있다. "오래전에……" "그리고 덧붙이자면" "……그곳은 숲이었습니다." 등등. 당신의 합쳐진 이야기는 당신의 빅U 이야기 또는 신화들을 함께 묶을 수도 있다. 이 관계 이야기는 당신들의 우정의 핵심일 수도 있다.

그림 19-5   춤추는 회교 수도사

만약 당신 둘 모두가 관심이 있다면, 시간에서 다른 때나 또는 지금, 당신은 나타나는 관계 댄스 패턴과 이야기가 어떻게 진행되기를 원하는지 의논할 수도 있다. 그 이야기는 당신의 관계를 함께하는 데 어떠한 임무를 제안하는가? 그것은 관계의 재능과 문제들에 대해 무엇을 의미하는가? 만약 당신 관계가 오랜 기간의 관계라면, 관계에서 당신의 첫 번째 경험과 꿈에서 나타났던 댄스에 무엇이 일어났는지 물어보아라.

관계는 댄스다. 모든 사람들의 댄스는 서로 다르다. 어느 하나의 형태도 관계를 설명하는 데 충분하지 않을 것이다. 어떤 춤은 거칠고, 어떤 춤은 점잖으며, 어떤 것은 사랑스럽고, 어떤 것은 원기왕성하다. 내가 보았던 어떤 관계 춤은 매우 느려서, 사람들은 거의 움직이지 않았고, 어떤 것은 빠르고 거칠었다. 어떤 춤은 독립적인 움직임 프로세스를 사용했고, 반면에 다른 것들은 하나의 형태, 하나의 움직임으로 완전히 합쳐졌다.

내가 에이미와 춤을 출 때, 그녀는 내게 자신의 회전하기로부터 떠오르는 신화적 묘사는 자유롭게 날아다니는 새에 관한 것이라고 말했다([그림 19-6]). 내가 회전을 했을 때, 나의 이야기는 바다의

그림 19-6   나는 새

움직임에 초점을 맞추었다. 우리는 함께 우리 각각의 패턴들을 춤추었으며 그것들은 함께 흘러서, 우리가 보트로 느꼈던 것을 형성하면서 끝이 났다. 우리는 서로 마주 보았고, 우리의 뻗은 팔로 서로를 지지하면서 뒤로 기댔다([그림 19-7]). 합

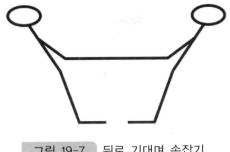

그림 19-7 뒤로 기대며 손잡기

쳐진 이야기는 앞뒤로 흔들리는 바다에 떠 있는 배에 관한 것이었다. 우리의 뻗은 팔 사이에서 다른 사람들이 우리의 배에 탈 수 있었다.

마지막 패턴들은 두 움직임 프로세스들의 중첩이다. 그 배는 그녀의 날개와 나의 바다 경험의 중첩이었다. 우리는 함께 바다 위의 배가 되었다. 그러나 그러한 프로세스들의 어떠한 설명도 충분하지는 않다. 다만 당신이 이해하기 위해 그것을 시도해 보아야만 한다.

나타나는 모든 패턴과 통찰들처럼, 이 춤들은 모래 그림이다. 만일 당신이 이끌렸다면 그것들을 보고, 나타나는 패턴들을 인식하고, 그리고 그것들을 개인 사이의 그리고 세계에서의 문제를 해결하는 데 사용해 보아라. 그리고 패턴이 가는 대로 내버려 두어라. 기억해 두어라. 전 세계의 많은 모래 화가들은 나바호의 표현을 빌리자면 모래 그림이 '신이 오고 또 오는 곳'이라는 것에 동의한다. 춤의 모래 그림에 앉아, 땅을 경험하고, 그리고 다음 날 그 경험을 다시 한번 더 재창조해 보아라. 단지 정지 상태가 아니라 프로세스를 경험하는 것이 중요하다.

당신이 2차 훈련을 하고 무한(無限)과 연관하기 위해 형태-변형하는 것을 배우기 바란다. 당신이 의문을 가질 때, 초자연치료사가 회전하도록 하여라. 이 춤은 빅U, 의식의 변형 상태, 벡터, 신화, 스승 그리고 미래에 관한 조언자다. 아마 그것은 자신의 작업을 위해 우리를 창조했을까? 이것이 이 장의 첫 부분에서 인용한 루미의 시를 내가 이해한 방법이다.

삶 그 자체가 친구로 일치될 때, 경배하는 자들은 사라진다.

생각해 봐야 할 것들

- 당신의 관계 신화를 찾기 위해, 함께 춤을 추어라.
- 관계에서 2차적 훈련은 회전하기를 배우는 것이다.
- 관계 춤추기는 모래 그림이다.
- 나타나는 패턴들을 사용하고, 그러고 나서 그것들이 나아가도록 내버려두고 그리고 그것들을 다시 찾아라.

제**4**부

원로와 세계 경로들

Chapter **20**
그룹의 지혜

자신의 손에 (보이지 않는 도(道)의) 위대한 상(像, Great Image)을 잡고 있는 사람에
의해, 온 세상이 치유된다. 사람들은 그에게 의지하고, 그리고 상처받지 않으며,
오히려 휴식, 평화 그리고 편안한 느낌을 찾는다.
음악과 좋은 음식은 지나가던 나그네를 (잠시) 머물게 할 수 있다.
그러나 비록 입에서 나오는 도가 맛이 없고 향도 없으며,
비록 쳐다보거나 들을 가치가 없는 것 같아 보이지만,
그것은 아무리 써도 다함이 없다.
- 노자[1]

『도덕경』은 옳다. 단지 도(道) 또는 빅U와 같은 도의 측면들에 대해 말하는
것은 그것을 경험하는 것과 상대적으로 무미건조한 것처럼 보인다. 그러나
어떤 공동체에서도 자신의 빅U에 접근할 수 있는 사람은 평온보다 흥분되는
무엇인가를 창조한다. 『도덕경』이 말하듯이, 이러한 특별한 상황 아래에서
사물들은 음악과 함께 굴러가며, 다른 것들도 그 경로에 합류한다.

그러나 모든 종류의 조직, 가족, 팀, 도시, 국가들에 대한 나의 경험으로 판
단해 보면, 리틀u는 다른 사람들을 지시하고 충돌하고 성가시게 한다. 심오
한 민주주의를 위해, 우리는 리틀u 모두를 인정하는 방법을 찾는 것이 좋을
것 같다. 물리학의 법칙은 다양성의 필요성을 의미한다. 우리는 우리의 원자
를 구성하는 입자들 이면의 서로 다른 원자 요소, 즉 서로 다른 벡터들을 갖
고 있다. 심리학도 마찬가지다. 우리는 다양성을 인정할 필요가 있다. 따라
서 심오한 민주주의는 다양성을 인정하는 것을 의미하며, 당신은 초월한 위
치(metaposition)를 가져야만 한다. 이 초월한 위치가 빅U다. 그것은 어떠한

조직도 공동체로 변화시킨다.[2]

세계는 빅U를 추구하면서도 리틀u의 중요성을 잊지 않는 원로가 필요하다. 이 책의 가르침은 하나의 권고로 축약될 수 있다. 모든 것을 포함하는 청사진인 조직적인 모래 그림을 찾고 따르라. 우리가 그렇게 하지 않으면, 자연은 개인이나 사업이 무시하는 어떠한 것도, 반대해서 조직이 하고자 하는 것이 무엇이든 반발하고 되돌려 놓을 것이다. 자연은 모든 역사, 모든 경로 그리고 사람들을 유지해 왔다.

세계 문제

우리의 리틀u들의 대부분은 다양성을 반대한다. 그것이 우리의 모든 그룹, 팀, 조직 그리고 국가들이 부정적인 피드백보다는 인기를, 가난보다는 부를, 게으름보다는 야망을 좋아하는 이유다. 빅U의 관점에서 보면, 이러한 리틀u의 일상적 실재 CR의 방향은 모두 중요하다. 그것들은 서로를 상대화하고 그리고 빅U의 발견을 흥미롭게 만들기 때문이다. 더군다나 리틀u 없이는 우리는 공간과 시간에서 앞으로 또는 뒤로의 방향에 대한 느낌을 가지지 못할 수도 있다. 우리가 민주주의를 선언하든 안 하든, 우리 모두—우리의 국가, 팀 사업, 조직들—는 하나의 요점에 동의한다. 그것은 우리 자신, 팀 그리고 모든 그룹에 있어서 정체성을 유지하기 위하여 다양성을 피하거나 무시하는 것이다. 그러나 다양성에 대한 이러한 반감에도 불구하고, 우리 모두는 모두를 돌봐 줄 수 있는 그러한 세계나 영적 지도자를 꿈꾼다.

우리의 세상은 적어도 쉽게 찾아낼 수 있는 몇 개의 문제들을 가지고 있다.

- **심각한 갈등(Bitter Conflict).** 우리의 편향성은 다른 쪽이 나타나 우리를 방해할 때 놀라도록 만든다. 다른 편은 '다른 사람들'로 또는 홍수, 지진 또는 다른 자연재해의 형태로 땅과 운명 그 자체로 나타날 수 있다.

- **부적절한 글로벌 이론(Inadequate global theory)**. 우리의 일방성은 우리들 인간을 서로에게 또는 우주와 함께하도록 하는 글로벌 이론을 가지지 못하게 한다.
- **덜 유능한 원로들(Unequipped elders)**. 비록 우리가 글로벌 이론을 가졌다 해도, 그 이론을 실행할 때 우리를 인도할 원로들이 필요할 것이다. 이 책은 그러한 이론을 만들려고 시도해 왔고, 그리한 원로 훈련을 제안했다.

우리는 필요한 기술들을 배우기 위한 1단계 훈련 방법들에서 근거하는 글로벌 이론이 필요하며, 그리고 그 기술들을 사용하기 위한 2단계 훈련이 필요하다. 우리가 적용하는 방법과 이론에 불구하고, 2단계 훈련 없이는, 세계를 바꾸려는 우리의 노력은 컴패션 없는 과소평가와 압박 이상의 아무것도 아닌 것이 될 것이다.

조직의 죽음, 공동체의 삶

모든 조직적 문제는 내용에 관한 한 개인적이다. 그러나 문제들과 연관된 프로세스는 포괄적인 것처럼 보인다. 어떤 문제라도 빅U에 대한 필요성을 나타내는데, 그것의 관점으로부터 리틀u가 문제라고 부르는 것은 실제로 과소평가된 경로, 역광이기 때문이다.[3] 그래서 재정적 문제나 갈등을 두려워하는 조직들은 우리 자신과 조직의 빅U를 기억하도록 우리 모두에게 도전을 한다. 조직 내부이든 외부이든 변화에 따른 불확정성은 자연스럽고 정상적이며, 그리고 찾아내기, 탐구하기 그리고 심지어 문제가 있는 벡터 산책하기에 집중하는 어떤 형태의 유동성 훈련(fluidity training)에 의해 완화될 수 있다. 자신의 주 경로, 빅U를 추구하고 찾는 그룹은 우정과 영감에 의해 이끌리는 공동체 팀으로 작용할 것이다. 빅U는 존재하기 위한 가장 심오한 이유다. 그것은 그룹의 실제적 임무다. 빅U의 관점에서, 그룹의 두려움 또는 분명한 소멸은 재탄생의 기회가 된다. 그러나 이런 이상 자체는 단지 움직이는 강물의 한 점일 뿐이다. 개인처럼, 그룹들도 다른 그룹과의 관계에서 자신의 운명을 두려워해야 하며, 그리고 자신들을 상호조직적 프로세스, 빅U의 가장 중요한 원로와 접촉하려는 관점을 접목하기 위해서는, 이를 방해하는 리틀u 관점을 버리게 하기 위해서는 목숨을 걸고 싸워야만 한다.

우리가 개인으로 무엇을 하든, 지금 살고 있는 모든 사람들은 대략 120년 이후에는 다 죽게 될 것이다. 조직들은 조금 더 짧게 또는 길게 존재할 수 있으나, 그러나 지금까지는 죽지 않을 수 있는 것은 없었다. 그러나 우리를 움직이는 벡터들은 다른 시간 차원에서도 존재한다. 공동체나 조직을 증진시키는 비전(vision) 이면의 빅U는 비록 그 구성원 사람들이나 외형적 형태는 바뀌더라도 영구적일 수가 있다.

조직을 정의하기

이제 조직을 사업과 같이 공통 목적이나 공유된 흥미로 동일시된 사람들의 그룹으로서 정의해 보자. 각각의 조직은 자체의 역사, 구체화된 목적, 네트워크 방법, 규칙, 계급 그리고 경영 정책과 같은 일상적 실재 CR 구조에 의해 특징지어진다.

조직은 보통 자신들의 꿈영역 또는 본질 구조를 밝히지 않지만, 그러나 모든 조직들은 그것을 가지고 있다. 조직의 특정한 일상적 실재 CR 본성과는 반대로, 꿈같은 구조와 관련된 사회적 감각과 프로세스들은 공동체를 창조할 뿐만 아니라 방해하기도 한다. 조직의 사회적 또는 감각적 분위기는 부분적으로 역할(roles)과 유령 역할(ghost roles; 역할은 언급되었으나, '다른 사람들'에 의해 확인되지 못한 역할) 사이의 관계에 의해 창조되는 장이다. 개인이 그들 자신과 다른 사람들에 관해 꿈꾸는 것처럼 그룹의 역할은 그룹이 동일시하는 부분들과 그리고 '다른 사람들'로 구성되어 있다.

나는 다른 책들에서 공동체 프로세스에 대한 논의를 한 바가 있기 때문에, 여기에서는 간단히 하려고 한다. 나는 다양한 꿈영역 역할들을 스케치해 왔는데([그림 20-1]), 그것은 보통 사장, 시장(市長), 최고 경영자와 같은 지배적 인물들과, 그리고 우리 모두가 피하려고 하는 예를 들어 범죄자나 도둑 같은 불쾌한 인물들인 '다른 사람들'이다. 그곳에는 모든 개인들이 빠지는 그러나 모든 공동체에서 발견될 수 있는 본질적으로 비국소적, 공유된 경험들인 주류 또는 역광 벡터들이 있다.

모든 그룹들이 좋고 나쁜 사람과 사건, 미래와 과거, 압제자와 피압제자(의 역할)에 대해 말한다. 이러한 역할들과 유령들은 공중에 떠다니면서 지연되기를 기다리고 있는 가면들과 같다. 한 번쯤은 우리 모두는 보통 그러한 역할들이 실제와 환상 둘 다 모두라는 것을 잊으며 우리 자신들과 다른 사람들을 이러한 가면의 하나로 동일시한다. 아메리카 원주민과 토착민들은 유

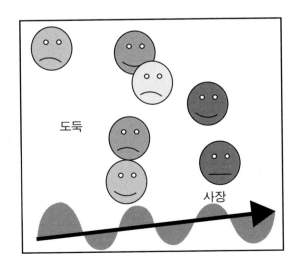

그림 20-1 공동체

빅U는 본질적으로 직접 보여질 수 없다. 그것은 우리가 끌려 들어가는 명백한 역할('사장')과 유령 역할('도둑') 이면의 일종의 감춰진 비전, 중심, 합(合) 그리고 배경의 '안내 파동'이다.

령과 역할에 관해 현명했다. 그들은 가면을 쓰고 자신들의 공동체를 움직이는 서로 다른 동물과 땅 정령을 표현하기 위한 춤을 추며 형태-변형을 했다. 비록 오늘날 대부분의 역할과 유령들이 무시되었지만, 그것들은 아직도 우리의 관심을 요구한다. 우리가 파티를 할 때마다, 말 그대로이든 또는 비유적으로든 역할들은 항상 춤을 추는 장소가 있어야만 했다. 사람들은 왔다가 가지만, 그러나 역할이란 시간-정령이다. 그들은 오랜 기간 동안 거의 변하지 않는다.

어떠한 조직의 본질도 문화가 있는 만큼의 많은 이름을 가지고 있다. 초기 사람들은 이러한 본질 또는 빅U를 요정(genie), 주어진 장소 또는 씨족의 정령으로 여겨 왔을 수도 있다. 역경(易經)은 우물에 대해 말하며 "마을은 변할 수 있으나, 그 우물은 변하지 않는다." 삶의 근원은 변하지 않는다고 했다.

식민지 이전의 시대에, 공동체들은 자신들의 유령을 춤추었고, 자신들의 심오한 원천, 그 우물에 보다 더 가까이 접근할 수 있었다. 비즈니스가 빅U에 의해서, 또는 봄(Bohm)의 안내 파동에 의해서 조직된다고 하는 나의 생각은 우리를 키우고 안내하는 이러한 우물 또는 요정들에 대한 다른 은유들을 사용한다. 오늘날 조직적 본질에 관한 나의 주된 경험은 경로, 길로서의 빅U다. 나는 조직의 본질을 다양한 얼굴 이면의 파동 같은, 벡터 형태로서 스케치했다([그림 20-1]). 비록 빅U가 그룹의 비전이나 목표로 생각될 수 있다고 하더라도 심오한 빅U 프로세스는 말로 표현할 수도 없고 쉽게 형성될 수도 없다. 심지어 조직의 말로 표현된 목표이나 비전조차도 자신의 실제 리틀u가 되기 어렵다. 이러한 모순과 상상의 비전이 영감을 주기도 하지만 짜증나게 하는 이유일 수 있다. 예를 들면, 단순히 당신이 민주주의에 대해 관심이 있다고 말하는 것이 당신이 민주적이라는 것을 확인하지 않는 것이다(적어도 심오한 민주주의에서는 아니다.).

치유자로서의 빅U

지속가능한 일을 지원하기 위해서는, 조직의 이론은 꿈영역과 빅U뿐만 아니라 자신의 일상적 실재 CR 구조의 모든 것도 포함해야 한다. 그러나 공적인 상황에서는 말하는 것보다 행하는 것이 더 어려운데 빅U는 인지적 아이디어와는 매우 거리가 멀기 때문이다. 그것을 어느 정도로라도 이해한다는 것―조직의 모든 일상적 실재 CR과 꿈영역 경험들의 합의 의미를 깨닫는다는 것―은 명료함과 일종의 2단계 훈련을 요구한다.

그 합은 꿈영역의 역할과 유령과 같은 땅에 기반을 둔 방향성 경로이며, 그것이 빅U-느낌이다. 우리는 우리의 갈라진 틈과 틈새를 해결하는 느낌에서 빅U가 우리를 치유하도록 돕는 것이 필요하다. 그것은 빅U를 묘사하는 만큼이나 어렵지만 그럼에도 불구하고 그것은 우리를 어떤 공동체로 이끌고, 또 가장 높은 꿈들을 이룰 수 있도록 희망하게 만드는 그런 종류의 것과 같은 대단한 능력이다. 우리가 보통 사람들이 그 빅U를 비록 본받도록 기대하지만, 모든 사람들의 노력이나 알아차림이 그것을 현실화하는 데 필요하다. 그러나 대부분의 목표에서, 100명 중 한 사람만이 그 빅U를 실현할 수가 있다고 해도 도움이 될 것이다. 그 빅U의 힘 때문에, 그 한 사람은 높은 사회적 계급이 없더라도 도움이 될 수 있다. 예를 들면, 잔 다르크(Joan of Arc)를 생각해 보아라. 저 프랑스 오를레앙(Orleans)의 젊은 아가씨는 성 미카엘 천사의 목소리를 들었고, 프랑스가 어려운 상황에서 벗어나도록 이끌었던 것이다.

당신은 그 빅U를 양자이론, 꿈, 영적 신념, 명상, 회전하기를 통해 또는 내가 이 책에서 소개했던 하는 걷기명상을 사용하여 도달할 수 있다. 대단한 고통의 시기에 빅U는 블랙 엘크(Black Elk, 수[Sioux]족의 위대한 치유사이며 성자)의 비전과 같은 절정과 치유의 비전으로 자발적으로 나타난다.[4] (나는 다음 장에서 이러한 비전을 조금 더 탐구할 것이다.) 이 장의 끝에서, 나는 관찰자/

관찰 대상 실습이 어떻게 당신 조직의 청사진을 찾도록 도울 수 있는지 제안할 것이다.

드문 경우에, 조직의 이름이 우리에게 자체의 빅U에 대한 암시를 주기도 한다. 이것은 내게 에이미와 내가 얼마 전에 일했던 미국에 있는 한 큰 불교대학인 나로파(Naropa)를 기억나게 한다. 우리는 나로파의 조직을 연구하고 그 대학의 설립자인 트룽파(Chogyam Trungpa Rinpoche)가 그 학교를 평생 스승인 티로파(Tiropa)를 찾으려고 했던 전설적 인물인 나로파의 이름을 따서 지었다는 것을 발견했다. 나로파가 자신의 스승을 찾으려고 가는 곳마다 그는 고난에 부딪쳤다. 한번은 강도를 만났고, 또 다른 때는 두들겨 맞기도 했다. 결국, 나로파가 자살을 준비하고 있는 자신의 생의 마지막 순간에, 스승인 티로파가 푸른 정령(blue sprit)으로 나타났으며, 그에게 티로파 자신은 나로파의 여정 중에 만났던 모든 표면적 문제들 이면에 있었다고 말함으로써 그를 깨우치게 했다. 그러한 방법으로 티로파는 나로파의 생명을 구하고 그를 깨우치게 했던 것이다.

에이미와 나에게 이 이야기의 본질은 이런 것이다. 어려움으로 보이는 것은 실제로 변장한 스승이란 것이다. 이러한 전설의 본질 또는 빅U는 많은 개인과 조직들에게 유용할 수도 있다. 삶의 경로에서 우리는 우리의 스승만을 만날 수 있을 뿐이다. 어떤 경우에라도 우리는 그 빅U의 이야기를 적용할 수 있었다. 그것은 유익하고도 강력한 지원군이었다. 그러한 아이디어가 보이는 것처럼 단순하다면 그것들은 모든 제도를 창조하고, 조직화하며, 필요할 때에 갈등을 해소하기에 충분할 만큼 강력하다. 조직의 빅U는 실제로 무엇을 하는 것은 아니지만, 그러나 오히려 연관된 사람들에게 영감을 줌으로써 그들을 움직이게 한다.

촉진자로서의 사전 준비

나로파 대학의 빅U의 발견은 비교적 간단한 것이었다. 당신은 조직의 본질, 그것의 빅U와 꿈같은 방향을 결정함으로써 어떠한 조직의 벡터를 찾고 사용할 수 있다. 빅U는 모든 꿈영역 형상들, 모든 실제 사람, 동물 그리고 공동체와 연관된 물질적 측면들의 본질이며 합이다.

당신 자신의 공동체, 당신 자신의 문화, 마을 또는 세계의 한 부분이면서 촉진시킨다는 것은 모순이다. 무엇보다도, 어떻게 당신은 부분이 되면서 동시에 전체가 될 수 있는가? 내 대답은, 우리는 모두 부분이며 모든 부분이거나 전체이기도 하다는 것이다. 우리는 모두 일종의 합기도와 팔괘장(八卦掌)과, 그리고 회교 수도사의 춤추기를 할 수 있다. 1차 단계와 2차 단계의 합쳐진 훈련의 목적은 당신에게 당신의 매일 매일의 자신과 다른 사람들의 리틀u를 인정하도록 허용하고 북돋우는 데에 있다. 1차 단계의 훈련에서 우리는 유령과 역할, 경계와 중심점(hotspot)을 배웠으며, 그리고 그룹의 청사진과 중심을 발견했다.[5] 2차 단계 훈련은 빅U의 알아차림을 부분들이 마치 조직의 지그재그 프로세스 지혜의 부분인 것처럼 지지함으로써 부분들과 함께 또는 그 사이에서 함께 흐름으로써 긴장을 해결하는 메타스킬(mestaskill)로 사용하는 것에 초점을 맞춘다. 물론, 모든 그러한 작업은 특별한 상황과 문화에 적응되어야만 한다.

이 실습에서 나는 이 책 앞에서 논의했던 관찰자/관찰 대상 양극성에 근거한 이 단계 훈련 실습을 사용할 것이다. 이 실습은 조직적 상호작용의 전과 진행 중에 비교적 쉽고 그리고 빠르게 해낼 수 있는 것이다.

1. 당신이 돕고자 하는 그룹에 대해 생각해 보아라. 당신은 세계 공동체, 모든 존재의 우주, 국가 공동체, 도시, 문화, 가족 그룹들의 구성원임을 기억하여라. 당신은 비즈니스 또는 스포츠 그룹의 부분일 수도 있다. 이러한

그룹 또는 조직 중의 하나를 선택하고 우리는 그들의 상황을 해결하도록 노력하는 데 초점을 맞출 것이다. 당신이 더 많이 알고 싶어 하는 하나를 선택한 다음에는, 단지 그 그룹의 구성원들에 대해 생각해 보아라. 그들은 누구이며, 그들은 어디에 있으며, 그들은 무엇을 하고 있는가? 그들은 어디에 있는가?

2. 긴장을 풀고, 그룹 구성원들에 대해 생각하는 동안, 당신은 눈을 감고, 눈을 뜨면 당신은 그 그룹을 다시 볼 수 있을 것이라고 가정하자. 무엇이 그 순간에 그 공동체에 관해 당신의 주의를 붙잡는가? 그것은 무엇인가 또는 누구인가? 그것은 알고 있는 것인가 또는 당신이 정말로 그것에 대하여 너무 많은 것을 알고 싶어 하지 않는 어떤 것인가? 거기에 여러 가지가 있다면, 당신의 가장 깊은 마음이 집중할 것을 선택하도록 하여라. 그것이 무엇이든 간에 그것을 기록하여라. 그것을 관찰 대상이라고 부르자.

3. 이제 스스로에게 물어라. 누가 그 공동체의 관찰자인가? 당신의 어떤 부분이 그 특별한 양자 신호교환을 봐야 할 필요가 있었는가? 자기-비판적이 되지 말고, 다만 당신의 이 부분을 인식하고 그리고 그것의 이름을 기록하여라. 이 부분을 관찰자라고 부르자. 이제 '관찰된 양자 신호교환'과 관찰자를 함께 합해 보자. 당신이 준비가 되었다면, 출발점 '*'를 표시하

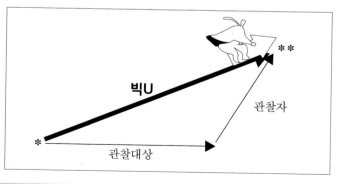

그림 20-2 빅U 경로는 관찰자와 관찰 대상의 합에서 나온다.

여라([그림 20-2]). 일어서서 당신의 신체와 땅이 당신에게 관찰된 양자 신호교환이 가는 방향을 알려 주도록 하여라. 그 선 또는 화살표의 끝으로부터, 당신 안에 관찰자를 기억하면서 지기(地氣)인 땅이 당신을 관찰 대상에 연관된 방향으로 몇 걸음 움직이도록 하여라. 당신이 서 있는 그 지점에 '**'를 표시하여라.

4. 끝으로, 당신의 가장 자의적(恣意的) 마음과 함께 출발점 '*'로 되돌아가서 도착점 '**'까지 걸어라. 당신이 그 방향과 경로의 의미를 알 때까지 그 빅U 선을 걸어라. 당신의 경로 알아차림을 발전시키고 그리고 당신이 그것의 땅에 기반한 정령, 그 그룹의 경로가 당신을 움직일 때까지 그 빅U 선을 걸어라. 당신이 당신을 움직이는 어떤 것으로, 동시에 그룹의 경로로 빅U 선을 알 때까지 걸어라. 이 경로를 사용하는 것 또는 그것을 느끼는 것이 당신이 그룹을 중재하는 것으로 상상하고 그것이 공동체로서 그것의 능력을 깨닫는 것을 도와주어라.

폭력과 작업하기

나는 이 실습을 내가 속해 있는 어느 큰 그룹에 사용했었다. 그 그룹의 갈등 상황은 매우 흔한 것들이었다. 따라서 나는 그 조직에 관한 많은 개인적 세부사항 없이 갈등 상황에 대해 논의하고자 한다.

얼마 전에, 어느 큰 조직의 최고 경영자가 나에게 잠재적 폭력 상황에 대해 나에게 도움을 요청했다. 처음에는 내가 도와줄 수 있는지 확신하지 못했다. 내 자신이 그 그룹의 구성원이었기 때문이다. 그러나 그 최고 경영자는 내 망설임을 무시하고 그 상황을 설명하기 시작했다. 그 조직의 한 부분이 화가 났으며 폭력적이 될 것 같이 위협적이었다. 그들은 '공격자'였다. 그들은 최고 경영자와 나머지 경영진들이 무관심했고 그리고 자신들의 계급을 인정하지 않는다고 느꼈다.

관찰 대상. 내가 중재하기 위해 초청되었던 미팅 전에, 나는 내 자신이 준비하기 위해 관찰자/관찰 대상 방법을 사용했다. 혼자서 나는 그 조직에 대해 명상을 했다. 명상의 그 순간에 나와 양자 신호교환을 한 부분은 최고 경영자였으며, 그리고 그가 나를 거부했다는 것을 깨닫고 나는 당황했다. 그리고 비록 케네디(John F. Kennedy)의 철학이 맞는 말이기는 하지만, 최고 경영자가 "사람은 그룹이 자신에게 해 줄 것을 요구해서는 안 되며, 오히려 자신이 그 그룹에 무엇을 해 줄 것인가를 말해야 한다."라고 주장했을 때, 그 말이 나를 자극했다. 아주 큰 민감성과 함께 사용되지 않는 한, 이 철학은 많은 사람을 무시할 것이다.

관찰자. 내가 내 안의 누군가가 그 최고 경영자를 관찰하고 있는지를 생각했을 때 그 대답은 즉각적이었다. 관찰자는 무시받고 있다고 느끼는 내 안에 있는 매일매일의 일상적인 사람이었다. 그 짧은 순간에 나는, "아, 아! 나도 그 그룹 자체와 똑같은 문제를 갖고 있구나!"라고 깨달았다. 한편으로는 보통의 욕구가 있는 나의 인간적 매일매일의 자신이 있고, 그리고 다른 한편으로는, 다른 사람들의 이익을 위해 나의 욕구의 일부를 무시하는 최고 경영자였던 것이다. 나는 최고 경영자와 공격자가 모두 나라는 것, 오히려 그것들이 나와 그 조직에서 비국소적인 유령들이라는 것을 깨닫고 나는 예민해졌다. 나 자신의 어린 시절의 학대 이야기들이 되살아나고 있었다.

합. 나는 계속했으며 그리고 최고 경영자와 관찰자의 우려들을 나타내는 벡터들을 합했다. 최고 경영자는 워싱턴 D.C., 즉 포틀랜드 오리건의 남동쪽으로 갔다([그림 20-3]). 관찰자는 내가 성장한 미국의 동쪽 해안으로 갔다. 그 방향은 내게 자유의 여신상과 연관이 있다. (나의 가족에게, 그 여신상은 언제나 자유의 감각과 연관되어 왔다.) 전체 또는 빅U 경로는 케냐로 갔다. 내가 그곳을 걸었을 때, 나는 내가 케냐에서 전사로서의 경험에 대한 기억에 의해 움직였다고 느꼈다. 나는 진실된 공동체 경험에 의해 나도 그 속에 포함된 일종의 초자연치료사적 트랜스를 느꼈다.

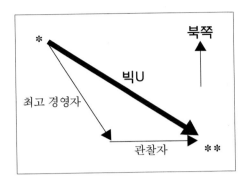

그림 20-3 케냐로서의 그룹 빅U

나는 그 빅U 경로를 너무 잘 걸었다고 느꼈기 때문에, 그 조직의 구성원들을 만나기 위해 기다리기가 어려웠다. 나는 무시된 사람들뿐만 아니라, 최고 경영자와 그의 케네디 스타일의 목표들과도 공감을 느꼈다. 그러나 내가 실제로 협의회에서 조직들을 만났을 때 처음에는 긴장하지 않을 수 없었다. 그래서 나는 나의 빅U, 케냐에서의 따뜻하고 심오한 공동체 경험을 회상했다. 마침내 큰 그룹 프로세스가 시작되자, 나는 잠시 눈을 감았고 무엇인가가 나를 케냐에서의 초자연치료사에게로 이끄는 것을 느꼈다. 나는 내가 어떻게 동시에 최고 경영자도 되고 공격자도 되는지 그들이 모두 나라는 것을 상상했고, 그리고 간단하게 큰 소리로 말했다. 나는 이것을 할 수 있었으나, 보통의 나는 하지 못했을 것이다. 아마도 나 자신의 장 그리고 그룹의 장이 그것을 허용했던 것이다.

어쨌든, 이러한 행동은 그 큰 그룹 프로세스를 짧게 하고 쉽게 만든 것처럼 보였다. 매우 긴장된 분위기가 프로세스의 초반에 있었지만, 내가 말한 후에, 사람들은 나에게 동정적이 되었다. 논쟁하던 사람들조차도 잠시 멈추었다. 그들은 "당신은 불쌍한 사람"이라고 말했다. "그렇게 많은 끔직한 내적 갈등을 갖는다는 것은 힘들 일임에 틀림이 없다." 그들은 내가 그들에 관해 말하고 있다는 것을 처음에는 깨닫지 못했다. 대신에, 그들은 나에게 나의 내부 갈등을 해결하는 방법에 대해 힌트를 주는 것에 관심을 갖게 되었다. 그들의 충고를 들은 후에, 나는 그들에게 내 자신이 그룹으로서 또 그룹이 나 자신으로서 경험한 것을 이야기했다. 놀랍게도 모두들 조용해졌다. 그리고 그들은 그 정적(靜寂)을 웃음으로 깨뜨렸다. 간단히 말하면, 그 분위기의 긴장은 빠르게 사라졌고, 공동체의 따뜻한 느낌으로 대체되었다. 그것은 거의 마술과 같았다. 무슨 일이 일어났는지에 대한 인식적 논의도 없이, 그 순간 모든 사람들은 그곳에 분노가 많았다는 것을 인정했다. 이제 더 이상 논쟁을 할 의미가 없었으며, 모든 사람들은 함께 일들을 풀어 갔다.

당신의 작업

만일 당신이 이 실습에서 공동체의 빅U를 갖게 됐다면, 당신도 또한 관찰자와 관찰 대상 모두가 그룹일 뿐만 아니라 당신이라는 것을 이미 알 것이다. 당신의 내부 작업은 당신의 외부작업을 위한 준비다. 여러 가지 방법으로, 관찰자와 관찰 대상, 꿈꾸는 사람과 꿈꾸어지는 사람(the dreamed)에 대한 평행세계들의 비국소성 때문에 당신이 바로 세계다. 빅U의 발견은 당신이 리틀u의 지배에서—당신 자신 안에서—전체를 이해하기 위해 매일매일의 일상적 시간과 공간에서 벗어나게 도와주고, 그리고 더 큰 관점을 그룹에게 돌려줄 것이다. 빅U는 그 나머지를 하는 일종의 에너지다.

아마 이 장 앞에서 인용한 『도덕경』은 다음과 같이 가장 잘 표현하고 있다.

"자신의 손에 (보이지 않는 도[道]의) 위대한 상(像, Great Image)을 잡고 있는 사람에 의해, 전 세계가 치유된다."

생각해 봐야 할 것들

- 세계는 글로벌 이론과 그것을 실현할 원로들을 잃고 있다.
- 조직을 돕기 위해서는, 조직의 청사진과 빅U를 찾아야 한다.
- 만일 당신이 그 빅U를 사용한다면, 조직들은 공동체가 된다.

Chapter **21**
블랙 엘크의 길

궁극적으로, 당신은 과학 기술을 잊어야만 한다.
당신이 더 성장할수록,
가르침은 더 적어진다.
위대한 경로는 실제로 경로가 아니다.
– 모리헤이 우에시바(Morihei Ueshiba)[1]

정치적 문제와 조직의 문제를 다루는 것에 관하여 내가 아는 가장 유용한 생각은 내가 빅U 경로라고 불러 왔던 그 그룹의 의도, 공유된 방향을 찾는 것이다. 당신이 그것을 찾았을 때, 때로는 말하는 것보다 실현하는 것이 더 쉽다. 일본의 위대한 무예가 우에시바(Ueshiba)가 말하기를, 위대한 경로(The Great Path, 大道)는 전혀 경로가 아니라고 하였다. 훈련은 방법들을 사용하지만 핵심은 경험이다. 공동체 경로들은 신비하고, 말로 표현할 수 없고, 말로 표현하기 어렵다. 우리가 경로를 찾으면, 그것은 이지(理智)적인—학식이 풍부하고 현명한—것이다. 그러나 그것은 일시적이기 때문에 우리는 그 경로를 쉽게 잃어버린다. 그것은 우리의 것이고 모든 사람의 것이며, 그것은 언제든지 어느 곳에서든지 나타나는 비국소적(nonlocal)이다. 주어진 조직 상황의 전후 관계에서 공동체 빅U는 절정의 경험이다. 우리는 그것에 의해 움직여지는 것을 느낀다. 그것은 신화와 동화, 모래 그림과 명상, 비전과 벡터 등의 내용이다.

토템 기둥으로서의 공동체

아마도 어린아이들은 빅U를 잘 알지도 모른다. 그들은 그것을 꿈꾸는 것이 더 자유로워 보인다. 다음의 첫 번째 토템 기둥에 관한 하이다(Haida)족이야기는 공동체 핵심의 이러한 꿈의 측면을 보여 준다.[2]

옛날에 스타-스(Sta-th)라는 소년과 그 아버지가 고기를 잡기 위해 바다로 카누를 저어 나갔다. 갑자기 소년은 물속에 있는 놀라운 이미지를 보았다. 그 부자는 함께 바다를 들여다보고 자신들의 공동체 상을 보았다. 이 상은 자신들의 매일매일의 공동체와 똑같았으나 단 하나만이 달랐는데, 그것은 나무를 깎아 맨 아래에는 커다란 곰을, 그 위에 연어와 여우를, 그리고 맨위에는 독수리와 같은 많은 형상들이 조각된 토템 기둥이었다. 그들은 자신들의 섬으로 돌아와서 마을 사람들에게 자신들이 보았던 비전을 이야기했으

그림 21-1   첫 번째 토템 기둥[4]

며, 결국 하이다족은 그들의 첫 번째 토템 기둥을 만들었다([그림 21-1]).³

이 이야기에는 몇 가지 중요한 요소들이 있다.

어린이. 그 비전을 제일 먼저 본 사람은 어린이였다. 하이다족은 그 비전을 전해 듣고 즐거워했으며, 그들은 아침 해가 뜰 때까지 노래하고 춤을 추었다.

시대. 그러나 실제 삶에서, 일상적 실재 CR 시대(이 이야기에서 설명되지 않은)는 더 복잡하다. 모든 초기 국가(First-Nation) 사람들과 마찬가지로 지난 수백 년 동안 하이다족은 주류의 유럽 종교와 문화의 지배를 강요하는 압제적 식민정책으로 큰 고통을 받아 왔다. 내가 들은 바로는 토템 기둥 전통은 수백 년이나 된 것이다. 빅U의 그러한 상징들은 하이다족이 자신들의 문화와 뿌리를 복원하고자 시도하던 시기에, 공동체들이 위협받던 시기에 일어난다. 일반 개인들이 삶에서 위협을 받을 때 치유의 꿈을 꾸는 것처럼, 공동체들은 죽음의 고비의 시기에 위대한 비전을 받는다.

중첩. 이 이야기에서 사람들과 그들의 공동체는 존재하지만, 토템 기둥은 아니다. 토템 기둥은 맨 아래에 커다란 곰, 그 위에 연어와 여우 그리고 맨 위에 독수리와 같은 많은 꿈영역 형상들을 중첩시킨 말 그대로의 합이다. 하이다족의 몇몇은 내게 토템 기둥의 꼭대기, 망루는 한때 자신들의 가족, 부족, 공동체를 지켜보고 돌보는 것으로 생각했었다고 말했다. 사람들 위로 높게 솟아 있는 그 나무 기둥은 바다에서 고기 잡는 사람들과 땅 위의 사람들을 지켜준다. 토템 기둥에는 많은 형상들이 있지만 그 토템 기둥은 하나의 나무로 만들어진다. 따라서 토템 기둥은 빅U의 돌봄, 중첩 그리고 모든 존재에 대한 주의 깊은 알아차림의 상징이 된다.⁵

블랙 엘크의 비전

아홉 살 때에 블랙 엘크는 오글라라 수(Oglala Sioux)족 공동체의 치유에 대한 유명한 비전을 받았다. 수족은 사우스다코타의 파인 리지 인디언 보호구역으로 추방되기 전까지 북아메리카의 대평원 전역에서 살았다.[6] 『블랙 엘크의 이야기(Black Elk Speaks)』에서 수족 원로는 모든 것 이면의 능력들에 대한 묘사로 시작하는데, 블랙 엘크가 주장하는 '우주의 네 모퉁이(동서남북)'는 실제로 하나의 정령이라는 것이다. 이러한 방향들은 그가 말한 것처럼 '한 사람만으로는 아무것도 할 수 없었기' 때문에 블랙 엘크가 필요로 했던 '조상들(grandfathers)'인 것이다.[7]

이러한 '세계의 능력'은 아홉 살의 블랙 엘크에게 위대한 비전이라는 선물, 민족의 버팀틀인 '조상들'을 주었다. 그들은 블랙 엘크에게 "민족을 지켜라. 그것은 네 것이다."라고 말했다. 그리고 한 음성이 들렸다. "지켜라, 그들이 너에게 민족을 살리기 위해 민족 버팀틀의 중심을 주었다. 그리고 이제 '성자(聖者)의 의무'가 다음과 같다고 그 비전은 말했다.

민족을 보존하는 것,
민족을 양육하는 것,
민족을 살게 하는 것,
민족의 잎이 돋게 하고 꽃이 피게 하고 번성케 되도록 하는 것,
민족이 신성한 방법으로 걷게 하는 것,
민족의 걸음이 '신(the Powers)들을 기쁘게 하는 방법으로 하는 것',
민족이 '신성한 버팀목로 돌아가 올바른 붉은 길(red road)과 방패목을 찾도록 돕는 것'.[8]

블랙 엘크는 우리에게 원로(eldership)의 의미를 상기시킨다. 그는 사람들

과 문화를 되살리기 위해 '붉은 길(red path)'을 찾아서 걸어야만 한다고 말한
다. 그 길은 땅에 기반한 방향들, 우주의 네 모퉁이, 조상들을 느끼고 따라가
는 고대의 정신적 전통의 상징이다. 자의(恣意)적 땅의 알아차림은 그의 개
인적 스승이고, 그에게 할 일을 보여 주는 공동체의 안내자였다. '민족의 버
팀목의 중심'을 택해서 민족이 그 길로 걸어가도록, 다시 말해, '신성한 방법
으로…… 신들을 기쁘게 하는 방법으로 걸어가도록' 도와라.

　신화적인 하이다족 어린이의 물속 비전과 블랙 엘크의 꿈은 우리에게 땅
의 알아차림에 관해, 기하학에 관해, 우리의 원주민 형제자매들로부터의 지
혜에 관해, 우리들 중에 원주민이 아닌 사람들의 원시적 본성에 관해 상기시
켜준다. 내가 최근에 블랙 엘크를 다시 읽었을 때, 나는 내가 작게나마 우리
의 민족의 중심으로서의 땅의 능력에 대한 나 자신과 모든 사람의 관계를 이
해하고 새롭게 하기를 바라고 있다는 것을 깨달았다. 일단 당신이 공동체의
빅U를 알고 느낀다면 당신은 모든 사람들에 의해 공유되는 공통 근거인 땅
을 알게 된다. 원칙적으로, 빅U는 당신에게 자신이 조직, 세계와 함께 일하
기 위해 알아야 할 필요가 있는 것을 가르쳐 줄 것이다.

조직 작업에서의 2차 훈련

　『심오한 민주주의에 대한 공개 토론(Deep Democracy of Open Forum)』에서
기술된 그룹 프로세스 기술과 합쳐진 벡터 작업은 우리가 원주민 공동체, 군
대, 사업체, 종교 단체, 고등학교와 대학교, 정부 단체, 스포츠 팀 그리고 첨
단 기술 연구소 등과 작업할 때 도움이 되어 왔다.[9] 나는 새로운 1차 단계 훈
련 기술들을 마지막 장에서 설명하고 있다. 여기에 나는 이 책의 모든 내면
작업과 관계 방법들을 합할 것이다. 사람 그리고 공동체와 연관된 주요 그룹
경험들과 다양한 땅을 기반으로 하는 방향으로 걷는 것을 기억하여라.

그러나 이러한 다양한 방법들은 빅U와 함께 할 때 가장 잘 적용된다. 2차 훈련을 하거나 빅U를 찾는 법을 배우는 데는 한 가지 길만 있는 것은 아니다. 아마도 그것은 적어도 짧은 기간 동안이라도 어느 하나가 성장해서 만들어지는 것이다. 산의 정상에 오르는 길에는 많은 경로가 있는 것같이, 누군가가 그룹의 긴장들로부터 부분적으로 분리되도록 하고, 공유될 수 있는 경로를 따르도록 해 주는 2차 훈련 방법도 중요하다. 명상, 내면 작업, 걷기 벡터, 당신 자신의 빅U를 알기 위해 회전하기, 모든 방향들에 대한 컴패션 등 이 모든 것들이 다 유용하다. 2차 훈련은 1차 훈련 기술들만큼이나 중요하다. 이들은 극도의 내적 긴장과 조직적 긴장의 한가운데에서 사용하기 어렵기 때문이다. 당신이 두려움과 겁, 불안정함 또는 불확실함을 느낄 때, 당신이 다루어야만 하는 사람들과 조직들의 일상적 실재 CR 능력보다 더 큰 능력이 필요하게 된다. 블랙 엘크의 말을 인용하면, 그것이 공동체 작업의 최종선(bottom line)이 우주의 네 모퉁이를 따르는 이유다.

나는 앞에서 단지 의식적 태도 이상으로서, 그러나 2차 수준의 훈련 경험으로서 빅U의 컴패션을 논의하였다. 컴패션은 단지 그저 친절한 것보다 훨씬 많은 것을 의미하기 때문이다. 컴패션은 방향 안내자로서 땅에 대한 개방성을 포함하며, 이것은 차례로 당신이 지그재그하도록 하고, 한 방향으로 깊게 가도록 하며 그리고 자의적이고 심오하게 또 다른 방향을 탐구하도록 허용한다. 빅U의 자의적 알아차림을 사용하는 것은 그룹 프로세스를 사물의 더 큰 그림에서 가능성을 가지게 함으로써 훨씬 더 안전하게 느끼도록 만든다. 파인만에 따르면, 컴패션은 당신이 지그재그하도록 하며 모든 경로를 탐색하도록 한다. 초자연치료사 돈 후안의 가르침을 기억하여라. 당신의 개인사는 잠시 잊고 그리고 꿈꾸어라.

업무와는 많이 다르게, 공동체 작업은 절정 경험일 수 있다. 어쩌면 모든 빅U 경험은 절정 경험이다. 그것이 최소작용의 길, 힘든 시기를 통과하는 가장 쉬운 길이기 때문이다. 우에시바가 말한 대로, 그것은 실제로는 전혀 길이 아닌 길이다. 그것은 오히려 실제와 가상의 시공(時空)을 통한 땅에 의해 인도된 꿈같은 벡터다. 그것은 파동 경험과 노래 경험이다. 당신이 혼자 있을 때, 그리고 공동체 한가운데 있을 때 그것을 찾고 노래해 보아라.

> 그러자 힘의 노래가 나에게 왔다
> 그리고 내가 있었던 그 힘든 장소 한가운데서 나는 그것을 노래했다……
> 내가 만들 좋은 나라는 번영할 것이다.[10]

블랙 엘크의 이야기를 읽은 후, 그는 문화의 신성한 비전을 공유함으로써 새로운 전통을 창조하고 있었음을 깨달았다. 그는 우리에게 민족이 생존하게 하는 그 능력에 관해 이야기함으로써, 자신의 부족뿐 아니라 모든 사람들을 도울 수 있도록 자신의 비전을 지키기를 희망했었다. 그는 "나의 이야기는 모든 생명의 이야기다."라고 말했다.

생각해 봐야 할 것들

- 공동체가 위험에 처했을 때, 빅U가 물속을 들여다볼 수 있는 아이에게 나타났다.
- 그 빅U는 하나의 나무에 많은 정령들이 있는 토템 기둥이다.
- 공동체의 빅U는 네 명의 조상들의 음성이다.
- 빅U는 삶의 이야기다. 그것은 노래하고 춤추고 공동체를 새롭게 한다.

Chapter **22**
결론: 우주의 어머니

무엇인가 성운(星雲)같이 희미하게 존재하는 것이 있었는데
천체와 땅 이전에 태어났다.
고요하고, 비어 있으며,
변화하지 않고, 홀로 있으며
고갈됨이 없이 순환적으로 움직이는
그것은 천체 아래 모든 것의 어머니 창조자라고 할 수 있다.
– 노자[1]

    오늘날 나는 가능한 무엇이든, 그것은 우리의 삶, 꿈에서 그리고 이러한 마법적인 땅 위에서 실제로 일어나고 있다는 것을 알고 있다. 우리의 전체, 그 빅U는 이러한 모든 발생들의 합이다. 정적(靜的)인 경험과는 거리가 멀게, 이러한 빅U는 삶의 광기(狂氣)처럼 보이는 것 이면의 지혜와 인도다. 그 빅U는 각각의 발생들을 모두 중요시하는 지그재그를 하는 춤추는 사람이다. 밤의 정적(靜寂)에서, 그 빅U는 우리를 언제 이쪽으로 또는 저쪽으로 방향을 바꾸는지를 알려 주는 땅의 목소리와 구별이 불가능하다. 나는 우리들의 조상들 그리고 동, 서, 남, 북에 귀 기울이는 것을 결코 잊지 않을 것이다.

    이 책을 집필하던 과정을 되돌아보면, 무엇인가 알 수 없는 것이 나를 다양한 지그재그를 통해서, 다양한 책의 장(章)들을 통해 인도하고, 밀었던 것을 느낀다. 이것들은 내가 길을 찾기 위해 각각을 탐색하면서 당신과 함께 걸었던 경로들이다. 이제 이 책의 끝부분에서, 나는 빅U를 찾으며, 그것들 각각을 경험하며, 다시 한번 그것들을 경로로서 걸었다([그림 22-1]).

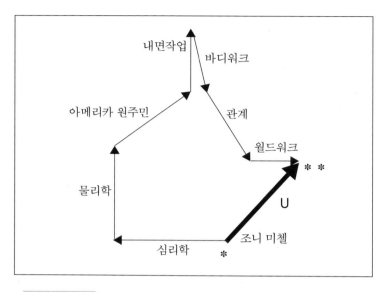

그림 22-1   이 책의 빅U와 조니 미첼의 '회전 게임'과의 관계

나는 책의 집필을 위하여, 나의 근원적인 동기; 심리학의 미래와 물리학 및 토착 원주민, 특히 북미 원주민 의식(儀式)과의 밀접한 관계에 대한 나의 관심에 대해 명상하고 걸었다. 그리고 내가 어떻게 땅의 인도에 대한 생각을 일반 독자에게 전달할 수 있을지 생각하는 가운데, 나의 꿈들로부터의 많은 내면 작업 실습들이 도움이 된다는 것을 발견했다. 내면 작업에 대한 느낌은 북극, 고독과 우주와의 조화의 세계로 갔다. 이것은 사람들로부터 너무 멀리 떨어져 있다고 느껴졌고, 한편으로 이 책의 독자들에 대한 생각은 나를 남쪽으로, 즉 신체 작업과 관계의 세계들 속으로 전환하도록 도와주었다. 당신 또한 나를 근본적인 자의적(恣意的) 알아차림 원리들을 우정에 적용하도록 움직였다. 그 결과의 관계 장(章)들은 나를 우리가 아프리카에서 만났던 초자연치료사의 능력으로 이끌었다. 혼자 회전하는 것은 놀라운 것이지만, 그러나 다른 사람들과 함께 하면 당신이 꿈에서만 찾을 수 있었던 일종의 희망을 가져온다.

그리고 나는, 만약 당신이 전쟁 때문에 죽어야만 한다면 내면 작업, 건강, 좋은 관계는 무슨 의미를 가질 것인가라는 의문을 가졌다. 땅이 이번에는 벡터를 사용하여 세계작업을 재탐색하도록 나를 다시 한번 움직였다. 나는 지옥처럼 보이는 것 이면에 조직의 매일매일의 세계를 재구성하려고 하는 절정 경험이 있다는 것을 깨닫고 충격을 받았다. 나는 전 세계에서 열렸던 나의 세미나에서 가장 외향적인 조직의 경영자 또는 사회 활동가일지라도 스스로를 중력과의 연결로 회전하는 것—후에 그들이 그룹에서 이용할 수 있는—에 대해 관심을 가졌다는 것에 흥분하였다. 내가 이 책의 월드워크 벡터를 걸었을 때, 그것은 뉴욕을 향해 동쪽을 가리켰다. 이제 그 방향으로 걸으면서, 나는 떠오르는 태양의 낙천주의를 느낄 수 있다. 왜일까? 나는 심리학과 물리학, 월드워크와 북미 원주민의 정령, 검은 엘크의 네 명의 선조들과 무예를 통합하기를 원했기 때문이다.

이제 나는 월드워크의 화살표 끝 '**'에 서 있다. 나는 나의 출발점 '*'으로 돌아가서, 도착점 '**'으로 직선으로 여행할 것이다. 빅U 라인을 경험하는 것은 매우 비이성적이다. 나는 이 모든 장(章)들과 생각들의 합으로서 무엇을 찾을 것인가? 빅U는 북중앙 캐나다 쪽, 북극을 향해 움직인다. 갑자기 내가 깨달은 것은 이 벡터가 아내의 벡터와 동일했다는 것이다(10장을 보라.). 에이미가 작업하고 있던 음악 작곡에 대한 그녀의 빅U는 미첼(Joni Mitchell)과 함께 캐나다의 깊은 북쪽으로 갔다. 나는 미첼을 떠올리며 그녀의 서정시 「그리고 계절들, 그것들은 돌고 돈다(And the seasons, they go round and round.)」를 회상한다.

내가 '회전 게임(The Circle Game)'을 큰 소리로 흥얼거리면서 노래 부를 때, 나는 그 노래가 자연에 대한, 변화의 주기적 심리학적 능력에 대한, 회전하기, 시간 그리고 방향의 물리학에 대한 나의 관심을 표현한다는 것을 깨닫기 시작했다. 그 노래의 미묘하고 고요한 북쪽의 한적함은 나에게 북미 원주민과 땅에 기반한—정령—양자 나침반 이면에 놓인 느낌을 떠올리게 한다. 미첼의 '회전 게임'은 내게 모든 것들이 연결되어 있다는 느낌을 주는 빅U다.

정령, 사람 그리고 입자들은 땅을 기반으로 한 모두 시야 밖에 있는 거대한 우주의 청사진에 따라 움직이는 탐색의 경로들이다.

아인슈타인의 질문에 대한 대답

미첼은 내게 아인슈타인의 우주를 떠오르게 한다. 나는 우주의 패턴에 관해 아인슈타인이 궁금해하는 말을 들을 수 있는데 그가 말했다. "나는 신을 알고 싶다. 나머지는 사소한 것들이다." 그래서 나는 아인슈타인의 말에 이렇게 대답한다. "아인슈타인! 신은 모든 사소한 것들의 합이요." 신은 아주 먼 곳, 이 우주와 다른 우주의 상상할 수 없는 사소함 속에 있다. 하지만 동시에 신은 우리의 선명하고 자의적(恣意的)인 경로 알아차림으로 나타난다. 신은 단지 이해하기 위한 존재가 아니라, 당신이 느낄 수 있는 무엇, 밤하늘의 별의 당김, 이쪽 또는 저쪽으로 가려는 불가해한 충동 등이다.

아인슈타인이 신이라 부른 것을 융은 무의식이라 불렀고, 노자는 도(道), 즉 "말로 표현할 수 없는 도"라고 했다. 원주민들은 자의적 지기(地氣)인 땅 또는 거대한 정령을 느낀다. 불교인들은 근원적 본질 또는 불심을 이야기한다. 봄(David Bohm)은 그것을 안내 파동으로 생각했다. 이러한 순수 이지적 지성에 대해 우리가 사용하는 이름과 그 결과의 수학적 표현은 우리가 살고 있는 문화, 시대, 분위기에 의존한다.

라이프니치(Leibniz)는 그것을 활력(vis viva)이라 불렀다. 한밤중에, 나의 신체는 그것을 자의적 알아차림으로 느낀다. 명상 또는 꿈같은 상태에서, 신체는 빅U를 오랫동안 갈망했던 감각으로 이동하고 있는 느낌으로, 바다에서 파도 위에 놓인 배로 인식한다. 내가 빅U를 알고 난 후, 모든 것이 올바른 것처럼 보였다. 그것 없이는 다양한 삶의 지그재그하기가 미친 것처럼 보였다. 나는 티베트의 불교 고승 트룽파(Trungpa)의 무모한 지혜를 좋아한다. 물을 튀기고, 처음에는 바람에 따라 이 방향 그리고 다른 방향으로 움직인다. 이러한 빅U는 정적인 완전체의 상징이 아니라 알아차림, 순진함 또는 용기를 통해서만 발견될 수 있는 동적인 균형이다. 자의적 경험은 회전게임에서와 같이 햇빛과 비의 계절을 통해 이리저리 움직이는 경로 알아차림으로 앞뒤로 우리를 인도하며, 그 모든 것은 합쳐져서 우리가 누구인가를 형성한다. 당신이 그러한 빅U 경험과 연결되었을 때, 당신은 실제로는 전혀 지그재그 하지 않는다. 그것은 단지 외적인 관점이다. 빅U의 내부에서, 당신은 실제로 많이 움직이지 않는다. 대신 당신은 가지 않고 도착한다.

하지만 이 상태는 결코 오래 지속되지 않는다. 이것은 앞에서 내가 논의한 바 있는 도인(道人)과 그녀의 버그(bug)를 생각나게 한다. 단일성(Unity)은 이중성(Duality)을 낳고, 우주와 매일매일의 실재의 시간과 공간을 재창조한다. 완성의 느낌 바로 후에 당신이 평안의 순간이라고 생각하는 바로 그때 갑자기 그 버그가 다시 나타났다. 그 망할 버그는 우리가 모래 그림을 처음부터 다시 시작하도록 만들었다. 버그 없이는 상대성도, 이중성도 그리고 알아차림도 없을 것이다. 당신이 도를 찾았을 때, 버그는 항상 그것을 되돌려 놓는다. 그리고 역광, 의심하는 사람, 일상적 실재 CR과 리틀u를 잊지 말아라.

리틀u가 다음과 같이 불평한다. "이봐! 무슨 소리야? 너는 얼마 움직이지도 않았고, 가지도 않았는데 도착한단 말인가? 잠깐만…… 서두르지 말아……. 너는 아직 끝낼 수 없어! 그것은 끝이 아니야!"

계절은 돌고 돌아 갑자기 당신은 다시 되돌아왔다. 끝은 시작과 같이 일상적 실재 CR에 의해서만 의미가 있다. 리틀u를 기억하여라. 그것은 큰 그림에 속해 있다. 그것은 말한다. "무슨 말을 하고 있는가? 그것이 내게 살아갈 수 있도록 하는가?" 내가 그것에게 대답한다. "나는 사과한다. 당신은 그 빅U에 대해서 생각할 필요가 없다. 단지 당장 필요한 것과 원하는 것을 정확하고 엄밀하게 실행하여라."

우리는 그 리틀u가 필요하다. 나머지는 저절로 일어날 것이다. 만일 그것이 자연의 법칙이라면, 그렇게 될 것이다. 당신의 매일의 일 말고는 어느 것도 하는 것을 잊어라, 당신 자신 또는 다른 사람들과 투쟁하라, 국가 지도자들의 무개념을 저주하여라. TV를 즐겨라, 그리고 좋은 식사를 하여라. 노력 없이, 최소작용으로 당신은 하룻밤을 깨어 있으면서 이 삶이 바로 빅U가 스스로를 표현하는 단계라는 것을 기억할 것이다. 이후 당신은 잠시 동안 당신의 매일매일의 자신이 우주의 강력한 어머니라는 것을 알게 될 것이다. 그리틀u는 우주가 땅에서 태어날 수 있는 기회인 것이다. 당신은 가끔 스스로를 의미 없고 미지의 우주의 무작위적 아이로 생각한다. 그러나 다른 관점에서 당신은 방향성 본질에 일상적인 삶에서 깨달을 수 있는 기회를 주는 우주의 어머니다. 당신은 별들을 지구로 가져올 수도 있다. 당신 자신 그리고 나머지 우리들을 위해서 그렇게 하여라.

그렇다. 우주는 우리의 어머니 창조자다. 또한 자기-반영 방법으로, 우리는 우주의 어머니일 수 있다.

부록

부록 1 파동과 입자: 양자역학의 요약

> 금세기에 제안된 모든 이론 중에서 가장 어리석은 이론이 보통 양자이론이라고
> 말한다. 그러나 일부 사람은 양자이론이 향하고 있는 것은,
> 사실 그것이 의심할 여지가 없이 옳다는 것이라고 말한다.
> – 미치오 카쿠(Michio Kaku)[1]

　과학자가 아닌 사람들에게 양자물리학의 가장 근사(近似)한 동기는 물질(matter)을 입자(particle)라고 불리는 어떤 작은 물체의 개념으로 설명할 수 있는 미지의 물체로 보는 것이다. 모든 입자는 입자성과 파동성을 모두 가지고 있다. 파동은 굽이친다. 파동이 집약된 곳에서, 당신은 연관된 입자를 찾을 가능성이 가장 크다. 파장은 놀라운 성질을 가지고 이는데, 파장은 한 입자가 줄 수 있는 속도(velocity)/운동량(momentum)을 결정하는 것을 돕는다. 불확정성 원리는 우리에게 만일 당신이 공간에서 입자의 위치를 정확하게 측정한다면, 파장과 같은 다른 정보를 정확하게 알지 못하게 된다고 말한다. 반면에, 만일 당신이 파장을 정확하게 측정한다면 대신 입자의 위치를 알지

못하게 되는 것이다. 한 측면의 측정이 다른 측면을 불확실하게 만든다. 일상적인 유사성은 당신이 한 가지 주제에 주의 깊게 집중하여 초점을 맞추면 일시적으로 다른 주제에 대한 흥미를 잃어버리는 것과 같다.

양자 물체(입자)는 양자 파동함수라고 하는 패턴인 중첩(superposition)에 존재한다. 이 패턴은 가능한 여러 개의 상태들의 합이다. 하나의 입자는 양자역학의 '다(多) 세계(many world)' 이론에 따르면 여러 상태 또는 '세계'를 갖는다. 당신이 입자 또는 다른 양자 물체(object)를 측정할 때, 상태들 또는 파동함수는 붕괴되어 단지 하나의 상태만을 찾을 수 있다. 측정은 여러 상태의 파동함수를 하나의 측정된 상태로 붕괴시킨다. 물리학자들은 그러한 하나의 측정된 상태를 '실제(real)'라고 하며 나머지 다른 것들을 조금 더 일어나기 쉬운 가능성이라고 생각하려고 한다. 물리학자들에게 실재(reality)에 관한 일치(consensus)는 측정에서만 발생한다.

다른 상태들은 측정할 때 어디로 가는가? 이것이 양자물리학이 심리학 및 철학과 경계가 되는 부분이다. 당신의 관점(측정 가능한 결론을 갖는 한)이 이러한 중요한 질문의 대답을 결정한다. 우리가 말할 수 있는 것은 실제의 배경은 불가사의―파인만에 의하면 불합리―하다는 것이다. 우리는 물체가 정확하게 어디에 위치하는지 모른다. 우리는 또한 입자의 모든 상태가 어디에 위치하고 있는지도 모른다. 그것은 비국소적이며, 어디에나 있다.

양자이론에 대한 나의 관점은 무엇인가? 나는 양자이론을 사랑한다. 그것은 내게 꿈 이론을 기억하게 한다. 그러나 가장 중요하게 여기는 것은 주어진 개인들과 잘 어울리는 것, 당신이 제안하는 실제와 연관해서 어떠한 일치를 개인이 경험하는가 하는 것이다. 그러나 당신이 볼 수 없는 꿈같은 프로세스의 다른 부분들도 또한 많은 심리상담사들에게는 현실이다. 당신은 어쩌면 오늘 그 부분을 볼 수 없겠지만, 그것은 오늘 밤 또는 내일 밤 꿈에서 쉽게 나타날 수도 있다.

부록 2 영점(零點) 에너지

추시계의 추는 결국에는 멈춘다. 양자물리학에서 그러한 진동자(oscillator)는 완전한 멈춤은 없으며, 단지 소위 영점 에너지(zero-point energy)라고 하는 작은 양의 에너지를 가진 정지점에서 무작위로 흔들림을 계속한다. 비록 눈으로 관찰할 수는 없겠지만 이러한 흔들림은 물리학에서 중요한 의미를 가지고 있다. 하나는 기술이 발전해도 결코 제거할 수 없는 마이크로파 수신기에서의 일정량의 '잡음(noise)'의 존재다. 추와 장(라디오파 및 빛과 같은) 같은 물리적 물체는 끊임없는 파동의 성질인 이러한 흔들림을 가지고 있다. 당신이 가장 완벽한 진공 상태를 만든다 해도 이것을 제거할 수 없다.

진공은 더 이상 가능하지 않은데 그것은 모든 분자 운동이 멈춰지는 온도인, 절대온도 0도에서조차 그것이 보이지 않는 운동으로 흔들리고 있기 때문이다. 진공이 정확하게 얼마만큼의 영점 에너지를 갖는지는 알 수 없다. 일부 우주철학자들은 모든 곳의 조건이 블랙홀 내부의 조건들과 비슷했던 우주의 초기에 진공 에너지는 컸다고 생각한다. 그것이 빅뱅이 일어나도록 유발했다고 추정된다. 원칙적으로, 진공 에너지는 현재 오늘날 더 낮아야만 하나, 하지만 많은 사람들은 아직도 많은 에너지가 있다고 생각한다. 일부의 심리학자들은 이 진공 에너지를 잠들어 있는 동안의 '꿈꾸기'라고 부른다.

영점 에너지는 전자 기기들에서 피할 수 없는 잡음을 만드는데, 이는 진공의 힘과 압력에서, 즉 캐시미르(Casimir) 효과에서도 확인할 수 있다. 더 자세한 내용은 부록 3을 보아라.

부록 3 캐시미르(Casimir) 효과: 무(Nothing)의 힘

1948년, 네덜란드 물리학자 캐시미르(Hendrik Casimir)는 진공에서 흔들리는 하이젠베르크(Heisenberg)의 에너지에 근거하여 물질 간의 힘의 존재를 제안했다. 영점 에너지에서 '비어 있는 공간'도 실제로 다양한 흔들림 에너지와 전자기장으로 구성되어 있다. 완벽한 진공은 없다. 사실, 원칙적으로 가정된 진공에서의 파동들은 어떠한 진동수도 가질 수 있다. 물리학자들은 광자의 절반 정도의 평균 비영점 진공 파동 에너지를 계산할 수 있다. 캐시미르는 진공에서 매우 작은 두 판을 매우 가깝게 놓는다면, 그 두 판 사이에 짧은 파동(short wave)은 움직일 여유가 있지만 긴 파동(longer wave)은 여유가 없을 것이라고 생각했다. 밖에 있는 파동들은 두 판 또는 두 거울에 대항해서 '누를' 것이며 오늘날 캐시미르 힘 또는 무(無)의 힘이라고 부르는 힘을 만들 것이다. 진동 장으로부터의 압력에 대한 이러한 효과는 1993년 실험으로 검증되었다.

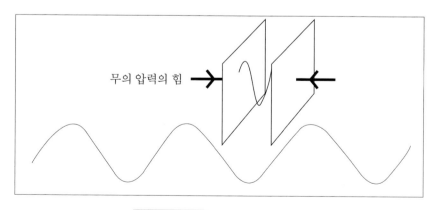

무의 압력의 힘

그림 A 3-1 캐시미르 무의 힘

파동은 영점 진공의 출렁임에서 온다. 큰 파동은 거울면들 사이에 맞지 않으며, 큰 파동은 작은 공간에 '들어'갈 수 없기 때문에 거울면들 사이에 압력을 창조한다.

이러한 효과는 바다 위에서 가까이 있는 두 배들에 대한 파도의 효과로 상상할 수 있다. 배들은 파도가 너무 길어서 두 배 사이 거리에 맞지 않는 파도들에 의해 밀려 온다.

[그림 A 3-1]에서 당신은 작은 파도(짧은 길이)가 배(또는 판)들 사이에 맞는 것을 볼 수 있다. 만일 두 배가 그 작은 파도의 정점에 놓였다면, 배들 사이에 들어갈 수 없는 긴 파도는 바깥쪽에서 배를 밀어서 배를 부딪히게 할 것이다.

같은 원리가 양자 진공에도 적용된다. 만일 당신이 배 대신에 두 개의 거울을 사용한다면 두 판 사이에 들어가지 못하는 가정된 진공의 양자 파동은 판들을 '밀게' 된다.

헤이시(Bernard Haisch) 등에 의해 「물리학 리뷰(Physical Review)」에 게재된 캐시미르 이론에 관한 최근의 발전은 '무(無)의 힘(force of nothing)'이 모든 물질적 물체의 관성과 연관된 힘 이면에 존재하는 것이란 것을 발표하였다.[1] 만일 당신이 무엇, 심지어 바닥의 공을 밀면 그 공의 관성은 미는 힘에 저항한다. 질량의 관성, 그것의 중력적인 본성 그리고 물리학의 일반 법칙은 지금까지 수수께끼였다. 헤이시에 따르면 캐시미르의 무의 힘은 힘에 대한 우리의 느낌 이면에 있을 수 있다. 달리 말하면, 관성은 우주의 보이지 않는 배경이 갑작스러운 변화에 저항하기 때문에 발생한다. 질량과 운동은 헤이시의 이론에 의하면 보이지 않게 함께 짝지어져 있다.

심리학적으로, 캐시미르의 이론은 어떤 물체를 반영하고 다른 물체를 무시하는 특별한 예와 같이 들린다. 다른 에너지(또는 진동수)를 선호하면서 한 에너지(또는 진동수)를 무시하는 것은 우리에게 중력, 압력, 힘의 느낌을 준다. 만일 우리가 다양한 힘들과 벡터들을 움직일 수 있다면, 우리는 움직여지는 것을 느끼지, 힘 그 자체를 경험하지는 않는다. 무시하는 것이 압력과 힘을 창조한다. 무시와 압력은 상호 연결되어 있다. 무시하는 것이 당연하기 때문에, 힘들과 나의 느낌과 내가 아닌 느낌을 갖는 것도 당연하다. 우리가 일상적 실재 CR이라고 부르는 것인 그 결과는 분리, 이곳과 저곳, 현재와 과거

등에 근거하고 있다. 캐시미르 힘은 우리가 알아차리게 되는 작은 밀고 당김, 인력과 반발에 대한 은유다. 아마도 그 힘은 알아차림의 이원적이고 상대성의 알아차림 원리의 한 측면이다. 우리의 바로 그러한 본성, 우주의 본성은 진동 또는 감정에서 선택하며, 다른 것은 들어오지 못하게 한다. 어쩌면, 캐시미르 힘은 우리를 주변에서 궁극적으로 의식으로 밀어내는 것처럼 느끼는 미묘한 압력일 수도 있다.

부록 4 파인만과 양자전기역학(QED)

　미국 물리학자 파인만(Richard Feynman, 1918~1988)은 빛과 원자 및 그 전자 사이의 상호작용에 관한 연구인 양자전기역학 이론의 발견으로 1965년 노벨상을 수상하였다. 그는 1인치의 10억 분의 1 크기의 기계에 관한 연구로 미래의 나노테크놀로지에 기여했으며, 양성자와 전자와 같은 소립자(elementary particle)를 구성하는 입자들인 쿼크(quark) 이론뿐만 아니라 물체가 저항 없이 흐르는 물질의 상태인 초유동성(superfluidity) 이론에도 기여하였다.

　파인만은 MIT에서 학사학위를 받았고, 프린스턴 대학교에서 에버렛(Hugh Everett)과 같은 많은 우수한 학생들의 스승이었던 휠러(John Wheeler) 교수를 지도교수로 박사학위를 받았다. 파인만의 학위논문 「양자역학에서 최소작용의 원리(A Principle of Least Action in Quantum Mechanics)」는 그가 근본 문제들을 풀기 위해 사용했던 기본 원리들의 요약이었다.

　노벨상을 받게 해 준 파인만의 양자전기역학에서의 연구는 전자, 양전자(전자와 같은 질량을 갖지만 전하가 반대인 입자), 광자(빛 에너지의 단위)가 어떻게 서로 상호작용하는가에 관한 것이었다. 다른 사람들의 연구와 함께, 양자전기역학은 알려진 물리학 이론 중에서 가장 정확하며 양자이론에서 표준적 사고의 기준이다.

　파인만은 오늘날 소립자가 어떻게 서로 상호작용하는지를 보여 주는 파인만의 도표라고 부르는 것을 제안했다. 파인만의 도표는 우리에게 입자 경로들에 대해 직관적이며 시공간적 접근을 주고 있다. 그는 입자 경로들의 사고(思考)를, 너무 작아서 측정할 수 없는 영역을 통해 시간과 공간에서 한 점에서 다른 점으로의 움직임으로 제안했었다. 그의 방법은 입자의 가능한 경로들 각각과 연관된 경향성과 확률을 계산하는 규칙들을 주었다. 이러한 경향성은 모두를 합하고—제곱근을 구한 결과로써—우리는 가장 일어날 가능성이 크고 매일매일의 실재에서 측정 가능한 물리적 프로세스의 확률을 얻을 수 있다. 현재 이 책에서는 합쳐진 경향성들 또는 양자 파동함수, 우리의 기본적이며 심오한 개인적 패턴과 공동체 패턴을 빅U에 대한 은유로 사용한다.

부록 5 중력

매일매일의 일상적인 생활에서 우리는 의자에 앉아 있을 때나 서 있을 때 엉덩이와 다리에 느껴지는 우리의 체중을 느끼기 때문에 중력(gravity)에 대해 잘 알고 있다. 우리는 지구와 달의 중력적인 힘 때문에 발생하는 밀물이 어떻게 밀려오고 가는지를 알 수 있다. 또한 중력은 무거운 찬 공기를 끌어내리고 가볍고 따뜻한 공기를 높은 곳에 머물게 함으로써 기후를 조절한다. 중력이 없다면, 우리 모두와 모든 물체들은 우주 공간으로 튕겨져 나갈 것이다. 중력은 우리가 땅 위에서 살고 있는 신체라고 하는 느낌의 부분이다. 중력은 우리가 '집(home)'이라고 부르는 모든 것과 연결되어 있다. 중력이 없다면, 지구는 산산조각이 되어 우리는 우주의 바깥 공간에서 살게 될 것이다.

중력작용(gravitation)은 물체들이 서로를 자체에게로 끌어당기는 모든 물체 사이의 잡아당기는 힘이다. 그것은 큰 물체나 작은 물체, 모든 형태의 물체 그리고 에너지 모두에게 영향을 주는 보편 우주적 힘이다. 중력작용은 매우 약한 힘이나, 그러나 행성과 같은 거대한 물체에 대한 중력의 힘은 커질 수 있다. 이렇게 중력은 천체 물체들을 조종하고 있다. 중력은 달이 지구 주위 가까이에서 회전하도록 하며, 또한 우리 태양계에서 지구와 다른 행성들이 태양 주위를 돌게 한다. 실제로, 중력은 별들과 은하계가 서로 끌어당기기 때문에 우주의 팽창 부분을 늦추면서 모든 별들의 관측 가능한 움직임을 조종한다. 중력은 블랙홀을 만든다. 별이 계속 연소하기 위한 연료가 떨어질 때, 중력은 별을 아주 작은 거의 무(無)로 압축해 버리는데, 이를 불랙홀이라고 한다.

중력작용은 네 가지 기본적 힘들 중에서 가장 약하며, 전자기(電磁氣)보다 약하고 원자 입자들을 함께 뭉치는 데 필요한 강하고 약한 핵력(核力)보다

약하다. 중력은 너무 약해서 원자의 조성에는 거의 영향을 주지 않는다. 다른 힘들과는 다르게, 중력은 거리에 따라 크게 감소하지 않는다. 그 결과 다른 힘과는 다르게, 중력은 먼 거리까지 도달한다. 전자기력 또는 입자 사이의 힘들은 서로 반발하고 끌어당기며, 물체들 사이의 거리가 증가함에 따라 약해지는 반면에, 중력은 단지 끌어당길 뿐이지만, 그 효과는 먼 거리까지 유지된다.

뉴턴은 중력에 관한 훌륭한 이론을 세웠으며, 아인슈타인은 뉴턴의 중력 이론을 공간의 특성으로서 자신의 일반 상대성 이론으로 정리하였다. 그러나 아인슈타인을 포함하여 어느 누구도, 중력이 실제로 어떤 것인지 몰랐으며, 다른 힘들에 대한 중력의 관계를 알지 못했다. 나의 확신으로 말한다면, 중력은 심오한 민주주의의 예다. 그것은 모든 수준이 다 중요하는 것이다. 그것은 실제이며 꿈같은 둘 다의 모든 것이며, 우리가 땅 위에 존재하는 것과 동일시하는 것을 돕는 그 무엇이고, 그리고 동시에 비록 우리가 이 행성에서 멀리 있을 때조차도 결코 우리를 떠나지 않는 그 무엇이다. 더욱이, 그것은 모든 사물들을 항상 함께 붙잡으려고 하는 경향성의 유일한 힘이다.

부록 6 윌리엄 길버트의 땅의 영혼

길버트(William Gilbert, 1544~1603)는 자철(磁鐵)인 천연자석(lodestone)의 특성을 발견했다. lode라는 단어는 고대 영어 단어에서 load와 관련이 있으며, 원래 가고자 하는 방향과 길을 의미한다. 길버트는 자기력(磁氣力)을 발견하였다.(일부 사람들은 그가 유럽 선원들에게 나침반을 제공하여 결과적으로 탐험과 정복을 위한 능력을 주었기에 초기개척자로도 인정되었다.)

길버트는 저서 『자석에 관하여(De Magnete[On the Magnet])』에서 자기장은 지기(地氣)의 영혼이라고 말했다.[1] 그는 자석이 우리에게 땅을 다시 사랑하는 방법을 가르쳐 주는 그 어떤 것이라고 말했다. 그는 천연자석은 강한 힘을 갖고 있으며 "신부가 자신의 배우자의 포옹에 끌리는 것처럼 철이 천연자석에 의해 끌린다."라고 말했다. 길버트에 따르면, 우리의 방향감각 이면에는 땅에 대한 사랑이 있다고 했다.

오늘날의 생물학자들은 대부분의 동물들이 자신의 둥지를 찾아갈 수 있도록 해 주는 자기(磁氣) 센서를 가지고 있다는 것을 알고 있다. 사람들은 동물들의 방향감각이 햇빛 때문이라고 생각해 왔다. 비록 태양이 방향감각을 창조하는 하나의 요소이기는 하지만, 동물들은 자신들의 자기(磁氣) 센서 덕분에 밤에도 둥지를 찾아갈 수 있다. 예를 들어, 만일 당신이 새의 머리에 자기장을 방해하는 무엇인가를 장착하면 그 새들은 길을 잃는다. 그러나 그 장치를 제거하면 새는 둥지를 찾아간다.

부록 7 프로세스 워크 요약: 응용과 이론

프로세스 워크 또는 과정지향 심리학은 변화의 알아차림을 기본으로 하면서, 다양한 응용 부분을 가지고 있는데 그 일부를 보면 [그림 A 7-1]에서와 같다.

이 책에서 업데이트된 몇 프로세스 아이디어와 메타스킬

자의적(恣意的) 알아차림은 미묘하고, 주관적이고, 말로 표현할 수 없으며 순수 이성적이고, 수동적이고, 일시적이며 그리고 비국소적 프로세스다.
알아차림(Awareness)은
하나 안에 둘(Two-in-one), 본질적인 이중성을 가진 단일체다.

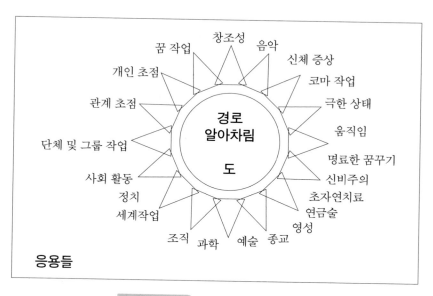

그림 A 7-1 프로세스 워크 응용들

자기-반영적(Self-reflective), 둘 또는 그 이상의 상호 관찰자들이 유사하게 행동하려는 경향성이다.

심오한 민주적(Deeply democratic)-이것은 실제, 꿈같은 것, 말로 표현할 수 없는 사건들을 중요하게 여긴다.

매일매일의 마음을 위한 안내자(A guide)-경로의 다차원적 스승이다.

비국소적(Nonlocal), 순간적, 입자와 같은 양자 신호교환, 파동 그리고 꿈같은 사전-신호다.

양자 나침반(A quantum compass), 회전하고 있는 땅을 기반으로 하는 경험 또는 우주-기반 경험이다.

불확실함(Uncertain)-매일매일의 마음은 언제나 꿈같은 실제들에 대해 불확실하다.

중첩(Superpositional)-이것은 신호교환하는 것들과 평행하는 세계들을 더해서, 빅U를 창조하기 위한 방향성을 타나낸다.

버그(A bug), 때때로 역광 또는 역방향의 벡터는 문제로서 경험하게 된다.

분위기(Moody), 창조, 소멸 그리고 발생하는 것을 분리시키는 힘의 장이다.

지그재그(A zigzag)-신화 주변의 모든 방향성과 균형감을 통해 현명하게 움직이는 과정이다.

최소작용(Least action), 빅U로서, 노력을 최소화하는 목적론적인 꿈같은 경향성이다.

만약 당신이 이 모든 것들을 잊어버려도, 걱정하지 않아도 된다. 생일축하곡은 여러 번 불러 줘야 하니까…….

부록 8 '역경(易經)'에서의 중첩과 벡터들

　오늘날 우리에게 알려진 가장 오래된 예언 과정은 아마도 『역경(변화의 서)』에서 찾을 수 있다. 그 책에서 어느 주어진 순간의 도(道)는 상상 속의 또는 꿈같은 특성을 가진 다양한 상태들 또는 가능성들의 합으로 기술된다. 그러한 상태들은 부분적으로 공중에 동전을 던지는 우연의 것의 다양한 결과들을 보는 것으로부터 유래한다. 어쩌면 동전은 순간적인 장 또는 도에 의해 영향을 받는다. 각각의 던짐(경우)들의 결과들을 모두 합칠 때, 그것은 삼효(三爻, 괘) 또는 육효(六爻)를 형성하는데, 그것들은 디지털 부호 또는 수(예로 0과 1)들이 서로 합쳐 있거나 중첩된 것이다. 아래에서 당신은 '강한' 또는 양(陽)의 실선뿐만 아니라 약한 또는 음(陰)의 점선들로 구성되어 있다고 할 수 있는 괘 또는 '팔괘(八卦, pa-kua)'를 볼 수 있다.(그 자체로 도인들은 양자 전산을 처음으로 발견한 사람들이라고 할 수 있지만 그것은 또 다른 이야기다.)

　당신은 이러한 괘들을 가능성의 상태, 기본적 방향, 경로 또는 도(道)라고 생각할 수 있다([그림 A 8-1]). 이러한 다양한 도들은 기본 상태들의 중첩 때문이라는 것을 유의하여라. 각각의 상태는 실선과 점선으로 구성되어 있다.

무엇이 변화를 안내하는가

　변화의 원리는 양선과 음선이 원을 만들며 꼬리를 물고 회전하는 모양으로 나타내는 소위 위대한 근본 원리 또는 음과 양이 원 모양으로 움직이면서

그림 A 8-1　『역경』에서 '가능성 상태'의 합으로서의 도(道)

그림 A 8-2

빈 원은 세계들 사이의 연결-위대한 근본 원리 또는 태극으로 최초로 나타나는 도이다.

그림 A 8-3   괘와 위대한 근본 원리(태극)

스핀하며 휘몰아치는 것처럼 그려지는 태극(Tai Chi)에 의해 결정된다([그림
A 8-2]). 일부 도인들은 이 그림 표현을 도의 첫 번째 발현이라고 생각한다.

[그림 A 8-3]에서 우주에서의 변화와 진화의 근원인 태극은 괘와 방향으
로 발현한다. 각 괘 또는 상태는 땅에서의 특정 방향과 연관이 있다([그림 A
8-4]). 다른 대부분의 토착 원주민들과 마찬가지로 도인들은 방향이 특별한

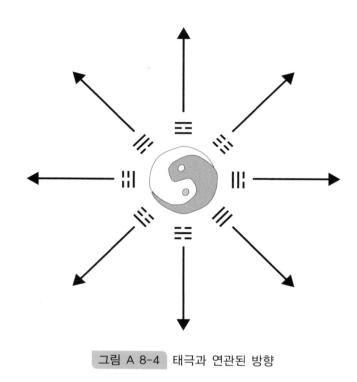

그림 A 8-4 태극과 연관된 방향

의미를 가지고 있다고 믿었다. 도는 추상적인 감각과 개념의 과정에서뿐만 아니라 느낌 기반 및 지기(地氣) 기반 방향에서도 또한 발현했다.

『역경』에 의하면, 어떠한 주어진 상황에서 도를 찾고 해석하기 위해서 단지 어느 하나의 괘 또는 상태만이 필요한 것이 아니라 서로 중첩된 두 개의 괘가 필요하다고 한다. 아래에서 당신은 내가 무작위로 선택해서 서로 쌓아 놓은(또는 내가 중첩시킨) 두 개의 괘를 볼 수 있다. 역경은 그 결과 생성된 [그림 A 8-5]의 육효를 '입의 언저리(The corner of the Mouth)' 또는 '영양분 공급(providing nourishment)'이라고 해석했다.

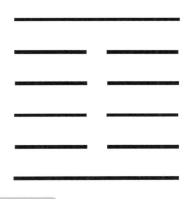

그림 A 8-5 육효 27, 영양분 공급, 중첩

벡터 합

순간의 어느 주어진 도는 괘의 합이며, 따라서 마지막 도, 즉 우리가 어느 주어진 순간에 선택해야만 하는 마지막 방향 또는 경로는 원칙적으로 방향들의 합이다. [그림 A 8-6]에서, 나는 고대 중국인들이 [그림 A 8-5]의 괘들과 연관시켰던 두 개의 방향 벡터를 합쳤으며 굵은 선의 전체의 벡터 방향을 나타내었다.

따라서 도(道)—주어진 상황에 대해 가장 가능한 결과, 과정 또는 길—는 다양한 벡터들의 합인 양자 파동함수와 같다. 마지막의 굵은 선은 양자물리

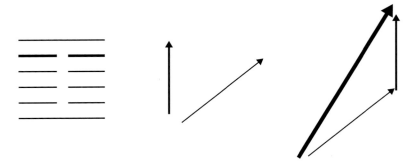

그림 A 8-6 (왼쪽에서 오른쪽으로) 『역경』의 육효, 괘의 방향 그리고 벡터 합

학에서 주어진 두 개의 상태들의 상황에 대한 가장 가능한 결과와 대응한다.

그러므로 도는 주어진 상황의 빅U에 대한 또 다른 이름이다. 따라서 어쩌면 땅을 기반으로 한『지기(地氣) 심리학(Earth-Based Psychology)』은 고대 도교의 예언적 접근을 새롭게 한다.『역경』은 수천 년 전에 육효의 전체적 게슈탈트, 육효의 중첩적 형태는 개개의 선(線)들을 이해하는 데 사용될 수 있다고 제안하였다. 마찬가지로, 나는 빅U가 개별적 하위 벡터의 의미를 이해하는 데 사용될 수 있다는 것을 제안한다. 어쩌면, 육효는 자체의 평행세계들을 모두 포함하는 안내 파동 또는 빅U의 형태다.

부록 9 벡터 합에 관한 질문

벡터(vector)의 어원은 운반자라는 의미의 라틴어 vectus에서 유래됐다. 벡터는 심리학에서 어떠한 실제 또는 가상 방향에서 신체지향, 땅을 기반으로 하는 경험에 의해 운반되는 그러한 느낌에 해당한다. 벡터 합 또는 화살표를 합치는 것은, 본문에서 설명한 바와 같이, 수학에서 벡터 대수학이라고 하는 것에서 유래했다.

수학과 물리학에서 벡터의 합은 대칭원리에 따른다. 당신이 어느 벡터를 먼저 더하든 아무런 차이가 없다. 벡터 대수학에서 그 결과는 항상 같다. 입자물리학과 양자전기역학에서 입자의 가능한 방향(파인만이 '역사'라고 부른)들을 나타내는 벡터들은 당신이 원하는 어떠한 순서로 더해지거나 '묶여진다.'

벡터 대수학에서 당신이 벡터들을 합하는 순서가 중요하지 않다는 사실은 내가 심오한 민주주의라고 부르는 것에 해당한다. 각각의 방향은 다른 방향과 비교하여 동등한 가치를 갖는다. 파인만은 그것을 간단히 다음과 같이 말했다. 전자는 모든 가능한 경로들을 '탐색'해야만 한다.

『지기(地氣) 심리학(Earth-Based Psychology)』에서 나는 땅에서의 우리의 감각에 기초한 명상작업을 발전시켰다. 많은 과학자들과 원주민에게 익숙한 계산법이 이 책을 처음 접해 본 많은 독자들에게는 새로울 수 있다. 수학적 계산법은 우리가 모두 가지고 있는 개인의 주관적인 경험과 도교에서 예언했던 것과 모래 그림, 많은 원주민 전통과 유사하다. 회전하고 나서 방향, 화살표 방향 또는 벡터가 더해지는 땅을 따르는 경험은 처음에는, 신체 지향적이고, 비인지적인 경험으로, 땅에서의 우리의 경험과 감각에 기초한다. 이에 대하여 많은 질문들이 생겨나는 것은 당연하다.

예를 들어, 가끔씩 벡터는 방향이 반대로 간다면 때때로 0이 된다([그림 A 9-1]).

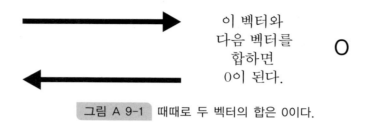

이 벡터와
다음 벡터를
합하면
0이 된다.

O

그림 A 9-1 때때로 두 벡터의 합은 0이다.

이 0은 중심권 외부 상황에서 움직이지 않는 것처럼 보일지도 모르지만 진동상태가 '거의 아무것도 아닌'의 정지 상태를 의미하지는 않는다. 명상 작업의 포인트는 당신에게 발생했던 경험의 의미를 자연스럽게 알려 줄 수 있는 포인트와 방해하는 것에 단순히 서 있는 것이다. 당신이 벡터를 더하고자 할 때 명상작업에서 기억해야 하는 것은 지구에서 수평적인 방향으로 그것들을 경험하도록 노력하는 것은 좋다. 시작할 때, 다음과 같은 것들을 추가하면 쉬울 수도 있다. 한 번이라도 당신이 이러한 과정에 익숙하거나, 위, 아래 진행을 포함하여 당신이 좋아하는 어떤 방향이라도 사용하면 도움이 된다.

또한 지기(地氣)의 어느 곳이 당신을 끌어당기고 있다는 것을 느낄 때를 기억하고, 바꾸어 말하면 북쪽, 남쪽, 동쪽 그리고 서쪽과 같은 실제 방향의 어느 곳이 당신을 끌어당기고 있다는 것을 기억하여라. 또는 당신이 상상하는 공간의 가까운 곳이나 당신이 현재 있는 공간에서 그 어떤 것이 끌어당기고 있다는 것을 느낄 수도 있다. 또는 당신이 인지적으로 그것이 무엇인지 알지 못할 때조차 하나의 방향 또는 그 이상의 방향에서 당신을 끌어당기고 있는 그 무엇을 단순히 느낄 수도 있다. 그곳을 찾아가 보아라. 그리고 당신의 몸과 그곳에서 일어난 경험을 믿어 보아라.

당신은 벡터에 대한 당신만의 감각을 믿을 수 있는가? 글쎄, 대답은 '예' 그리고 '아니요'일 수 있다. 믿지 마라! 보통 당신의 이성적인 사고방식은 당신이 신체 지향적이고 자연과 의사소통할 수 있더라도 당신의 몸이 그것이 무엇을 하고 있는지를 안다는 것을 처음에는 믿기 힘들 수 있다. 당신의 이성

적인 사고방식에 내가 이런 말을 할 수 있다. 당신이 이해될 때까지 아무것
도 믿지 마라. 단지 당신의 몸이 당신에게 전에는 알지 못했던 세계에 대해
어떤 것을 보여 줄 수 있도록 실험하도록 하여라. 그 후에 스스로 판단하여
라. 이것이 당신의 『지기(地氣) 심리학(Earth-Based Psychology)』과 당신의 경
로인식을 기억하고 배울 수 있는 방법이다.

부록 10 빅U와 본질 경험

주어진 경험의 핵심 또는 본질을 느끼는 데는 여러 가지 방법들이 있다. 어떤 사람들은 그것을 단지 추측할 수 있으며, 다른 사람들은 경험이 발생한 그 근원을 명상하며 느낄 수 있다. 다른 사람들은 그 경험을 움직임에서 표현할 필요가 있으며 그러고 나서 자신들의 신체가 그 경험의 본질을 느낄 때까지 느린 움직임에서 그 움직임을 탐구한다. 빅U는 경험의 본질에 도달하는 데 더 사실적(寫實的)인 방법이다.

빅U가 어떻게 본질경험과 연관되는지 생각해 보자. 증오(#1)와 사랑(#2)과 같은 방향과 연결된 두 개의 신체경험 또는 두 개의 벡터를 보자([그림 A 10-1]). 그것은 그림의 A와 같이 빅U의 경험과 방향을 나타내기 위해 합쳐질 수 있다. A에서 당신은 굵은 선 빅U를 볼 수 있다. A는 빅U의 관점에서 벡터 #1과 #2의 경험들을 나타낸다.

B에서, 초점은 하위 벡터들—리틀u와 그것의 시간과 공간—에 있다. 그림의 오른쪽에서, 우리는 #1을 사랑, #2를 증오로 놓는다. 합쳐진 벡터 빅U는 다른 벡터들을 '함께 묶는' 그 무엇으로서, 여기에서 간접적으로나 직관적으로 경험된다. 그러나 이러한 묶음 빅U는 우리가 #1과 같은 하위 벡터에 초점

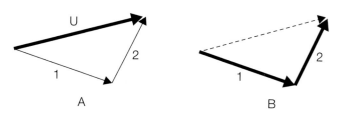

그림 A 10-1 벡터로서의 사랑과 증오

왼쪽: 빅U는 합으로 경험된다. 오른쪽: 초점은 #1 또는 #2와 시작하며 빅U를 본질 또는 공통 근거로 찾는다.

을 맞추고 동일시하기 때문에 거의 볼 수가 없다. 따라서 빅U는 기껏해야 모든 것들을 치료할 수 있는 오랫동안 갈망해 왔던 꿈으로서 치유 형상, 여신 또는 의학으로 나타난다.

바꾸어 말하면, 빅U를 찾는 방법에는 각 개인의 출발점의 초점이나 동일시에 따라 최소한 두 가지의 기본적인 방법이 있다. 만약 누군가의 정체성이 빅U의 배경을 탐구할 준비가 되어 있다면, 이 사람은 결국에는 빅U의 총괄성을 경험하고 동일시(적어도 임시로)하기 위하여(우리가 앞 장에서 해 왔던 것처럼) 벡터들을 그것들의 방향을 걸음으로서 합칠 수 있다. 두 번째 또는 '본질적 방법'은 개인이 리틀u 또는 또 다른 '하위 벡터'에 매우 밀접하거나 주로 동일시되었을 때 가장 유용하다. 이러한 경우, 우리는 하나의 하위 벡터와 동일시하여 시작하며 그것의 본질 또는 공통 근거를 찾는다. 여기에서, 원칙적으로 어떠한 하나의 하위 벡터의 본질에 집중하는 것은 모든 세계를 묶는 빅U를 나타나게 한다.

왜 어떠한 하위 벡터의 본질은 빅U의 느낌을 나타내는가? 어느 하나의 평행세계의 본질 또는 주어진 상황의 감정이(최소한 그것이 #1의 인식에서 나타나는) 그 상황에서의 빅U의 느낌을 우리에게 주기 때문이다. #2의 본질적 인식은 #1의 인식과 약간 다를 수 있다. 그러나 빅U의 두 인식은 빅U의 비국소적 공통 근거 또는 중요한 결과를 주는 원래의 특성에 충분히 밀접할 것이다. 배경의 이론적인 원리는 비국소성 때문에 시스템에서 하나의 본질은 모든 것의 본질이기 때문이다. 모든 형태 또는 빅U의 본질은 그것의 어떠한 부분에서도 찾을 수 있다.

부록 11 최소작용, 운동 에너지와 잠재적 에너지

11장과 12장에서, 우리는 파인만이 양자 파동함수가 빛이 서로 다른 매질(媒質)을 통해 이동할 때의 가장 빠른 방법으로 설명한 것을 보았다. 그는 빛이 최소한의 시간 또는 활동의 경로를 선택함으로써 물에서 사람을 구조하는 구조원과 같다고 말했다. 물리학자들은 작용(action)이라는 개념을 여러 가지 방법으로 사용한다.[1] 최소작용의 법칙에서, 작용은 물체 또는 입자가 이동하는 속도, 질량과 거리에 의존하는 수학적인 양을 의미한다. 작용은 에너지가 운반되거나 사용되는 방법을 설명한다.

예를 들어, 만일 당신이 공중으로 공을 던진다면, 처음에 그 공은 당신의 손이 위쪽으로 던지기 위해 빠르게 움직이기 때문에 많은 움직임 또는 운동 에너지를 가지고 있다. 공은 땅 위로 높이 올라가면서 잠재적 에너지를 얻는데 높아진 높이가 공에게 다시 땅으로 떨어질 때 큰 소리를 낼 수 있는 능력을 주기 때문이다. 잠재적 에너지는(중력장에서) 높이, 또는 지구 중심으로부터의 증가된 거리 때문에 발생한다. 공의 비행 중 정점(頂點)에서 공은 많이 움직이지 않고 그 결과로 운동 또는 움직임 에너지가 거의 없다. 그러나 공은 그 정점에서 최대의 잠재적 에너지를 가진다. 그다음 공이 다시 떨어질 때 공은 잠재적 에너지를 잃기 시작하며 그것은 당신이 공을 잡기 전까지 또는 땅에 떨어지기 전까지 운동 에너지—또는 움직임 에너지—로 변환된다.

에너지는 창조되거나 소실시킬 수 없기 때문에, 총 에너지—즉, 어느 순간 잠재적 에너지와 운동 에너지의 합—는 항상 같다. 이러한 총 에너지의 불변성은 에너지 보존 법칙(Conservation of energy)으로 알려져 있다.

총 에너지 대신, 최소작용은 운동 에너지와 잠재적 에너지의 차이와 연관이 있다. 공의 경로를 따라 각 위치에서의 작용을 계산하기 위하여 당신은 운동(또는 움직임) 에너지(KE)에서 잠재적 에너지(PE)를 빼야 한다. 공의 경로에 대한 작용의 전체 계산을 하기 위하여, 당신은 공의 경로에 따른 모든 위치에서 이러한 빼기를 해야만 하고, 그다음 공이 공중으로 올라갔다가 다시 아래로 내려오는 모든 위치에서 그 값을 더해야만 한다(그리고 작용 방정식에서 요구하는 것과 같이 각 증분[增分]에 시간을 곱해라). 그 답은 총 작용이다.

$$작용(action) = (KE-PE) \times 시간(time)$$

공, 별 또는 작은 입자에 대해서, 작용은 본질적으로 그것의 경로에 있는 모든 위치에서 KE-PE에 의해 결정된다. 작용 원리는 작용을 최소화하는 경로가 자연이 선호하는 경로라고 한다.

당신이 공을 던져 원하는 장소에 도달하는 데 걸리는 시간이 주어지면, 당신이 공을 높게 던지거나 낮게 던지거나 빠르게 또는 천천히 던질 수 있다는 것을 생각할 수도 있다. 그러나 자연은 당신의 시도들을 부정한다. 주어진 시간의 양에 대해, 최소작용 법칙은 공이 취할 수 있는 다양한 가능성을 '알고' 선택할 것이라고 알려 준다. 공은 최소작용의 단 하나의 경로를 찾아낼 것이다. 파인만과 다른 학자들은 공이 모든 경로를 탐색하고 그중에서 최소작용을 요구하는 경로를 선택하는 것처럼 공—또는 양자 세계에서 전자와 같은 대응물—에 대해 이야기한다.

마찬가지로, 도인은 무위(無爲)를 수행하며 도를 찾는다. 당신과 나는 이제 다양한 벡터들을 찾을 수 있으며, 시간을 통하는 우리의 가장 심오한 꿈을 따르고 우리 행성에서 더 충만하게 살아가기 위해 땅을 기반으로 한 지기(地氣) 심리학(Earth-Based Phychology)을 사용한다.

주석

제1부

1. Erwin Schrödinger, *Science and Humanism* (Cambridge, United Kingdom: Cambridge University Press, 1951), 51페이지 참고.

제1장

1. Carlos Castaneda, *The Fire from Within* (New York: Washington Square Press, 1991), 205-214페이지 참고.
2. Arnold Mindell, *The Shaman's Body: A New Shamanism for Health, Relationship, and Community* (San Francisco: HarperCollins, 1993), 141페이지 참고. 이 책은 돈 후안의 가르침에 대한 해석이다.
3. 파인만(Feynman)에 대해 자세한 것은 부록 4를 보아라. 파인만의 연구는 MIT의 교수 에드윈 테일러(Edwin Taylor)에 의해 훌륭하게 설명되었다.
4. Richard Feynman, *QED: The Strange Theory of Light and Matter* (Princeton University Press, Princeton, 1985), 10페이지 참고.
5. Arnold Mindell, *Inner Dreambodywork: Working on Yourself Alone* (New York & London: Penguin, 1990) 참고.
6. Arnold Mindell, *The Dreambodywork in Relationships* (New York & London: Penguin, 1987) 참고.

7. Arnold Mindell, *The Deep Democracy of Open Forums* (Charlottesville, Virginia: Hampton Roads Publishing, 2004) 참고.

8. Arnold Mindell, *Inner Dreambodywork: Working on Yourself Alone* (New York & London: Penguin, 1990) 참고.

9. C. G. Jung, *Memories, Dreams, Reflections,* ed. Aniela Jaffe, trans. Clara Winstone and Richard Winston (New York: Vintage Books, 1989) 11장 참고.

제2장

1. Michael Shermer, "The Major Unsolved Problem in Biology: Three Books Try to Explan Consciousness" [book review], *Scientific American* (2004), n.p. 〈http://www.sciam.com/article.cfm?articleID=0009877A-D64E-101A-956483414B7F0000&chanID=sa006&colID=12〉 참고.

2. Carlos Castaneda, *The Fire from Within* (New York: Washington Square Press, 1991), 203페이지 참고.

3. Rebecca Solnit, *A Field Guide to Getting Lost* (New York: Viking, 2005), 17페이지 참고.
   솔니트(Solnit)에 의하면, 캘리포니아 윈투 부족(The Wintu)은 방향에 따라 서쪽 손, 동쪽 손으로 표현했다. (이 정보에 대해 수전 코첸[Susan Kocen]에게 감사한다.) 자의적 땅을 숭배하는 토착 원주민들의 거의 우주적 보편적인 땅을 기반으로 하는 지성 때문에 신체의 방향에 따른 이러한 인식 분류는 현재 문헌에 정리된 것보다 훨씬 더 광범위하다.

4. Edwin Taylor and John Wheeler, *Exploring Black Holes: An Introduction to General Relativity* (New York: Addison Wesley Longman, 2000) 참고.
   존 휠러(John Wheeler)의 제자들은 저명한 천체 물리학자 킵 손(Kip Thorne), 물리학자 리처드 파인만(Richard Feynman), 양자이론의 '다 세계' 해석의 제안자 휴 에버렛(Hugh Everett)을 포함한다.

5. Arnold Mindell, *Quantum Mind: The Edge Between Physics and Psychology* (Protland, Oregon: Lao Tse Press, 2000) 참고.

6. Amrit Goswami, with Richard Reed and Maggie Goswami, *The Self-Aware Universe: How Consciousness Creates the Material World* (New York: Tarcher, 1995). 물리학자 Goswami는 유사한 아이디어를 제시하였다.

7. David Maclagan, *Creation Myths: Man's Introduction to the World* (London: Thames & Hudson, 1977), 56페이지 참고. 모래 그림에서 유래한 나의 스케치 그림은 여기에 있다.
8. 내가 여기서 표현한 것보다 더 많은 것이 있다. 예를 들어, 행복의 파랑새와 비 오는 길의 발자국, 더 높은 세계로 이끄는 세 개의 수직선들이 있다. 발자국은 동쪽에서부터 오며, 그리고 이 경로는 노란 꽃가루의 성스러운 경로가 된다. 모래 그림이 각각의 모서리는 주어진 방향을 나타낸다.

제3장

1. S. Hameroff, "Funda-mentality: Is the Conscious Mind Subtly Linked to a Basic Level of the Universe?" *Trends in Cognitive Science* 2 (1998): 119-124 페이지 참고.
2. 나에게 기본적인 도의 요소들을 알려준 오리건 포틀랜드의 지로 이세타니(Jiro Isetani), 도쿄의 카나에 구와타라(Kanae Kuwahara)에게 감사한다. 우리에게 도(道)라는 한자의 근원이 당신이 향하는 길 또는 방향이라는 것을 이해하도록 사전을 사용하게 해 준 포틀랜드의 아야코 후지사키(Ayako Fujisaki)에게 감사한다. (한자 도[道]의 중간 부분은 머리를, 나머지 부분은 다리의 움직임을 의미한다.)
3. Lao Tse, *Tao The Ching: The Book of Meaning and Life,* trans. Richard Wilhelm (into German) and H. G. Ost-wald (into English) (London: Viking-Penguin-Arkana, 1985) 참고.
   사실, 방향과 경로의 알아차림 개념에서의 해석은 태극과 도가 원래 방향의 개념에서 표현되었다는 것을 고려한다면 더 확실하다. (5장에서 상세하게 논의한다. 또한 부록 8을 보아라.) 도(道)는 리처드 빌헬름(Richard Wilhelm)의 '의미'와 같이 많은 가능한 해석이 있다. 이러한 해석은 말할 수 있는 도(道)로서 나에게 일리가 있으나 그러나 '의미'는 도(道)를 지구 장과 방향에서 분리시키려는 경향이 있다.
4. 나의 책 *The Deep Democracy of Open Forums* (Charlottesville, Virginia: Hampton Roads Publishing, 2004)에서, 조직에 있어서의 알아차림 주제에 대해 더 많이 알려 준다.
5. 기본 양자물리학에 관심이 있는 독자는 부록 1-3을 보아라.
6. Arnold Mindell, *Quantum Mind: The Edge Between Physics and Psychology* (Protland, Oregon: Lao Tse Press, 2000). 비록 입자들이 존재로 튀어 나오거나 사

라지는 것이 사실이라 해도 그렇게 할 때의 시간은 그 입자들의 에너지(또는 질량)에 역으로 비례한다. 하이젠베르크(Heisenberg)의 불확정성 원리를 설명하는 또 다른 방법은 에너지의 불확정성과 시간의 불확정성의 곱은 플랑크 상수 값보다 작을 수 없다는 것이다. 따라서 만일 당신이 가상입자들을 존재로 튀어나오게 하려면 그것들은 짧은 시간에 해야 한다.

7. 부록 2를 보면 영점 에너지에 대하여 더 자세히 알 수 있다.

8. Stephen Hawking, *A Brief History of Time* (New York: Bantam Books, 1988, 1996) 참고.

9. 이러한 아주 작은 힘은 결국 감춰진 차원들을 탐구하는 방법을 제공하고 통합된 장 이론들을 명확하게 한다. 최근 연구에 의하면 이 힘은 관성의 경험에 연결되어 있다. 즉, 쇠구슬이 종이 위에 있을 때 종이를 빠르게 당겨도 쇠구슬이 원 위치에 그대로 있는 이유다. 해럴드 퓨토프(Harold Puthoff)는 록히드 연구소의 버나드 헤이시(Bernard Haisch), 캘리포니아 주립대학교 알폰소 루에다(Alfonso Rueda)와 함께, 영점 진공에너지를 이러한 관성에 연관시켰다. B. A. Haisch, A. Rueda, and H. E. Puthoff, "Inertia as a Zero-Point Field Lorentz Force." *Physical Review A 49* (1994): 678페이지 참고.

이 연구는 힘을 가속도와 연관된 질량의 관성의 개념으로 정의하는 유명한 공식(F=ma) 이면에는 이러한 캐시미르 힘, 내 생각에 알아차림 압력 도는 알아차림 힘으로의 힘이 있다는 것을 의미한다. 달리 표현하면, 우리의 매일의 세계는 대부분 안정한 것으로 보이며 영점 에너지 장 때문에 갑작스런 움직임이나 가속에 저항한다. (진공과 캐시미르 힘에 관한 추가 정보는 부록 1-3을 보아라.)

10. Michael J. Puett, *To Become a God: Cosmology, Sacrifice, and Self-Divinization in Early China.* Harvard-Yenching Institute Monograph Series, number 57 (Cambridge, Massachusetts: Harvard University Asia Center, 2002), 4페이지 참고.

11. Puett, *To Become a God,* 4페이지 참고. 문장의 정확한 내용은 다음과 같다. "아주 오래전, 하늘과 땅이 존재하기 이전의 시대에는 그곳에 형태가 없는 모습만이 있었다. 불분명하고 어둡고 광대하고 깊으며, 어느 누구도 그것의 출입구를 모른다. 2개의 신(神)이 함께 태어났으며 그것들은 하늘과 일치하며 땅을 지향했다. 너무나 광대해서 어느 누구도 그 끝과 한계를 모른다. 어느 누구도 그것이 어디에서 멈추는지 모른다. 따라서 그것들은 나뉘어 음과 양이 되었으며 8개의 기둥이 되었다. 강과 약은 서로를 보완하며 그리고 그 결과 수많은 것들이 형성되었다. 혼잡한 기(氣)는 벌레가 되었고 정리된 기(氣)는 인간이 되었다."

12. 나의 친구 아야코 후지사키(Ayako Fujisaki)는 고대 일본 사람들이 우리 마음의 내부에 생각과 감정은 창조하는 버그(bug)들이 존재함을 믿었다고 알려 주었다. 많은 버그들이 있는데(mushi, 벌레) 어느 누구가 기분이 나쁠 때 "그 사람은 버그를 가지고 있다."라는 표현이 있다. 만일 당신이 특별한 이유 없이 누군가를 좋아하지 않는다면, 당신은 "버그가 당신을 좋아하지 않는다."고 말한다. 기분이 우울하거나 나쁠 때는 '우울증 버그'를 갖고 있다고 표현한다.

13. 초기 연구에서 나는 버그(bug)들을 우리의 관심을 끌려고 하는 양자 신호교환(flirt)이라고 정의했었다.

제4장

1. Brian S. Cohen의 인터뷰에서, "Being in Dreaming: An Introduction to Toltec Sorcery', *Magical Blend Magazine* (April 1992), 35페이지 참고,

2. Arnold Mindell, *Quantum Mind: The Edge Between Physics and Psychology* (Portland, Oregon: Lao Tse Press, 2000). 수학적으로 알아차림의 자기-반영 본성은 반영 (또는 공액) 복소수로 나타낼 수 있다. 양자 파동은 복소수이며, 부분적으로 실수이며 부분적으로 음수다.

3. Mindell, *Quantum Mind, and* Arnold Mindell, *Quantum Mind and Healing: How to Listen and Respond to Your Body's Symptoms* (Charlottesville, Virginia: Hampton Roads Publishing, 2004). 존 크레이머(John Cramer)의 양자물리학에서 양자 교류적 해석에 관한 토론을 보아라.

4. 물리학에서 공액의 수학은 반향 파동에서 시간 요소를 뒤집는다.

5. Marie-Louise von Franz, *Number and Time* (Evanston, Illinois: Northwestern University Press, 1974) 참고.

6. 〈http://www.angelsanderthlythings.com/p-9.html〉 참고.

7. 물리학에서, 비국소성은 아인슈타인(Einstein)이 '먼 거리에서의 유령 같은 행동'이라고 부르는 것을 나타낸다. 비국소성은 두 개의 상태가 그중 하나를 측정할 때 동시에 붕괴되는 양자세계에서의 성질이다. 하나의 상태를 보면 자동으로 당신에게 다른 상태의 본성에 대한 정보를 제공한다. 이러한 현상은 벨의 이론이라고 부르는 것의 본질이다. 벨(Bell)은 아인슈타인의 철학적 목적을 양자세계의 황당함으로 여겼기에, 그것을 시험 가능한 제안으로 변환시켰다. 1982년 프랑스 물리학자 알랭 아스페(Alain Aspect)와 동료들이 수행한 이(二)-광자 상관관계 연구와 같은

많은 실험들이 비국소성을 보여 주었다. 이러한 실험들에서 관찰된 강한 상관관계는 오늘날 대부분의 물리학자에게 우리가 비국소성 우주에 살고 있다는 것을 제안한다. 요약하면, 지금 이 시간 이곳 여기에서 일어난 것은 공간에서, 시간에서 또는 시공간에서 멀리 있는 것과 내 가까이 있는 것에 의존할 수 있다는 것이다.

8. 물리학자 데이비드 봄(Bohm): "전자는 전자 주위 환경의 의미에 대응하는 것처럼 주위 환경을 관찰한다. 전자는 우리 인간이 하는 것을 똑같이 한다." Rene Weber, *Dialogue with Scientists and Sages* (New York: Routledge & Kegan Paul, 1986), 69페이지 참고.

9. 왜 우리는 항상 명료한 경험에 집중하지 않는가? 모든 경험에 필수적으로 자의적이지 않아야 할 많은 이유가 있다. 무엇보다도, 만일 당신이 교차로를 건널 때 모든 사소한 고통들을 인지한다면 당신은 차에 치이게 될 것이다. 과소평가는 길을 건널 때 꼭 필요한 것이지만 그러나 그것이 생활태도여서는 안 된다. 당신의 과소평가 부분은 당신을 성가시게 해서 증상으로 나타날 수 있다.

10. 좀 더 어떻게 양자 신호교환이 명상 방법에 연결되는지는, Arnold Mindell, *Dreaming While Awake: Techniques for 24-hour Lucid Dreaming* (Charlottesville, Virginia: Hampton Roads Publishing, 2000)을 참고.

11. 존 휠러(John Wheeler)는 리처드 파인만(Richard Feynman)뿐만 아니라 모든 물체에는 슈뢰딩거의 파동 방정식을 따르는 양자 상태 묘사가 있다고 가정한 휴 에버렛(Everett)의 박사과정 지도교수였다. 그 당시 에버렛은 우주적/보편적 상태들은 여러, 심지어 가능한 무한 수(數)의 동일한 비(非)-의사소통적인 평행세계들의 중첩 (일종의 합계)이라고 가정했다.

12. 파동함수는 입자가 시간과 장소에 따라 변화할 때 그 입자의 특성들(예로 속도)을 묘사하는 데 사용된 수학적 표현이다. 파동함수의 제곱(즉, 자신을 자기 자신에게 곱하면) 특정한 지점에서 입자를 발견할 확률이 된다. 양자이론에 대해 부록 1을 보아라.

13. Fred Allen Wolf, Parallel Universes: *The Search for Other Worlds* (New York: Simon & Schuster, 1989) 참고. 저자는 평행세계들에 관해 명확하고 대중적인 스타일로 묘사한다.

제5장

1. Carlos Castaneda, *The Fire from Within* (New York: Washington Square press, 1991), 214페이지 참고.

2. Arnold Mindell, *The Dreammaker's Apprentice: Using Heightened States of Consciousness to Interpret Dreams* (Charlottesville, Virginia: Hampton Roads Publishing, 2001). 이 저서는 꿈에 대해 작업하는 다른 방법들을 포함한다. 이 '땅을 기반으로 한 지기(地氣) 심리학'도 새로운 접근이다.

3. 우리의 부분 또는 프로세스들을 합한다는 아이디어는 내가 리처드 파인만(Richard Feynman)의 양자전기역학을 연구하는 동안 떠올랐다. 다음 장에서, 나는 물체의 핵심적 인도 패턴(데이비드 봄[David Bohm]이 양자 파동함수를 정의 하듯 물체의 안내 파동)이 어떻게 모든 자신들의 다양한 가능성 파동 또는 벡터, 즉 그것들의 모든 가능한 경향성 또는 부분들의 합으로서 언어질 수 있는 논의한다.

4. 마찬가지로, 양자물리학에서 양자 파동함수와 그것들의 하위 상태들은 복소수들이다. 그것들은 수학적 감각에서 부분적으로 실수이며 부분적으로 허수다.

5. 1991년 이래 네덜란드 네이메헌(Nijmegen)의 맥스 프랑크 심리언어학 연구소 (the Max Planck Institute of Psycholinguists of Nijmegen)는 사람들이 어떻게 방향감을 잡는지를 연구하기 위해 심리학자, 민족학자, 언어학자들을 초빙해 왔다 (info@ngfg.com). 예를 들어, 호주 북서 해안 지역의 토착 원주민 부족 구우구 이미티르(Guugu Yimithirr) 사람들은 "이것이 내 바지의 오른쪽 주머니 또는 왼쪽 주머니다."라고 말하지 않고, 대신 "이것은 내 서쪽 또는 동쪽 주머니다."라고 말한다. 만일 그들이 180도 회전을 하면 주머니 명칭이 그에 따라 변한다. 다시 말하면, 그들은 자신들을 신체와 상대적인 일상적 방향, 왼쪽과 오른쪽에 따라 방향감을 표현하지 않는다. (사실, 왼쪽과 오른쪽 개념은 모든 언어의 1/3 정도에서 아예 존재하지도 않는다.) 나에게 구우구 이미티르를 소개시켜 준 맥스 슈바흐(Max Schupbach)에게 감사한다.

6. Bruce Chatwin, *The Songlines* (New York: Penguin, 1987) 참고.

7. Ani Williams, "Riding the Celtic Songlines." 〈http://www. aniwilliams.com/avalon_songlies.htm〉 참고.

8. Philip Rawson and Laszlo Legeza, *Tao: The Chines Philosophy of Time and Change* (London: Thames & Hudson, 1973) 참고. 더 자세한 도(道)에서의 방향과 방향의 합에 관해서 부록 8을 보아라.

9. 2장에서 토론하였다.

10. 걷기 방향에 관한 일반적인 질문과 응답은 부록 9를 보아라.

제6장

1. Carlos Castaneda, *The Active Side of Infinity* (New York: Harper Collins, 1998), 260페이지 참고.

2. Arnold Mindell, *Coma: Key to Awakening-Working with the Dreambody near Dearth* (London: Penguin-Arkana, 1994, 1995) 참고.

3. 민델 박사의 이 계정을 참고. 〈http://www.aamindell.net/download/ research/ matthias.rtf〉

4. Amy Mindell, *Metaskills: The Spiritual Art of Therapy* (Portland, Oregon: Lao Tse Press, 1995) 참고.

5. 나의 저서 『양자심리학(Quantum Mind: The Edge Bewteen Physics and Psychology)』(Portland, Oregon: Lao Tse Press, 2000)의 8, 9장에 이러한 양자이론 규칙 이면의 수학에 관한 자세한 설명이 있다.

6. Mindell, 『양자심리학(Quantum Mind: The Edge Bewteen Physics and Psychology)』(Portland, Oregon: Lao Tse Press, 2000), 95페이지 참고.

7. 복소수의 공액(즉, 어느 수를 자신의 반영에 곱하는 것)은 실수(實數)를 준다. 이를 식과 말로 표현하면 다음과 같다. $(a + ib)(a - ib) = a^2 - iab + iab + b^2 = a^2 + b^2$ 이것은 복소수 곱은 허수의 정의 $i^2 = -1$과 $+iab - iab = 0$ 때문에 실수가 되는 것이다.

8. Richard Feynman, *The Theory of Fundamental Processes: A Lecture Note Volume* (New York: Benjamin-Cummings, 1961) 1페이지 참고. 리처드 파인만(Richard Feynman)은 이 규칙을 다음과 같이 설명한다. "모든 프로세스에 대해 대응하는 진폭, 복소수가 있다. …… 그 프로세스의 확률은 이 진폭의 제곱과 같다."

9. 켄터키 주 교사인 밀드러드 제이 힐(Mildred J. Hill)은 이 노래의 멜로디를 작곡했다. 이 노래는 여동생 패티 스미스 힐(Patty Smith Hill)이 가사를 붙여 'Good morning to all'이라는 제목으로 1893년 처음으로 출판되었다. *Time Magazine*, January 2, 1989, 88페이지 참고.

10. Hazrat Inayat Khan, *The Mysticism of Sound and Music* (Boston: Shambhala Publications, 1996), ix 참고, 특히, '반복과 반영의 가치'라는 장을 보아라.

11. Arnold Mindell, *The Quantum Mind and Healing: How to Listen and Respond*

to *Your Body's Symptoms* (Charlottesville, Virginia: Hampton Roads Publishing, 2004) 참고. 이 책에서 나는 '양자 상태의 크로스오버'에 대하여 언급하였다. 여기에서 평행세계 꿈 또는 신체 느낌은 소리의 기계적 진동에 연결되어 있다고 제안하였다. 다시 말하면 소리는 반복을 통해서 꿈을 실현가능한 것으로 만들어 가면서 꿈 경험을 반영하기 때문에 치유적일 수 있다. 소리의 관점에서 꿈 형상의 반복은 치유다.

제7장

1. Jean Paul Richer, ed. *The Notebooks of Leonardo da Vinci,* Vol. 1(Mineola, New York: Dover Publications, Inc., 1970 참고.
2. 우주 왕복선 임무를 6회나 완수한 베테랑 프랭클린 스토리 머스그레이브(Franklin Story Musgrave, 1935~)는 챌린저호(Challenger)의 첫 비행에 참여했으며 우주 왕복선 프로그램에서 다른 동료와 함께 첫 우주 유영을 수행하였다.
3. 이 측정기는 광증폭기(Photomultiplier)라고 한다. 이 측정기는 광자가 충돌하면 전자를 방출한다.
4. 내가 역광(Backlight)라고 하는 것은, 융은 이를 그림자(shadow)로 명하였는데, 이는 발달하지 못했거나 알지 못하는 자신과 관련된 부분으로 (자신의 젠더에서) 좋아하지 않은 부분이다. 하지만 나는 아직도 그 개념을 역광이라고 부르는데, 우리는 빛의 부재를 말하는 것이 아니라 매일매일의 일상적 마음에서 반대 방향으로 뻗어나가는 빛이기 때문이다.
5. 신호와 의사소통이론은 아널드 민델(Arnold Mindell)의 *The Dreambody in Relationships* (New York: Penguin 1987)에서 논의하였다.
6. 나는 컴패션을 신비한 경험으로 생각한다. 근본적으로, 빅U는 둘러쌈이다. 그것은 포용하며 부분들을 배제하기보다는 포함한다. 나의 컴패션에 대한 생각은 단지 좋다는 것 이상이다. 그것은 모든 것이 꿈영역 방향을 포용하는 중첩과 연관되어 있다. 달리 표현하면, 나는 다른 사람 또는 내담자의 고통의 감정에 대한 느낌이라는 의미의 컴패션(compassion)이라는 단어에 모든 방향의 감정의 느낌을 더하는 것이다. 컴패션의 확장된 생각은 나에게 알아차림과 측정을 의미하는 라틴어 Compassare를 포함한다. (라틴어 compassare는 함께[together]를 뜻하는 'com-'과 걸음[step, pace]을 뜻하는 'passus'가 결합해서 유래) 컴패션은 발을 맞춰 걷는 것을 의미하며 도, 방식(the way)의 한 측면이다. 과정지향 감각에서, 컴패션은 알

아차림을 사용하여 일어나고 있는 것과의 발맞춤을 의미하며, 명확하게 되는 것과 감정을 의미한다. 컴패션의 이러한 정의(定意)는 과학적 태도의 명확성과 마음의 감정 능력과 통합한다.

7. 리처드 파인만(Richard Feyman) 이론의 유명한 내용은 그의 『QED: 빛과 물질의 이상한 이론(QED: The Strange Theory of Light and Matter)』에 실려 있다.

8. MIT 에드윈 테일러(Edwin Taylor) 교수는 다른 물리학자와 마찬가지로 양자이론과 파인만(Feynman)의 시계의 수학적 물리학적 의미를 강조하기 위하여 핵심 함수(kernel function) 또는 전파자(propagator) 개념을 사용하였다. 방향에 대해 더 자세한 정보는 테일러의 훌륭한 논문 「Computers in Physics」(American Institute of Physics, 1998, 12(2), 190)를 참고. 테일러(Taylor)는 파인만의 『QED: 빛과 물질의 이상한 이론(QED: The Strange Theory of Light and Matter)』을 자세히 설명하였다. 파인만에 의하면, 광자의 '양자 초시계' 바늘은 광자가 각 경로를 탐구할 때 회전한다. 다른 이론과 마찬가지로, 양자이론도 경로와 시계를 언급하면서 은유를 사용한다. 이러한 시계가 실제인가? 초시계의 바늘이 입자가 움직이는 대로 따라 움직이는 회전하는 화살이며, 이 화살의 방향이 작은 '초시계'에 의해 결정된다는 것이 무엇이 중요한가? 그러나 이것은 매우 특이한 초시계다. 이것은 시간을 측정하지 않는다. 파인만은 "이 초시계 바늘은 적색 광자와 비교해서 청색 광자의 시간을 측정할 때 더 빠르게 회전한다."라고 말했다(p. 47). 적색 빛보다 청색 빛이 '빠르다'는 것은 무엇인가? 속도(velocity)는 아니며, 시간 자체의 속도(rate)도 아니며 (여기서 상대성 효과는 아니다), 단지 진동수(frequency)다. '초시계'의 속도(rate)는 광자의 진동수에 의해 결정된다. 그것은 단지 우리에게 좋은 결과를 주는 수학적 도구이며, 그리고 그것의 바로 그 추상적 개념과 분리는 파동의 본성적 특징과 행동에의 대응을 모호하게 한다. 달리 표현하면, 광자의 경로 끝에 있는 화살의 방향은 물리학자에게 계산을 할 때 필요로 하는 정보를 제공한다.

9. 최근에 생물학자와 물리학자는 많은 다른 동물뿐만 아니라 인간의 방향감각이 태양과 행성의 움직임도 인간의 내부 자기장 나침반의 조합이라는 것을 밝혀 냈다. 이에 관해 특히 프린스턴 대학교 뉴스(the Princeton University news)에서 발표한 「육감: 철새의 운항 방법에 관한 연구(Sixth Sense: Study Showa How Migrating Birds Navigate」(2004. 4. 28.) 〈http://www.princeton.edu/pr/new/04/q2/0428-wikelski.htm〉. (전체 연구는 과학 이슈에서 2004년 4월 16일에 출간되었다.)를 참고. 인간 대상자도 분명히 자신의 갈 길을 '자기적'으로 찾는 방법을 알고 있으나 어떻게 하는지를 아직은 설명하지는 못한다.

10. 시간이 더욱더 디지탈화할수록, 나는 우리가 더욱더 우리의 신체 감각으로부터

떨어져 나가게 될 것이고 그리고 땅 움직임과 덜 친밀하게 될 것이라고 생각한다. 우리가 우리의 신체와 땅을 덜 따를수록 우리는 시간과 더 갈등을 하게 된다. 이미 '시간 스트레스'는 신체경험 대신 시간을 따르는 증상의 하나인 것처럼 보인다.

11. 빅U 선과 명상하는 것 또는 연결하는 것은 의식적으로 집중을 했건 안 했건 자주 매일의 문제를 아우르는 이해의 자발적 흐름을 초래한다.

제8장

1. Richard P. Feynman, *"Surely You're Joking, Mr. Feyman!": Adventures of a Curious Character* (New York: W. W. Norton & Company, reprint ed. April 1997), 166페이지 참고.

2. 두 불확정성의 곱은 결코 독일 물리학자 맥스 플랑크(Max Planck)의 이름을 딴 어떠한 상수 값보다 작을 수 없다.

3. John Gribbon, *Q Is for Quantum: An Encyclopedia of Particle Physics* (New York: Simon & Schuster, 1998), 428페이지 참고.

4. Werner Heisenberg, *Physics and Philosophy: The Revolution in Modern Science* (New York: Pelican, 1958/1998), 194페이지 참고.

5. Arnold Mindell, *The Quantum Mind and Healing: How to Listen and Respond to Your Body's Symptoms* (Charlottesville, Virginia Hampton Roads Publishing, 2004) 참고. 여기서 나는 만성 질환 증상을 포함해서 인생의 나머지 동안 어린 시절의 꿈의 반영의 예들을 제시했다.

6. Arnold Mindell, *Coma: Key to Awakening-Working with the Dreambody near Death* (London: Penguin-Arkana, 1994, 1995) 참고.

7. Arnold Mindell, *The Quantum Mind and Healingg: How to Listen and Respond to Your Body's Symptoms* (Charlottesville, Virginia Hampton Roads Publishing, 2004), 76페이지 참고.

제9장

1. Carlos Castaneda, *Tales of Power* (New York: Simon & Schuster, 1974), 292페이지 참고.

2. Arnold Mindell, *Quantum Mind: The Edge Between Physics and Psychology* (Protland, Oregon: Lao Tse Press, 2000). 이 연구는 파인만(Feynman)의 양자 장 관점 이상을 포함한다.
3. 시간 여행을 숙고하는 스티븐 호킹(Stephen Hawking), 킵 손(Kip Thorn), 프레드 앨런 울프(Fred Alan Wolf), 아미트 고스와미(Amit Goswami) 등과 같은 많은 저명한 물리학자들이 있다.

제10장

1. Lao Tse, *Tao Te Ching,* trans. Gia-fu Feng and Jane English(New York: Vintage Books, 1972), 45장 참고. (『도덕경』의 각 구절은 한 페이지보다 작기 때문에 나는 구절을 장으로 표시할 것이다.)
2. ⟨http://blog.tmcnet.com/blog/wimax/wimax/brainstorming-origin. html⟩ 참고.
3. Alex F. Osborn, *Applied Imagination: Principles and procedures of Creative Thinking* (New York: Charles Scibner's Sons, 1953) 참고.
4. 뉴저지의 작은 배분회사인 마일스톤 영화사(Milestone Films)는, 프랑스에서 국가 보물이라고 별칭을 붙인 ⟨피카소의 신비(The Mystery of Picasso)⟩라는 영화를 복원해서 디지털화하였고 DVD로 출시하였다. ⟨http://www.columbia.edu/cu/news/03/04/archieRand.html⟩ 참고.
5. 조니 미첼(Joni Mitchell)의 앨범 ⟨초원 소녀의 노래(Songs of Prairie Girl)⟩ (2005, 리노 레코드사(Rhino Records)의 표지로부터 에이미(Amy)의 스케치.

제11장

1. Lao Tse, *Tao Te Ching,* The Stephen Mitchell Translation (New York: Harper & Row, 1988), 23장 참고.
2. 이 그림을 위해서는 존 칼(John Kahl) 교수 ⟨www.uwm.edu⟩에게 감사한다.
3. ⟨http://users.ox.ac.uk/~ouaikido/history.html⟩ 참고.
4. ⟨http://www.aikiweb.com/gallery/showphoto.php?photo=873⟩ 참고.

제12장

1. Arthur Waley, *The Way and Its Power: A Study of the Tao Te Ching and Its Place in Chines Thought* (London: Allen & Unwin, 1934), 47장 참고.
2. Richard Feynman, *The Feynman Lectures on Physics,* vol. 2 (Reading, Massachusetts: Addison-Wesley, 1963), 18-19페이지 참고.
또한 Edwin Taylor and Jon Ogborn, "Quantum Physics Explains Newton's Laws of Motion," *Physics Education* 40 (2005): 1페이지 참고.
3. Feynman, *Feynman Lectures,* 19장 참고.
4. Max Planck, *Scientific Autobiography and Other papers,* tans. Frank Gaynor (New York: Delacorte, 1975) 참고.
5. 페르마(Fermat) 원리의 더욱 완성된 내용은 광학 경로의 길이는 최소이거나 최대 이라는 것이다.

제13장

1. Lao Tse, *Tao Te Ching,* trans. Gia-fu Feng and Jane English (New York: Vintage Books, 1972), 53장 참고.
2. 경험의 본질에 도달하는 데는 여러 방법이 있다. 우리는 그것을 추측할 수 있고, 느낄 수 있고, 그것이 너무 커지기 전에 어떠하였는지 물을 수 있고, 그것과 함께 움직일 수 있고, 더욱 느리게 움직일 수 있는 것 등이다. 각 본질은 빅U의 근사값에 접근하며, 빅U는 근본적으로 모든 평행세계의 합이다. 그러한 세계의 어느 하나의 본질은 동시에 다른 세계의 본질 또는 빅U다.

제14장

1. Lao Tse, *Tao Te Ching,* trans. Gia-fu Feng and Jane English (New York: Vintage Books, 1972), 53장 참고.
2. Stephen Hawking, *A Brief History of Time* (New York: Bantam Books, 1988, 1996) 참고.
3. [그림 14-3]: 이러한 인형 대화의 아이디어에 대해 에이미 민델(Amy Mindell)에게

감사한다.

제15장

1. Carlos Castaneda, *Journey to Ixtlan: The Lessons of Don Juan* (New York: Simon & Schuster, 1972), 13페이지 참고.
2. C. G. Jung, "Psychological Factors in Human Behavior," *The Collected Works of C. G. Jung,* vol. 8, trans. R. F. C. Hull (Princeton, New Jersey: Princeton University Press, 1937, 1969), 114-118페이지 참고.
3. Rebecca Solnit, *A Field Guide to Getting Lost* (New York: Viking, 2005), 17페이지 참고. 솔니트(Solnit)는 이러한 사람들의 방향적 알아차림에 관해 이야기한다.
4. 나의 내용의 근거가 되는 자료들은 "캘리포니아 대학교 인류학과에 의해 수행된 고고학 및 민족학 탐사 작업의 일부분으로 1901년부터 1906년까지 수집되었다." 〈http://www.sacred-texts.com/nm/ca/scc/scc02.htm〉 참고.
5. 일본 교토 면신지(Myonshinji) 절의 용 그림. 교토 국립 박물관으로부터 인용. 〈http://www.onmarkproductions.com/html/dragon.shtml〉 참고.
6. 이집트에서 날씨의 신들 또는 장-기운(field-mood) 신은(물의 여신) 그리고 테프누트(Tefnut, 건조한 공기의 신)과 연관되어 있다. 두 신 모두 태양신의 자식이다.
7. OM의 위에는 오른쪽을 향하여 알아차림 또는 인지를 나타내는 점이 있다. 그것의 아래에는 초승달의 선광이 이러한 알아차림을 나타낸다. 점과 반달 아래의 상징은 실제의 세 가지 수준, 깨어남, 잠자기, 꿈 없는 잠을 나타낸다. (〈http://enwikipedia.org/wiki/Nataraja〉를 참고) 나에게, 이러한 상징은 자의적 알아차림, 반영 그리고 그 결과의 수준들의 진정한 민주주의의 기본적 원리들을 나타낸다.
8. Arnold Mindell, *The Shaman's Body: A New Shamanism for Health, Relationships and Community* (San Francisco: HarperCollins, 1993)은 나구알(The Nagual)에 관해 더 자세하게 설명한다.

제16장

1. Carlos Castaneda, *Journey to Ixtlan: The Lessons of Don Juan* (New York: Simon & Schuster, 1972), 266페이지 참고.

2. Amy Sue Kaplan (Amy Mindell), "The Hidden Dance: An Introduction to Process-Oriented Movement Work" 석사학위논문, 안티오크 국제 대학교 (Antioch International University) (Yellow Springs, Ohio, 1986) 참고.

3. 힌두스(Hindus)도 또한 우주 중신의 신들의 고향인 메루(Meru) 산에 대해 말했다.

4. 물리학에서, 스핀은 미시 입자와 관련된 고유 각운동량(Intrinsic angular momentum)이다. 그것은 양자 역학적 현상이다. 어느 가시(可視) 스핀도 볼 수 없다. 큰 물체의 각 운동량은 회전에서 유래하는 반면 스핀은 단순히 입자 본성의 한 측면이다.

5. 팔괘(Ba Kua) 방법은 분명히 몽고 또는 시베리아에서 중국으로 왔다. 〈http://en.wikipedia.org/wiki/Baguazhung〉 참고.

6. Bruce Kumar Frantzis, *The Power of Internal Martial Arts: Combat Secrets of Ba Gua, Tai Chi, and Hsing-I*(Berkeley, California: North Atlantic Books, 1998), 6장 참고.

7. Mantak Chia, "Power of Internal Martial Arts", 온라인 기사 〈http://www.universal-tao.com/artical/martialm_arts.html〉 참고.

8. 나는 교토 토푸쿠지(Tofukuji) 사원의 수도원장이며 린자이(Rinzai) 분파의 회장인 카이도 후쿠시마(Keido Fukushima)에게 이차 훈련(second training)의 아이디어에 대해 감사한다. 그 분파의 대화에서 그는 나와 에이미(Amy)에게 선(禪) 수도사가 수도원에서 고안(koan), 공안(公案)과 명상으로 자신들이 첫 번째 훈련을 쌓는다고 말했다. 그리고 난 후에 수도원을 떠나서 삶 속에서 이차훈련을 한다. 스승은 수도승들이 세상에서 몇 년들 보낸 후에 수도원으로 돌아온 후에 시험의 합격 여부를 말 해 준다. 이 시험은 단순히 함께 차를 마시면서도 일어날 수 있다. 2차 훈련을 위해서는 특별히 정해진 방법은 없다.

제17장

1. Carlos Castaneda, *A Separate Reality: Further Conversations with Don Juan* (New York: Simon & Schuster, 1972), 191페이지 참고.

2. Arnold Mindell, *The Deep Democracy of Open Forums* (Charlottesville, Virginia: Hampton Roads Publishing, 2004), ix 참고.

3. 『치유자(Healer)』(New York: Facts on File, 1997)에서, 디안 듀렛(Deanne Durrett)은 "의식(儀式)이 시작하기 전, 토착 원주민 치유사와 조수들은 모래 그림을 만들

기 위해 수 시간 동안 작업하였다. …… 환자는 치료 의식 동안에 모래 그림에 앉거나 누웠다. 힘이 모래 그림에 묘사된 성스러운 물체(Sacred object)로부터 흡수된다고 여겨졌다. 챈팅(chant) 동안, 환자는 성스러운 사람(Holy People)에게서 치유 받았던 고대 영웅의 삶에서의 사건을 다시 체험한다. 각각의 모래 그림은 일몰 전에 파괴되어야 하며 필요하다면 다음날 다시 그려야 한다." 이 발췌 부분은 또한 수부티 달마난다(Subhuti Dharmananda)에 의해 인터넷 기사 "Art and Traditional Healing: Native American Art and the Yei'bi'ci Winter Healing Ceremony"에도 수록되었다. 〈http://www.itmonline.org/arts/arthealing.htm〉 참고.

4. H. S. Poley, *Navajo Sand Paintings I Have Known* (Los Angels: University of Southern California Press, 1933), 117-118페이지 참고. 나는 이 귀한 책을 덴버 공공도서관 서부 역사/계보학부에서 찾았다. 일반에게 보여 주는 모래 그림들은 항상 원본의 정확한 복사본이 아니다.

5. 알려진 평행세계들은 세계작업에서 평행 역사와 이야기, 역할과 유령역할들로서 나타난다. (이 책의 4부를 참고) 우리는 종종 역할전환을 본다. 그들은 비국소성이며 공유된다. 그것은 비록 한 사람이나 그룹이 보통 한때 또는 다른 때에 한 역할이나 다른 역할과 연관되어 있지만 그것들이 모두에게 속한다는 것을 의미한다. 예를 들어, 비국소성 때문에 '테러범들'은 세상 어디에나 있다.

제18장

1. Carlos Castaneda, *The Art of Dreaming* (New York: Harper Perennial, 1994), 260페이지 참고.

2. Waynelle Wilder, "Dream Shifts after Impact: Mild Traumatic Brain Injury (MTBI) and the Nabokov Blues," *Journal of Process-Oriented Psychology 9* (2004): 77-86페이지 참고.

3. 온타리오 오타와 주 캐나다 박물관의 허락을 받아 웹 사이트 참고. 〈http://www.nature.ca/notebooks/english/blkber.htm〉.

4. 이 드럼은 우리가 수년 전 하이다(Haida) 부족으로부터 그곳에서의 작업을 위해 받았다. 하이다 부족은 브리티시컬럼비아(British Columbia) 북부 태평양 해안의 지금은 퀸 샬럿 아일랜드(Queen Charlotte Islands)라고 부르는 하이다 과이(Haida Gwai)로부터의 첫 번째 국가(the First Nation) 사람들이다.

5. 그 꿈에서, 나는 곰이 나타나 차 주위로 나를 쫓아올 때 나는 아버지의 차를 닦고 있었다.

제19장

1. Jalal Al-din Rumi, *The Illuminated Rumi,* trans. and illuminations Coleman Barks and Michael Green (New York: Bantam, 1997), 127페이지 참고.

2. Arnold Mindell, *The Quantum Mind and Healing: How to Listen and Respond to Your Body's Symptoms* (Charlottesville, Virginia Hampton Roads Publishing, 2004 참고. 여기서 당신은 건강 문제에 관한 비국소성에 관해 더 많은 것을 찾을 것이다.

3. C. G. Jung, *The Collected Works of C. G. Jung,* trans. R. F. C. Hull (Princeton, New Jersey: Princeton University Press, 1937, 1969) 참고. 16권 *The Practice of Psychotherapy*에서, 융은 "psychology of transference": "Rosarium Philosophorum" 또는 "the return of the soul"에 있는 삽화에 근거한 전환 현상 (transference phenomena)의 근거를 언급했다.

4. Jung, *Collected Work,* 16권 참고.

5. 중력은 우주의 가장 만연된 장이다. 그럼에도 불구하고 중력 그 자체는 모든 힘들 중에서 가장 약한 것이다. 전자기력을 생각해 보자. 만일 당신이 종이 클립을 생각해 본다면 당신은 아주 약한 자석도 쉽게 클립을 들어 올린다는 것을 알 수 있다. 클립의 무게 또는 중력장 때문에 아래로 끌어 내리는 힘은 너무 약해서 자석으로도 끌어올릴 수 있는 것이다. 그래도 중력은 천문학적 물체들의 움직임을 지배한다. 중력은 달을 지구 주위의 궤도에 있게 하고 그리고 태양계의 지구와 다른 행성들을 태양 주위의 궤도에 있게 만든다. 큰 스케일에서, 중력은 별의 움직임을 지배하고 은하계의 다른 은하계에 대한 내적 인력 때문에 전체 우주의 외적 팽창을 느리게 한다(장과 그 힘에 관해 부록 5를 참고.).

제20장

1. Lao Tse, *Tao Te Ching,* The James Legge Translation, in *Sacred Books of the East,* vol. 39, ed. F. Max Muller (Oxford, United Kingdom: Oxford University press, 1891, 2003), 35장 참고.

2. 공동체(community)라는 단어는 라틴어 공통(common) 뜻의 communis에서 유래했다. 내게, 조직의 본질은 그것들의 '공통(commons)', 즉 공동체 또는 빅U다.

3. 역광(backlight)은 내가 책 *The Year I: Global Process Work with Planetary Tensions* (New York: Penguin-Arkana, 1990)에서 '테러리스트'라고 불렀던 것의 벡터 표현이다. 역광은 또한 나의 다른 세 권의 책 *The Leader as Martial Artist, Sitting in the Fire, The Deep Democracy of Open Forums*에서 '가장 문제가 큰 유령 역할'이다.

4. Nicholas Black Elk, John G. Neidhardt를 통하여 말한, *Black Elk Speaks: Being the Life Story of a Holy Man of the Oglala Sioux* (Lincoln, Nebraska: University of Nebraska Press, 1932, 2000) 참고.

5. Arnold Mindell, *The Deep Democracy of Open Forums* (Charlottesville, Virginia; Hampton Roads Publishing, 2004) 참고. 월드워크(Worldwork)의 구체적인 것들은 여기 참고.

제21장

1. Morihei Ueshiba, *The Art of Peace*, trans. John Stevens (Boston: Shambhala, 2002), 89페이지 참고.

2. 하이다 부족(The Haida)은 캐나다 북부 태평양 해안을 따라 있는 퀸 샬럿 아일랜드 (Queen Charlotte Islands)의 첫 번째 국가(the First Nation) 사람들이다. 토템 기둥에 관해 더 자세한 정보를 위해서는 빅토리아 B. C.에 있는 왕립 브리티시컬럼비아 박물관을 방문하라. 또는 인터넷 참고. 〈http://www.royalbcmuseum.bc.ca/totems/totems1b.html〉

3. Rosa Bell에 의한 'The First Totem Pole'에 대한 온라인 스토리.
〈http://www.virtualmuseum.ca/Exhibitions/Inuit_Haida/haida/english/language/story3.html〉 참고.

4. Rosa Bell의 온라인 스토리에 나오는 Christian White에 의한 삽화 'The First Totem Pole' 〈http://www.virtualmuseum.ca/Exhibitions /Inuit_Haida/haida/english/language/story1.html〉 참고.

5. 우리는 이 빅U를 우리가 하이다 부족(the Haida)들과 했던 모든 것에서 메타스킬로 사용했다. 그 결과, 우리는 바다, 육지, 하늘에 관해 아주 많은 것을 배우게 된 것에 감사한다.

6. Nicholas Black Elk, John G. Neidhardt를 통하여 말한, *Black Elk Speaks: Being the Life Story of a Holy Man of the Oglala Sioux* (Lincoln, Nebraska: University of Nebraska Press, 1932, 2000) 참고.

7. Black Elk, 2페이지 참고.

8. Black Elk, 27, 34, 37, 40, 54, 55, 82, 147, 202페이지 참고.

9. Arnold Mindell, *The Deep Democracy of Open Forums* (Charlottesville, Virginia; Hampton Roads Publishing, 2004) 참고.

10. Black Elk, 260페이지 참고.

제22장

1. Ellen M. Chen, *Tao Te Ching, A New Translation with Commentary* (New York: Paragon House, 1989), 116페이지 참고.

부록 1

1. Michio Kaku, *Hyperspace: A Scientific Odyssey through Parallel Universes, Time Warps, and the Tenth Dimension* (Oxford University Pres, 1995), 262페이지 참고.

부록 3

1. B. A. Haish, A. Rueda, and H. E. Puthoff, "Inertia as a Zero-Point Field Lorenz Force," *Physical Review* A, 49 (1994): 678-694페이지 참고.

부록 6

1. William Gilbert, *De Magnete,* trans. P. Fleury Mottelay, republication of the 1893 translation (New York: Dover, 1958) 참고.

부록 11

1. 물리학에서 최소작용에 관해 에드윈 테일러(Edwin Taylor)의 한 훌륭한 요약과 참고문헌은 웹 사이트 〈http://www.eftaylor.com/pub/BibliogLeastAction12.pdf〉 참고.

   우리는 또한 최소작용 원리의 가장 일반적인 식은 그것을 '정지작용의 원리(principle of stationary action)'라고 부른다는 것을 알아야 한다. 〈http://en.wikipedia.org/wiki/Least_action〉 더 자세한 내용은 이 사이트를 참고.

참고문헌

Bell, Rosa. "The First Totem Pole." 2000. http://www.virtualmuseum.ca/ Exhibitions/Haida/java/english/totem/

Black Elk, Nicholas, as told through John G. Neidhardt. *Black Elk Speaks: Being the Life Story of a Holy Man of the Oglala Sioux.* Lincoln, Nebraska: University of Nebraska Press, 1932, 2000.

Bray, D. "Protein Molecules as Computational Elements in Living Cells." *Nature* 376 (1995): 307.

Castaneda, Carlos. *The Active Side of Infinity.* New York: HarperCollins, 1998.

____. *The Art of Dreaming.* New York: Harper Perennial, 1994.

____. *The Eagle's Gift.* New York: Simon & Schuster, 1981.

____. *The Fire from Within.* New York: Washington Square Press, 1991.

_____. *Journey to Ixtlan: The Lessons of Don Juan.* New York: Simon & Schuster, 1972.

_____. *The Power of Silence: Further Lessons of Don Juan.* New York: Simon & Schuster, 1972.

____. *The Second Ring of Power.* New York: Simon & Schuster, 1977.

____. *A Separate Reality: Further Conversations with Don Juan.* New York:

Simon & Schuster, 1971.

_____. *Tales of Power.* New York: Simon & Schuster, 1974.

_____. *The Teachings of Don Juan: A Yaqui Way of Knowledge.* Berkeley, California: University of California Press, 1968, 1995.

_____. *The Wheel of Time: The Shamans of Ancient Mexico, Their Thoughts about Life, Death, and the Universe.* New York: Pocket Books, 1998.

Chatwin, Bruce. *Songlines.* New York: Penguin, 1987.

Chen, Ellen. *Tao Te Ching.* New York: Paragon House, 1989.

Clinton, Bill. *My Life.* New York: Knopf, 2004.

Cohen, Brian S. "Being-in-Dreaming: An Introduction to Toltec Sorcery," interview of Florinda Donner. *Magical Blend Magazine,* April 1992, 35.

Diamond, Julie, and Lee Spark Jones. *A Path Made by Walking.* Portland, Oregon: Lao Tse Press, 2004.

Feinstein, David, and Stanley Krippner. *The Mythic Path: Discovering the Guiding Stories of Your Past, Creating a Vision for Your Future.* New York: Tarcher, 1997.

Feynman, Richard. *The Feynman Lectures on Physics* (Vol. 1-3). Reading, Massachusetts: Addison-Wesley, 1963.

_____. *QED: The Strange Theory of Light and Matter.* Princeton, New Jersey: Princeton University Press, 1985.

_____. *The Theory of Fundamental Processes: A Lecture Note.* New York: Benjamin-Cummings Publishing Co., 1962.

Filkin, David. *Stephen Hawking's Universe.* New York: Basic Books, 1997.

Frantzis, Bruce Kumar. *The Power of Internal Martial Arts: Combat Secrets of Ba Gua, Tai Chi, and Hsing-I.* Berkeley, California: North Atlantic Books, 1998.

Goswami, Amrit, with Richard Reed and Maggie Goswami. *The Self-Aware Universe: How Consciousness Creates the Material World.* New York: Tarcher, 1995.

Gribbon, John. *Q Is for Quantum: An Encyclopedia of Particle Physics.*

New York: Simon & Schuster, 1998.

Haisch, B. A., A. Reuda, and H. E. Puthoff. "Inertia as a Zero-Point Field Lorentz Force." *Physical Review A* 49 (1994): 678.

Hameroff, S. "Funda-mentality: Is the Conscious Mind Subtly Linked to a Basic Level of the Universe?" *Trends in Cognitive Science* 2 (1998): 119-124.

Hameroff, S., and R. Penrose. "Orchestrated Reduction of Quantum Coherence in Brain Microtubules: A Model for Consciousness." In *Toward a Science of Consciousness: The First Tucson Discussions and Debates,* ed. S. Hameroff, A. Kaszniak, and A. Scott. Cambridge, Massachusetts: MIT Press, 1996.

Hawking, Stephen. *A Brief History of Time.* New York: Bantam Books, 1988, 1996.

Heisenberg, Werner. *Physics and Philosophy: The Revolution in Modern Science.* New York: Pelican, 1958/1998.

Hillman, James. *The Soul's Code: In Search of Character and Calling.* New York: Warner Books, 1997.

Ione. *Listening in Dreams.* New York: I-Universe, 2005.

James, William. *The Varieties of Religious Experiences.* New York: Random House, 1902, 2002.

Jung, C. G. *The Collected Works of C. G. Jung.* Edited by Herbert Read, Michael Fordham, and Gerhard Adler. Translated by R. F. C. Hull (except Vol. 11). Bollingen Series XX. Princeton, New Jersey: Princeton University Press, 1953.

_____. *Memories, Dreams, Reflections.* Edited by Aniela Jaffe. Translated by Clara Winstone and Richard Winston. New York: Vintage Books, 1989.

_____. "Psychological Factors in Human Behavior." In *The Collected Works of C. G. Jung,* Vol. 8. Translated by R. F. C. Hull. Princeton, New Jersey: Princeton University Press, 1937, 1969.

Kaplan, Amy Sue (Amy Mindell). "The Hidden Dance: An Introduction to Process-Oriented Movement Work." Master's thesis, Antioch International University (Yellow Springs, Ohio), 1986.

Khan, Hazart Inayat. *The Mysticism of Sound and Music.* Boston: Shambhala Publications, 1991.

Lao Tse. *The Book of Lao Zi.* Beijing: Foreign Languages Press, 1993.

Lao Tse. *Tao Te Ching.* The James Legge Translation. In *Sacred Books of the East,* Vol. 39, ed. F. Max Muller. Oxford, United Kingdom: Oxford University Press, 1891, 2003.

Lao Tse. *Tao Te Ching.* Translated by Gia-fu Feng and Jane English. New York: Vintage Books, 1972.

Lao Tse. *Tao Te Ching.* The Stephen Mitchell Translation. New York: Harper & Row, 1988.

Lao Tse. *Tao Te Ching: The Book of Meaning and Life.* Translated by Richard Wilhelm (into German) and H. G. Ost-wald (into English). London: Viking-Penguin-Arkana, 1985.

Lessing, F. D., and Alex Wayman. *Introduction to the Buddhist Tantric Systems.* Delhi, India: Motilal Banarsidass, 1993.

Leviton, Richard. *The Galaxy on Earth: A Travelers' Guide to the Planet's Visionary Geography.* Charlottesville, Virginia: Hampton Roads Publishing, 2002.

Maharshi, Ramana. *Talks with Ramana Maharshi.* Carlsbad, California: Inner Directions Publications, 2000.

Maclagan, David. *Creation Myths: Man's Introduction to the World.* London: Thames & Hudson, 1977.

Matthews, Robert. "Inertia: Does Empty Space Put up the Resistance?" *Science* 263 (1994): 613-614.

Microsoft Encarta Premium. CD, DVD. Microsoft Software, 2006.

Mindell, Amy. *The Dreaming Source of Creativity: 30 Simple Ways to Have Fun and Work on Yourself.* Portland, Oregon: Lao Tse Press, 2005.

_____. *Metaskills: The Spiritual Art of Therapy.* Portland, Oregon: Lao Tse

Press, 1995.

Mindell, Arnold. *City Shadows: Psychological Interventions in Psychiatry.* New York: Penguin, 1988.

_____. *Coma: Key to Awakening-Working with the Dreambody near Death.* London: Penguin-Arkana, 1994, 1995.

_____. *The Deep Democracy of Open Forums,* Charlottesville, Virginia: Hampton Roads Publishing, 2004.

_____. *Dreambody: The Body's Role in Revealing the Self.* Boston: Sigo/Arkana Press, 1982, 1984.

_____. *The Dreambody in Relationships.* New York: Penguin, 1987.

_____. *Inner Dreambodywork: Working on Yourself Alone.* New York: Penguin, 1990.

_____. *The Leader as Martial Artist: An Introduction to Deep Democracy-Techniques and Strategies for Resolving Conflict and Creating Community.* San Francisco: HarperCollins, 1992.

_____. *River's Way: The Process Science of the Dreambody.* London: Penguin, 1986.

_____. *The Shaman's Body: A New Shamanism for Health, Relationships, and Community.* San Francisco: HarperCollins, 1993.

_____. *Sitting in the Fire: Large Group Transformation through Diversity and Conflict.* Portland, Oregon: Lao Tse Press, 1993.

_____. *Working with the Dreaming Body.* London: Penguin-Arkana, 1984.

_____. *The Year I: Global Process Work with Planetary Tensions.* New York: Penguin-Arkana, 1990.

Mindell, Arnold, and Amy Mindell. *Riding the Horse Backwards: Process Work in Theory and Practice.* New York: Penguin, 1992.

Osborn, Alex F. *Applied Imagination.* New York: Charles Scribner's Sons, 1953.

Penrose, R. *The Large, the Small, and the Human Mind.* Cambridge, United Kingdom: Cambridge University Press, 1996.

_____. *The Emperor's New Mind.* Oxford, United Kingdom: Oxford University Press, 1989.

Picasso, Pablo, and Henri-Georges Clouzot. *The Mystery of Picasso.* On video-cassette: Harrington Park, New Jersey: Milestone Films and Video, 2003.

Planck, Max. *Scientific Autobiography and Other Papers.* Translated by Frank Gaynor. New York: Philosophical Library, 1949.

Popper, K., and J. Eccles. *The Self and Its Brain.* New York: Springer-Verlag, 1977.

Puett, Michael J. *To Become a God: Cosmology, Sacrifice, and Self-Divinization in Early China.* Harvard-Yenching Institute Monograph Series. Harvard University Asia Center for the Harvard-Yenching Institute. Cambridge, Massachusetts: Harvard University Press, 2002.

Rawson, Philip, and Legeza Laszlo. *Tao: The Chinese Philosophy of Time and Change.* London: Thames & Hudson, 1973.

Reiss, Gary. *Leap into Living—Moving Beyond Fear to Freedom.* Portland, Oregon: Lao Tse Press, 1998.

_____. *Beyond War and Peace in the Arab Israeli Conflict.* Portland, Oregon: Lao Tse Press, 2003.

Rumi. *The Illuminated Rumi.* Translated and illuminated by Coleman Barks and Michael Green. New York: Bantam, 1997.

Schr□dinger, E. *Science and Humanism.* Cambridge, United Kingdom: Cambridge University Press, 1951.

Schwartz-Salant, Nathan, ed. *Jung: On Alchemy.* Princeton, New Jersey: Princeton University Press, 1995.

Shermer, Michael. "Three Books Try to Explain Consciousness" [book review]. *Scientific American* (March 2004).

Sloman, A. "The Emperor's Real Mind." *Artificial Intelligence* 56 (1992): 355-396.

Solnit, Rebecca. *A Field Guide to Getting Lost.* New York: Viking, 2005.

Taylor, Edwin. "Computers in Physics." *American Institute of Physics* 12 (1998): 190.

Taylor, Edwin, and Jon Ogborn. "Quantum Physics Explains Newton's Laws of Motion." *Physics Education* 40 (2005): 1.

Taylor, Edwin, and John Wheeler. *Exploring Black Holes: An Introduction to General Relativity*. Rev. ed. New York: Addison Wesley Longman, 2000.

Trungpa, Ch□gyam. *Crazy Wisdom*. Boston: Shambhala, 1991.

Turing, A. M. "Computing Machinery and Intelligence." *Mind* 49 (1950): 433-460.

Ueshiba, Morihei. *The Art of Peace*. Translated by John Stevens. Boston: Shambhala, 2002.

Von Franz, Marie-Louise. *Number and Time*. Evanston, Illinois: Northwestern University Press, 1974.

Waley, Arthur. *The Way and Its Power: A Study of the Tao Te Ching and Its Place in Chinese Thought*. London: Allen & Unwin, 1934.

Weber, Rene. *Dialogues with Scientists and Sages*. New York: Routledge & Kegan Paul, 1988.

Wilder, Waynelle. "Dream Shifts after Impact: Mild Traumatic Brain Injury (MTBI) and the Nabokov Blues." *Journal of Process Oriented Psychology* 9 (2004): 77-86.

Wolf, Fred Alan. *Parallel Universes, Time Warps, and the Tenth Dimension*. New York: Anchor Books, Doubleday, 1994/1995.

Young, Arthur. *The Reflexive Universe*. New York: Delacorte, 1975.

찾아보기 ▌

[인 명]

[내 용]

Arnold Mindell

아널드 민델 박사는 1940년에 미국 뉴욕 주에서 태어나 현존하는 세계적인 석학으로 MIT에서 물리학을 전공하였고, 심리학과 물리학을 통합하기 위하여 스위스의 취리히 융 연구소에서 전문가 자격 과정을 이수하였으며, 미국 유니언 대학원에서 동시성에 대한 연구로 박사학위를 받았다. 이후 과정지향 심리학(Process-Oriented Psychology)을 창시하였는데, 과정지향 심리학은 현재 프로세스 워크(Process Work)로 개칭되어, 미국 오리건 주 포틀랜드의 프로세스 워크 연구소(Process Work Institute)를 중심으로 세계 각국의 연구소 및 관련 기관들과 더불어 임상과 연구가 활발히 진행되고 있다. 특히 포틀랜드의 프로세스 워크 연구소에서는 각종 프로그램과 함께 학위 과정 프로그램도 운영되고 있다.

민델 박사는 임상에서 주로 애칭인 '아니(Arny)'로 불리고 있으며, 꿈과 신체를 통합하는 드림바디(Dreambody) 작업뿐만 아니라, 심리학과 양자물리학 그리고 초자연치료와 영성적 작업을 통합하는 연구와 임상을 발전시키고 있다. 임상 작업에서는 개인 작업뿐만 아니라, 소집단 그리고 대집단 작업을 비롯하여 세계의 갈등을 중재하는 월드 워크(World work)와 지구를 살리기 위한 플래닛 워크(Planet work) 등을 주도하고 있다.

저서로는 『드림바디(Dreambody)』, 『무예가로서의 지도자: 공동체의 갈등과 창의성을 위한 전략과 기술(The Leader as martial artist: Techniques and strategies for resolving conflict and creating community)』, 『불가에 앉아서(Sitting in the fire)』, 『심오한 민주주의: 공개토론(The deep democracy of open forums)』 등 많은 저술이 있다. 한국에 번역되어 소개된 저서로는 『프로세스 마인드: 신의 마음에 연결하기 위한 심리치료 안내서(Process Mind: A User's Guide to Connecting with the Mind of God)』, 『꿈꾸는 영혼(Working with the Dreaming Body)』, 『명상과 심리치료(Working on Yourself Alone)』와 『양자심리학(Quantum Mind)』, 『관계치료: 과정지향적 접근(The Dreambody in Relationship)』, 『양자심리치료(Quantum Mind and Healing)』 등이 있다.

이규환(Prof. Dr. Lee Gyu-Hwan)

미국 뉴욕 주립 대학교(State University of New York at Stony Brook)
　　이학 박사(Ph. D.)(화학 전공)
미국 플로리다 대학교(University of Florida) 연구원
한국과학기술연구원(KIST) 선임연구원
한남대학교 생명나노과학대학 전 학장
현 한남대학교 생명나노과학대학 화학과 교수
〈이메일: gyuhlee@hnu.kr〉

양명숙(Prof. Dr. Yang Myong-Suk)

독일 하인리히-하이네 뒤셀도르프 대학교(Heinrich-Heine Duesseldorf University)
　　철학 박사(Dr. Phil.)(심리학 전공)
청소년상담사 1급, 정신보건상담사 1급
한국상담학회 초월영성상담 수련감독급 전문상담사
한국상담학회 아동·청소년 상담 수련감독급 전문상담사
한국상담학회 부부·가족 상담 수련감독급 전문상담사
한국상담학회 집단상담 수련감독급 전문상담사
현 한남대학교 일반대학원 상담학과 교수
　　한남대학교 특수대학원 상담심리학과 교수
　　한남대학교 법정대학 아동복지학과 교수
　　한남대학교 학생상담센터 소장
〈이메일: msyang@hnu.kr〉

지기(地氣) 심리학
돈 후안과 리처드 파인만,
노자의 가르침에 의한 경로 알아차림

Earth-Based Psychology

Path Awareness from the Teachings of Don Juan, Richard Feynman, and Lao Tse

2017년 4월 3일 1판 1쇄 인쇄
2017년 4월 10일 1판 1쇄 발행

지은이 • Arnold Mindell
옮긴이 • 이규환 · 양명숙
펴낸이 • 김진환
펴낸곳 • (주) **학지사**

04031 서울특별시 마포구 양화로 15길 20 마인드월드빌딩
대표전화 • 02)330-5114　　　팩스 • 02)324-2345
등록번호 • 제313-2006-000265호

홈페이지 • http://www.hakjisa.co.kr
페이스북 • https://www.facebook.com/hakjisabook

ISBN 978-89-997-1219-7 93180

정가 19,000원

이 도서의 국립중앙도서관 출판시도서목록(CIP)은 서지정보유통지
원시스템 홈페이지(http://seoji.nl.go.kr)와 국가자료공동목록시스템
(http://www.nl.go.kr/kolisnet)에서 이용하실 수 있습니다.
(CIP 제어번호: CIP2017007855)

교육문화출판미디어그룹 **학지사**

심리검사연구소 **인싸이트** www.inpsyt.co.kr
원격교육연수원 **카운피아** www.counpia.com
학술논문서비스 **뉴논문** www.newnonmun.com